大学のフィリピノ語

[著]

山下美知子
Michiko Yamashita

リース・カセル
Leith Casel

高野邦夫
Kunio Takano

Komprehensibong Tekstbuk ng Filipino

大学のフィリピノ語

フィリピノ語を学び始める前に

　フィリピンは、日本に近くて（地理的に）、ちょっと遠くて（心理的に）、でも将来はもっと、ずっと近い国に（社会・経済的に）なるでしょう。7100余りの島々から成り、その数はインドネシアに次いで世界で第2位です。国土の面積は日本より1割ほど少ない30万平方キロメートル、そこに1億を超す人々が住んでいます（2015年の国勢調査速報値）。少子高齢化が進む日本の平均年齢が46歳であるのに対して、フィリピンはちょうど半分の23才、とても若い国です。1人の女性が一生に産む子どもの平均数は2.94人（2015）で日本の2倍以上、人口の増加はこの先20〜30年間は着実に続くと予測されています。GDPの年間成長率も2010年以降から6〜7％で安定しています。

　フィリピンと日本の交流の歴史は古く、16世紀後半から17世紀初頭には、マニラの中心であるイントラムロス（城壁都市）の郊外に日本人町が作られ、2,000〜3,000人が住んでいました。江戸時代の鎖国で途絶えた交流が復活したのは、20世紀に入ってからのアメリカ統治時代の初期でした。ルソン島にある標高1,000メートルほどのバギオを高原の避暑地として開発するためのアクセス道路を建設するために、日本から数千人の労働者が雇用されました。彼らは、工事終了後もバギオ近辺にとどまって野菜栽培をしたり、ミンダナオ島南部のダバオでアバカ（マニラ麻、当時は船を係留するロープの材料などとして使われる）・プランテーションの開発に携わったりしました。戦前には約2万人の日本人がダバオ郊外のミンタル地区を中心に住んでいました。しかし第2次大戦が始まると、フィリピンがアジアにおけるアメリカの拠点であったために、日本軍は60万人の将兵を送り、うち48万余人が戦病死しました。フィリピン側の犠牲者はさらに多く、フィリピン政府の公式発表では民間人を中心に110万人が犠牲となりました。

　フィリピン社会文化の特徴は、16世紀後半から20世紀半ばまでスペインやアメリカの統治下にあったため、国民の92％がキリスト教徒であることです。このうち85％がカトリック教徒、7％がプロテスタントです。しかし、フィリピン南部のミンダナオ島やスルー諸島などにはイスラム教徒も多く、総人口の5％を占めています。また、ルソン島北部の山岳地帯やミンダナオ島の内陸部などには、キリスト教やイスラム教の影響を受けず、土着のアニミズム信仰を維持してきた先住民の人々が暮らしています。

　多くの民族と多彩な文化を持つフィリピンには110余りの多様な言語があります。その中で、主要言語とみなされているのは、タガログ語、セブアノ語、イロカノ語、ヒリガイノン語（別名イロンゴ語）、ビコール語、ワライ語、パンパンゴ語、パンガシナン語の8つです。これらの言語とは別に、フィリピノ語と呼ばれる国語があります。フィリピノ語は国語であると同時に英語と共に公用語とされています。

　フィリピンで、国語の制定が決まったのはアメリカ統治下において独立準備政府が発足した

1935年です。その際、数多くあるフィリピンの言語の中で国語の母体として選ばれた言語が、タガログ語でした。タガログ語が選ばれたのは、スペイン統治時代から政治や経済、文化の中心地であったマニラで使われていた上に、よく研究されていたからです。当初、国語はピリピノ語と名付けられました。1946年の独立後、国語化は、民族主義が高まった1970年代から80年代にかけて、フィリピン人のアイデンティティの希求と深く関わった形で進められました。1986年にはマルコス政権崩壊につながったピープルパワー革命が起き、翌年には新憲法が制定されました。この新憲法の下、国語の名称がフィリピノ語と変更されました。

　現在、フィリピンでは国民の90%以上が国語を理解します。しかし、90年代に押し寄せたグローバル化の波の中で、最近は英語の重要性が再び高まってきています。英語を武器に海外就労するフィリピン人は多く、現在1000万人余りが海外で働いています。日本関連では、日本の輸出入の物流を担う外航船のおよそ75%の船員はフィリピン人です。また介護士や看護師、IT技術者や英語教師として活躍しています。良い条件の仕事・より高い収入を求めて海外へ働きに行くフィリピン人はこれからも増えるでしょうし、彼らにとってフィリピノ語は、フィリピン人としてのアイデンティティを保つ上で重要な言語となっています。

　フィリピノ語の特徴は、タガログ語の特徴ともいえます。タガログ語は他のフィリピン諸語と共に、系統的にはオーストロネシア語族に属しています。オーストロネシア語族の言語には、ハワイ諸島やグアム、サモアやニュージーランド、台湾、インドネシアやマレーシア、アフリカのマダガスカルなどの言語があります。

　英語や日本語と違い、フィリピノ語では述語が文頭に来て、主語に先行する構文が一般的です。単語は、語根あるいは語幹とよばれるものに接辞が添加されたり、語根や語根の一部が重複されたりして形成され、単語の修飾においては、単語と単語を並べるだけでなく、リンカー（繋辞）と呼ばれるもので単語と単語を繋ぐ必要があります。また、動詞文における主語は、行為者や行為の対象のみでなく、行為のなされる方向、行為の行われる場所、行為の恩恵を受ける人、行為の原因なども主語になります。

　本書は、これらフィリピノ語の特徴を体系的に学ぶと共に、実践的な能力も身につくよう構成されています。また多様性に富んだフィリピンの文化や人々の生活がかいま見られるように工夫されています。本書が言語だけでなく、フィリピンの社会と文化を理解する助けになることを願っています。

2017年12月

山下美知子

本書の構成と使い方

　本書は、フィリピノ語を体系的に学べるように作られた教科書です。初歩から中級・上級レベルまでのニーズに沿えるよう、文法の学習だけでなく、実践的な能力も身につくよう編集されています。加えて豆情報やコラムを通して、フィリピンの文化や歴史の一端、現状をかいま見ることができるようにもなっています。

　本書でフィリピノ語を体系的に学ぶことで、きちんとした基礎力を身につけ、次のステップに進んでください。

　本書は全32課でなっています。第1課は文法事項にはふれず、あいさつや名前をたずねるといった最も基本的な表現が学べるような構成になっていますが、2課から32課は、**会話、文法、練習問題**という3つのステップで構成されています。会話の部分は、その課で学習する文法事項を含んだ実践的な会話文、単語、頻出表現でなっています。文法の部分では、基本的な事項から、かなりレベルが高い事項までが体系的に学べるようになっています。練習問題は、その課で学んだ文法事項が理解できているかどうかを確かめることができるように工夫されています。

● 会話

　フィリピンに留学している日本人の大学生が、フィリピンの人たちと交流する中で、フィリピンの文化や習慣、国内事情などへの理解を深めていく内容になっています。会話には、次のような人たちが登場します。

Miho :	大学生。 交換留学生としてフィリピン大学に1年間留学中。
Abby :	美帆と親しくなったフィリピン大学の学生。
Aling Flora :	Abbyの母親。
Rene :	Abbyの兄。米国で医者として働いている。
Ryan :	Abbyのいとこ。母親どうしが姉妹。エンジニアとして働いている。
Claire :	Ryanの妹。フィリピン大学の学生。
Tita Norma :	RyanとClaireの母親。Abbyのおば。
Cris :	Ryanの会社の同僚。ルソン島中部のパンパンガ州出身。
John :	美帆と同じ寮に住んでいるアメリカ人。母親がフィリピン人。
Miss Leny :	美帆やJohnのフィリピノ語の先生。

● 単語

　会話内に出てくる単語で、初めて出てくるものを掲げてあります。活用した形で出てくる動詞は、（　）内に活用していない形である不定相が示されています。動詞に関しては、以下のような略記も使われています。

不 = 動詞の不定相、完 = 動詞の完了相、継 = 動詞の継続相、未 = 動詞の未然相
根 = 動詞の語根

● **頻出表現**

会話で頻繁に使われる表現をいくつかの例文と共に取り上げています。

● **文法**

文法は、フィリピノ語の特徴を体系立てて取り上げ、解説しています。これをマスターすれば、フィリピノ語で書かれた新聞や雑誌などが読めるようになります。

● **練習問題**

練習問題を通して、重要な文法事項を理解できているかどうかを確認し、応用力をつけましょう。

● **語彙力・表現力アップ**

会話と例文に出てくる単語や表現を補うものです。日常生活において、これだけは知っておいた方がよいと思われるものを用途別・状況別にまとめて紹介しています。

● **豆情報**

フィリピンの人の日常生活を理解する上で役に立つようなちょっとした情報などをイラストつきで紹介しています。

● **コラム**

フィリピンに関する一般的な事柄、歴史に関する事柄、今のフィリピンを反映する事柄などをイラストつきで取り上げています。

● **代名詞表・動詞リスト・単語リスト**

代名詞表には人称代名詞と指示代名詞、動詞リストには日常生活でよく使われる100余りの動詞、単語リストには本書に出て来る単語（地名、人名、一部の数詞等を除く）の日本語訳が記載されています。

● **音声データ**

文字と発音の部分、加えて1課から32課までの会話部分の音声が、東京外国語大学出版会のウェブサイトからダウンロードできます。正しい発音を確認するために活用してください。

〈音声ダウンロードはこちら〉
東京外国語大学出版会　　http://www.tufs.ac.jp/blog/tufspub/
ダウンロードページ　　　http://www.tufs.ac.jp/blog/tufspub/download/
＊ダウンロードページはメンテナンスなどにより休止する場合があります。

大学のフィリピノ語

◆◆◆ 目　次 ◆◆◆

フィリピノ語を学び始める前に ……………………………………………………… 2
本書の構成と使い方 …………………………………………………………………… 4

文字と発音 ……………………………………………………………………… 16

　1　アルファベット
　2　母音
　3　子音
　4　アクセント
　5　音節
　6　綴り
　7　イントネーション

単語の形成 ……………………………………………………………………… 23

　1　接辞の添加
　2　重複
　3　結合
　4　接辞の添加と重複
　5　接辞の添加と重複と結合

品詞 ……………………………………………………………………………… 26

　1　標識辞
　2　リンカー（繋辞）
　3　名詞
　4　代名詞
　5　疑問詞
　6　形容詞
　7　副詞
　8　小辞
　9　存在詞
　10　動詞と擬似動詞
　11　接続詞
　12　数詞
　13　間投詞

第1課　初めての授業 ················· 30

1　出会ったときのあいさつ ············· 31

2　自己紹介する ················· 31

3　名前・職業・国籍をたずねる ············· 32
　3.1　名前をたずねる
　3.2　職業をたずねる
　3.3　国籍をたずねる

4　出身・住んでいる所をたずねる ············· 33
　4.1　出身をたずねる
　4.2　住んでいる所をたずねる

［語彙力・表現力アップ］訪問時によく使われる表現・職業を表わす ············· 35

第2課　それはドリアンです ················· 36

1　「～は…です」を表わす基本文①と ang 句 ············· 37

2　ang 形の人称・指示代名詞 ············· 38
　2.1　ang 形の人称代名詞
　2.2　ang 形の指示代名詞

3　基本文①を疑問文にする ············· 39

【豆情報】　熱帯の果物 ················· 40

練習問題 ················· 41

第3課　通りで ················· 42

1　ng 句 ················· 43
　1.1　ng 句を使っての所有・所属表現
　1.2　ng 形の人称代名詞
　1.3　ng 形の指示代名詞
　1.4　基本文①における ng 句

2　基本文①における人称代名詞の位置 ············· 46

3　基本文①における指示代名詞の位置 ············· 47

練習問題 ················· 48

［語彙力・表現力アップ］　物の状態や形を表わす・味覚を表わす ············· 49

第4課　サンパギータは国花です ················· 50

1　リンカー（繋辞）を使って単語を修飾する ············· 51

2　名詞を修飾する ················· 51

3　フィリピノ語の基数詞 ················· 54

練習問題 ················· 56

【コラム 1】　フィリピンとは ················· 57

7

第5課　首都圏の交通事情 ⋯⋯⋯⋯⋯⋯⋯⋯ 58

1 小辞 ⋯⋯⋯⋯⋯⋯⋯⋯⋯⋯⋯⋯⋯⋯⋯⋯⋯⋯⋯ 59
2 基本文①における小辞の位置 ⋯⋯⋯⋯⋯⋯⋯⋯ 62
3 基本文①における小辞と人称代名詞の位置 ⋯⋯⋯ 63
4 場所を表わす -an 名詞 ⋯⋯⋯⋯⋯⋯⋯⋯⋯⋯⋯ 64
　練習問題 ⋯⋯⋯⋯⋯⋯⋯⋯⋯⋯⋯⋯⋯⋯⋯⋯⋯ 65

第6課　家族関係 ⋯⋯⋯⋯⋯⋯⋯⋯⋯⋯⋯⋯⋯⋯ 66

1 hindi を使って基本文①を否定文にする ⋯⋯⋯⋯ 67
2 hindi ba で始まる否定疑問文をつくる ⋯⋯⋯⋯ 69
3 mukhang を使って比喩を表わす ⋯⋯⋯⋯⋯⋯⋯ 71
　練習問題 ⋯⋯⋯⋯⋯⋯⋯⋯⋯⋯⋯⋯⋯⋯⋯⋯⋯ 72
　［語彙力・表現力アップ］　人を表わす・市内で・色・花 ⋯⋯⋯ 73

第7課　大統領候補 ⋯⋯⋯⋯⋯⋯⋯⋯⋯⋯⋯⋯⋯ 74

1 「～が…です」を表わす基本文②と基本文③ ⋯⋯ 75
2 基本文②と基本文③を疑問文にする ⋯⋯⋯⋯⋯ 76
3 基本文②と基本文③を否定文にする ⋯⋯⋯⋯⋯ 77
4 ay を使って倒置文にする ⋯⋯⋯⋯⋯⋯⋯⋯⋯⋯ 77
5 形容詞の緩和表現 ⋯⋯⋯⋯⋯⋯⋯⋯⋯⋯⋯⋯⋯ 78
6 naka- 形容詞を使って「～を身に着けています」を表わす ⋯⋯⋯ 79
　【豆情報】　体の名称 ⋯⋯⋯⋯⋯⋯⋯⋯⋯⋯⋯⋯ 79
　練習問題 ⋯⋯⋯⋯⋯⋯⋯⋯⋯⋯⋯⋯⋯⋯⋯⋯⋯ 80
　［語彙力・表現力アップ］　人の形質を表わす・学校関係・身に着ける物 ⋯⋯ 81

第8課　多様な文化があります ⋯⋯⋯⋯⋯⋯⋯ 82

1 不特定な物・人の存在の有無を表わす ⋯⋯⋯⋯ 83
　1.1　「～があります／います」を表わす
　1.2　「～がありません／いません」を表わす
2 不特定な物・人の存在の有無を問う ⋯⋯⋯⋯⋯ 84
　2.1　may を使って問う
　2.2　mayroon・marami・wala を使って問う
　2.3　存在の有無を表わす文と小辞
3 sa 句 ⋯⋯⋯⋯⋯⋯⋯⋯⋯⋯⋯⋯⋯⋯⋯⋯⋯⋯⋯ 86
　3.1　sa 句を使って場所を表わす
　3.2　sa 形の人称代名詞
　3.3　sa 形の指示代名詞
　練習問題 ⋯⋯⋯⋯⋯⋯⋯⋯⋯⋯⋯⋯⋯⋯⋯⋯⋯ 89

第9課　レストランで ……………………………………………… 90

　1　不特定な物・人の所有の有無を表わす …………………… 91

　　1.1　may を使って表わす

　　1.2　mayroon・marami・wala を使って表わす

　2　不特定な物・人などの所有の有無を問う ………………… 92

　　2.1　may を使って問う

　　2.2　mayroon・marami・wala を使って問う

　3　不特定な物・人の所有の有無を表わす文と小辞 ………… 95

　4　人称代名詞を修飾する ……………………………………… 95

　5　限定数詞を表わす …………………………………………… 96

　【豆情報】　フィリピン人の食生活 ………………………………… 96

　練習問題 …………………………………………………………… 97

第10課　バリックバヤン・ボックス ……………………………… 98

　1　所有者を問う ………………………………………………… 99

　2　sa 句を使って所有者を表わす …………………………… 99

　　2.1　所有者表現

　　2.2　所有者表現の ng 句との比較

　3　sa 句を使って「誰々に対して」を表わす ………………101

　4　para sa 句を使って恩恵・受益先を表わす ………………101

　5　恩恵・受益先を問う ………………………………………102

　6　pang- 名詞を使って「〜のためのもの」を表わす ………102

　【豆情報】　米やキャッサバを使った菓子 ………………………103

　練習問題 …………………………………………………………104

　【コラム2】　グローバル化のフロントランナー ………………105

第11課　空港にて …………………………………………………106

　1　特定された物・人の所在をたずねる ……………………107

　2　特定された物・人の所在の有無を表わす ………………107

　　2.1　所在を表わす nasa 句

　　2.2　nasa 形の人称・指示代名詞

　　2.3　非所在を表わす wala sa 句

　3　特定された物・人の所在の有無をたずねる ……………110

　4　para sa 句・nasa 句・wala sa 句が名詞を修飾する ………111

　【豆情報】　家族・親族関係 ………………………………………112

　練習問題 …………………………………………………………113

　[語彙力・表現力アップ]　便利な表現・may と nasa 句を使った慣用表現 …114

9

第12課　サリサリストアで …………………………………………… 116

1 スペイン語の基数詞 ………………………………………………… 117
2 物の値段を表わす ………………………………………………… 117
　2.1　値段をたずねる
　2.2　値段の表わし方
3 形容詞の最上級 ……………………………………………………… 118
4 形容詞の比較級 ……………………………………………………… 119
5 形容詞の強調表現 ………………………………………………… 120
　5.1　napaka- 形容詞を使った強調表現
　5.2　masyado・talaga を使った強調表現
　5.3　形容詞を繰り返す強調表現
　練習問題 …………………………………………………………………… 122
　［語彙力・表現力アップ］　雑貨屋で・自然を表わす …………………… 123

第13課　コンサートへの招待 ……………………………………… 124

1 一般的な時・時間・曜日・月・日付をたずねる ………………… 125
2 時を表わす ………………………………………………………… 126
　2.1　一般的な時
　2.2　1日の時間帯
　2.3　より具体的な1日の時間帯
3 時間を表わす ……………………………………………………… 128
4 曜日・月を表わす ………………………………………………… 129
5 日付を表わす ……………………………………………………… 129
6 過去・未来の時を表わす ………………………………………… 130
　6.1　過去の時
　6.2　未来の時
7 特定されていない時を表わす …………………………………… 131
8 繰り返される時を表わす ………………………………………… 132
　練習問題 …………………………………………………………………… 133

第14課　洪水 ………………………………………………………… 134

1 gaano を使って程度や頻度をたずねる………………………… 135
2 比較を表わす指示代名詞 ………………………………………… 136
3 程度・頻度などが同等であることを表わす …………………… 137
　練習問題 …………………………………………………………………… 139

第15課　ラブソングは嫌いです …………………………………… 140

1 擬似動詞を使って好き嫌いを表わす …………………………… 141
　1.1　好き嫌いの対象が物の場合

10

1.2　好き嫌いの対象が人の場合

1.3　好き嫌いの対象が場所の場合

2　好き嫌いを表わす文を疑問文や否定文にする ……………………143

3　好き嫌いの対象を問う ……………………………………………144

4　擬似動詞の形容詞的用法 …………………………………………145

5　人の性格・傾向を表わす形容詞 …………………………………145

【豆情報】　乗り物 ……………………………………………………146

練習問題 ……………………………………………………………147

第16課　2人の大統領 ……………………………………148

1　動詞文と補語 ………………………………………………………149

2　動詞と接辞 …………………………………………………………150

3　行為者フォーカス動詞と非行為者フォーカス動詞 ……………152

4　maging を使って「〜になります」を表わす ……………………152

5　序数詞 ………………………………………………………………153

練習問題 ……………………………………………………………154

【コラム 3】　紙幣に登場する大統領 ………………………………155

第17課　祭り ……………………………………………………156

1　行為者フォーカス動詞の mag- 動詞 ……………………………157

2　mag- 動詞の活用 …………………………………………………158

3　mag- 動詞の分類 …………………………………………………159

練習問題 ……………………………………………………………163

第18課　聖週間 …………………………………………………164

1　行為者フォーカス動詞の -um- 動詞 ……………………………165

2　-um- 動詞の活用 …………………………………………………166

3　-um- 動詞の分類 …………………………………………………167

4　mag- 動詞と -um- 動詞 …………………………………………168

5　marunong・mahusay・magaling が動詞を修飾する ……………169

練習問題 ……………………………………………………………172

［語彙力・表現力アップ］　よく使われる mag- 動詞と -um- 動詞 …………173

第19課　台風の接近 …………………………………………174

1　天候や自然現象を表わす -um- 動詞 ……………………………175

2　magka- 動詞と magkaroon ………………………………………176

3　禁止表現 ……………………………………………………………177

4　接続詞 ………………………………………………………………177

【豆情報】　ココヤシに関する単語 …………………………………180

練習問題 ……………………………………………………………181

11

第20課　サンゴ礁の海 ……………………………………………… 182

1 行為者フォーカス動詞の mang- 動詞 …………………………… 183
2 接辞 mang- の添加による音の変化 …………………………… 185
3 mang- 動詞の活用 ……………………………………………… 186
4 形容詞が動詞を修飾する ……………………………………… 186
5 kanino を使って所有者以外を問う ………………………… 187
練習問題 ………………………………………………………………… 188
【コラム 4】 世界遺産 ………………………………………………… 189

第21課　ラマダン明け ……………………………………………… 190

1 目的フォーカス動詞 …………………………………………… 191
2 目的フォーカス動詞の -in 動詞 …………………………… 192
　2.1　接辞 -in の添加によるアクセントと音の変化
　2.2　-in 動詞の活用
　2.3　活用に注意すべき -in 動詞
3 行為者フォーカス動詞との対応 …………………………… 194
練習問題 ………………………………………………………………… 196
【コラム 5】 フィリピンの祝日 …………………………………… 197

第22課　デング熱の流行 …………………………………………… 198

1 特別な -in 動詞 ………………………………………………… 199
2 特定の行為者・行為の対象を問う ………………………… 200
3 副詞（句）が動詞を修飾する ……………………………… 201
練習問題 ………………………………………………………………… 203

第23課　海外からの送金 …………………………………………… 204

1 目的フォーカス動詞の i- 動詞 ……………………………… 205
　1.1　i- 動詞の活用
　1.2　行為者フォーカス動詞との対応
　1.3　目的フォーカス動詞の -in 動詞と i- 動詞
2 擬似動詞が動詞を修飾する ………………………………… 207
【豆情報】 伝統的な衣服 …………………………………………… 209
練習問題 ………………………………………………………………… 210
［語彙力・表現力アップ］ 目的フォーカスの -in 動詞・目的フォーカスの i- 動詞　211

第24課　アドボを料理する ………………………………………… 212

1 目的フォーカス動詞の -an 動詞 …………………………… 213
　1.1　接辞 -an の添加によるアクセントと音の変化
　1.2　-an 動詞の活用

12

　　　　1.3　行為者フォーカス動詞との対応

2　依頼表現 ……………………………………………………………216

3　動詞を名詞化する ……………………………………………………217

4　pampa- 名詞を使って「〜するためのもの」を表わす …………218

【豆情報】 フィリピン料理 ………………………………………………219

練習問題 ……………………………………………………………………220

[語彙力・表現力アップ]　家の作り・家事をする・目的フォーカスの -an 動詞 221

第25課　選挙運動 ……………………………………………………222

1　配分数詞 ……………………………………………………………223

2　方向・場所フォーカス動詞 …………………………………………223

　　　　2.1　方向フォーカス動詞の -an 動詞

　　　　2.2　場所フォーカス動詞の -an 動詞

3　方向・場所フォーカス動詞の pag- -an 動詞 ……………………227

　　　　3.1　pag- -an 動詞の活用

　　　　3.2　方向フォーカス動詞の pag- -an 動詞

　　　　3.3　場所フォーカス動詞の pag- -an 動詞

【豆情報】 フィエスタ …………………………………………………230

練習問題 ……………………………………………………………………231

第26課　ボクシング ……………………………………………………232

1　目的フォーカス動詞の ipag- 動詞 ………………………………233

2　行為者フォーカス動詞の m- 動詞 ………………………………234

　　　　2.1　m- 動詞の活用

　　　　2.2　m- 動詞の分類

3　複文 …………………………………………………………………236

【豆情報】 実在すると信じられている霊や妖怪 ……………………238

練習問題 ……………………………………………………………………239

第27課　台風の被害 …………………………………………………240

1　行為者フォーカス動詞の ma- 動詞と ma- -an 動詞 …………241

　　　　1.1　ma- 動詞と ma- -an 動詞の活用

　　　　1.2　ma- 動詞の分類

　　　　1.3　ma- -an 動詞の分類

2　方向フォーカス動詞の ka- -an 動詞 ……………………………244

　　　　2.1　ka- -an 動詞の活用

　　　　2.2　ma- 動詞との対応

3　ma- 動詞と nakaka- 形容詞 ……………………………………246

4　「〜したばかりです」を表わす ……………………………………246

練習問題 ……………………………………………………………………248

【コラム 6】　自然災害 ･･････････････････････････････････249

第28課　ミンダナオの和平 ･･･････････････････････････250

1　動詞が名詞を修飾する ･･････････････････････････251

2　不特定な行為者・行為の対象などの存在の有無を表わす　･･･････････252

3　疑問副詞が名詞を修飾する ･･･････････････････254

4　疑問詞を使って不特定な物・人などを表わす ･････････254

練習問題 ･･･････････････････････････････････256

【コラム 7】　ミンダナオの和平 ･･･････････････････257

第29課　結婚式 ･･･････････････････････････････････258

1　恩恵フォーカス動詞の i- 動詞と -an 動詞 ･････････259

2　道具フォーカス動詞の ipang- 動詞 ･････････････261

3　話題フォーカス動詞の pag- -an 動詞と i- 動詞 ･･･262

4　理由フォーカス動詞の ika- 動詞 ･･････････････････263

練習問題 ･･･････････････････････････････････265

第30課　暁のミサ ･･･････････････････････････････266

1　動詞のモード ･･････････････････････････････267

1.1　行為者フォーカス動詞の状況・参加モード

1.2　maka- 動詞と maki- 動詞の活用

1.3　非行為者フォーカス動詞の状況モード

1.4　よく使われる状況モードの動詞

1.5　よく使われる参加モードの動詞

1.6　動詞を形成する接辞のフォーカスとモードの関係

2　非意図的な行為と継続・反復行為を表わす　･･･････272

2.1　非意図的な行為

2.2　継続・反復行為

3　方向を表わす pa- 形容詞 ･･････････････････273

【豆情報】　フィリピンのクリスマス ･････････････274

練習問題 ･･･････････････････････････････････275

第31課　クリスマスイブ ･･･････････････････････276

1　使役文と補語 ･･････････････････････････････277

1.1　使役者補語

1.2　被使役者補語

1.3　その他の使役補語

2　使役動詞 ･･････････････････････････････････279

2.1　使役動詞とフォーカス

2.2　使役者フォーカス動詞の magpa- 動詞

2.3 magpa- 動詞を使っての使役文

3 注意すべき magpa- 動詞 ……………………………………………282

【豆情報】 クリスマスイブの食事 ………………………………………283

練習問題 ………………………………………………………………284

【コラム 8】 ASEAN とフィリピン ………………………………285

第32課　新年を迎える ……………………………………286

1 被使役者フォーカス動詞の pa- -in 動詞と（pa）pag- -in 動詞 …………287
　　1.1 pa- -in 動詞と pag- -in 動詞の形成
　　1.2 pa- -in 動詞と pag- -in 動詞の活用

2 使役目的フォーカス動詞の ipa- 動詞と pa- -an 動詞 ………………289
　　2.1 ipa- 動詞と pa- -an 動詞の形成
　　2.2 ipa- 動詞と pa- -an 動詞の活用

3 使役方向・使役場所フォーカス動詞の pa- -an 動詞 ……………292

4 使役動詞の状況モード ……………………………………………294
　　4.1 使役状況モード動詞の活用
　　4.2 使役中立モード動詞と使役状況モード動詞の比較

【豆情報】 新年の迎え方 ………………………………………………296

練習問題 ………………………………………………………………297

[語彙力・表現力アップ] 知っておくと便利な慣用表現 ………………298

[代名詞表] ………………………………………………………………300

[動詞リスト] ……………………………………………………………301

[単語リスト] ……………………………………………………………304

[別冊付録] 会話部分の日本語訳・練習問題解答例

音声吹込

Leith Casel

Florinda Palma Gil

Jennifer Christine C. Fajardo

Roberto B. Figueroa Jr.

Ian Francis Dueñas

本文イラスト　山口 愛

装幀・本文デザイン　小塚久美子

本文組版　sowhat.Inc.

文字と発音

Download ◀))

1 アルファベット

　フィリピンの国語の名称は、1987年発令の憲法の下、ピリピノ語からフィリピノ語に変更され、フィリピノ語のアルファベット文字として新たに28文字が選定されました。アバカダと呼ばれるタガログ語のアルファベット20文字（A, B, K, D, E, G, H, I, L, M, N, NG, O, P, R, S, T, U, W, Y）に、8文字（C, F, J, Ñ, Q, V, X, Z）を加えたものです。28文字というのは、英語のアルファベットより2文字多いわけですが、この2文字とはÑと NGです。**NGはこれで1文字としてみなされます。**

　タガログ語のアバカダでは、A, B の後にKがきますが、フィリピノ語ではKは英語と同じように、Jの後にきます。また、アバカダでは、子音文字にはアをつけて発音しますが、フィリピノ語の場合は、ÑとNG以外は英語のアルファベットと同じ発音です。下記の表では、タガログ語と共有するアルファベット文字には、参考のため、タガログ語式の読み方を（　）内に記してあります。

A	a	エイ(ア)	Ñ	ñ	エニェ
B	b	ビー (バ)	NG	ng	エヌジー **(ガ)***
C	c	スィー	O	o	オー (オ)
D	d	ディー (ダ)	P	p	ピー (パ)
E	e	イー (エ)	Q	q	キュー
F	f	エフ	R	r	アール(ラ)
G	g	ジー (ガ)	S	s	エス(サ)
H	h	エイチ(ハ)	T	t	ティー (タ)
I	i	アイ(イ)	U	u	ユー (ウ)
J	j	ジェイ	V	v	ヴィー
K	k	ケイ(カ)	W	w	ダブリュー (ワ)
L	l	エル**(ラ)***	X	x	エックス
M	m	エム(マ)	Y	y	ワイ(ヤ)
N	n	エヌ(ナ)	Z	z	ズィー

*rのラ、gのガと区別するために太字にしてあります。

新たに加えられた8文字は、固有名詞や借用語などを表わす場合に用いられます。

Cruz	クルース（姓）	*casino*	カジノ
Filipino	フィリピノ語	*flute*	フルート
Jose	ホセ（男性の名前）	*jota*	スペイン舞踊のひとつ
Osmeña	オスメーニャ（姓）	*señor*	男性に対する敬称
Quiapo	キアポ（マニラ市にある地区名）	*quarter*	4分の1
Visayas	ビサヤ諸島、ビサヤ地方	*convoy*	車列
Xian	シェン（男性の名前）	*xray*	エックス線
Zamboanga	サンボアンガ市	*quiz*	小テスト

2 母音

母音は、アルファベット文字で表わされるa, e, i, o, uの5つです。a, e, i, oは日本語の「ア
エイオ」の要領で発音しますが、uだけは日本語より唇を丸め突き出して発音します。

　タガログ語の本来の母音は a, i, uであり、スペイン語の単語が導入されてからeとoの音が
加わったため、フィリピノ語でもeとi 、oとuの音の交替がよくあります。

| lalaki [ララーキ] / [ララーケ] | 男 | uod [ウオッド] / [ウウッド] | ミミズなどのぜん虫 |
| lugi [ルーギ] / [ルーゲ] | 損失 | suot [スオット] / [スウット] | 衣服 |

　子音yの前の母音iは、省略される傾向にあります。本書では、iを取った形での綴りがすで
に慣習化している単語は、そのように綴ってあります。また、綴りではiがあっても、このi
を発音したりしなかったりします。

probinsiya	→ probinsya [プロビンシャ]	州、田舎
kaniya	→ kanya [カニャ]	彼、彼女
siya	→ [シィヤ] / [シャ]	彼、彼女
siyam	→ [シィヤム] / [シャム]	9

3 子音

子音は、アルファベット文字で表されるb, c, d, f, g, h, j, k, l, m, n, ñ, ng, p, q, r, s, t, v, w, x,
y, z の23と、アルファベット文字では表わされない声門閉鎖音、合わせて24あります。アルファ
ベット文字で表わされる子音23のうち、よく使われるのはb, d, g, h, k, l, m, n, ng, p, r, s, t, w,
yの15で、c, f, j, ñ, q, v, x, zは固有名詞や借用語などに使用されるだけです。

17

1) よく使われる 15 の子音のうち、b, d, g, h, k, m, n, p, r, s, t, w, y は、日本語のローマ字
   読みとほぼ同じ要領で発音します。

2) フィリピノ語では l と r の発音に違いがあります。l は英語の l に近い音です。r は日本語
   のラ行に近い音ですが、巻き舌になります。

3) ng はアルファベットでは 2 文字ですが、音声としては単一の [ŋ] の鼻濁音を表わします。
   母音をともなう場合は、日本語の鼻にかかったガ行の音のように発音します。音節や単語
   の最後にあるときは、心もちグを伴った [ン] と発音します。下記のカタカナによる発音
   表記では、ng の音は太文字で表わしてあります。

   ngipin [**ギ**ーピン]　　　　歯　　　pa**nga**rap [パ**ガ**ーラップ]　　夢
   ta**ngh**ali [タ**ン**ハーリッ]　　昼　　　pasalubo**ng** [パサルーボ**ン**]　お土産

   ng は単一の鼻濁音を表わしますが、借用語に現れる ng は、n と g の組み合わせです。

   kongresista [コングレシィースタ]　　下院議員　　　*dengue* [デンゲ]　デング熱

4) アルファベット文字では表わされない子音の声門閉鎖音とは、日本語で "ハイッ" と言う
   ときの "ッ" の部分にあたる音です。喉を閉じて息を止めることによって発せられる音です。
   フィリピノ語では、声門閉鎖音は単語の語頭、語中、語尾の 3 か所に現れます。

① フィリピノ語では、一見、母音で始まっているように見える単語の前には、必ず母音の前
   に声門閉鎖音があります。ただし、語頭の声門閉鎖音は慣習として表記されませんし、本
   書でもこの位置の声門閉鎖音は表記していません。

   apoy [ʔapoy アポイ]　　　火　　　inahin [ʔinahin イナヒン]　　　　雌鶏

② 語中に現れる声門閉鎖音で、母音と母音の間に現れる声門閉鎖音も慣習として表記されま
   せん。母音と母音が続いているときは、母音を伸ばさないで発音します。

   daan [daʔan ダアン]　　　道　　　noon [noʔon ノオン]　　　　以前

③ 語中で子音と母音の間に生じるものは、慣習的にハイフン (-) で表記されます。本書で
   も同じ方法で表記してあります。

   pag-asa [pagʔa:sa パグアーサ]　希望　　　pag-ibig [pagʔi:big パグイービッグ]　　愛

④ 語末で母音の後に生じる声門閉鎖音は、慣習的には、この母音の上に (`) をつけて表わ
   します。また、この母音の上にアクセントがある場合は、アクセント符号 (´) との組み

合わせで（＾）で表記します。ただし、辞典などを除き、フィリピノ語で書かれている
印刷物には、語末の声門閉鎖音は表記されていませんので、本書でも表記していません。

符号をつけた場合		本書	
púsò	→	puso [puːsoʔ プーソッ]	心臓
dapô	→	dapo [dapoʔ ダポッ]	ランの一種

語末の声門閉鎖音は、後に別の単語が続くと消える傾向にあります。

Masakit	ang	puso	ko.	私の心は痛みます。
[マサキット	アン	**プーソ**	コ]	
Maganda	ang	dapo	rito.	ここのダポ（ランの一種）はきれいです。
[マガンダ	アン	**ダポ**	リート]	

4　アクセント

　フィリピノ語のアクセントは長短アクセントで、通常は表記しませんが、必要がある時は符
号（´）を用います。**アクセントは、単語の1番最後の音節か、最後から2番目の音節にある
母音の上にあります。後者の場合、この母音は少し長めに発音しますが、最終音節にある母音
の上にアクセントがある場合、この母音を長く発音する必要はありません。**語末の声門閉鎖音
と同じように、アクセント符号も通常は表記されませんので、本書でも表記していません。

符号をつけた場合		本書	
búkas	→	bukas [buːkas **ブー**カス]	明日
bukás	→	bukas [bukas **ブ**カス]	開いている
píto	→	pito [piːto **ピー**ト]	口笛
pitó	→	pito [pito **ピ**ト]	7

　音節の多い単語には、アクセントがさらにもう1か所ある場合があります。**第2アクセント
がある母音も長めに発音します。**

符号をつけた場合	本書	
nápakaínit	→ napakainit [naːpakaːnit **ナー**パカ**イー**ニット]	とても暑（熱）い
hímagsíkan	→ himagsikan [hiːmagsiːkan **ヒー**マグ**シィー**カン]	革命

綴りが同じでも、アクセントの位置が異なる単語があります。このような場合、品詞が異なっていたり、別の単語だったりします。

符号をつけた場合		本書		
sáwà	→	sawa	[saːwaʔ **サーワッ**]	飽き（名詞）
sawâ	→	sawa	[sawaʔ **サワッ**]	飽きた（形容詞）
túbo	→	tubo	[tuːbo **トゥーボ**]	パイプ
tubó	→	tubo	[tubo **トゥボ**]	さとうきび
túbò	→	tubo	[tuːboʔ **トゥーボッ**]	利益

5　音節

フィリピノ語の音節は、すべて子音で始まります。子音をC、母音をVで表わすと、5つのタイプがあります。1番多いのは①と③のタイプです。それ以外は、外国語からの借用語にあてはまるタイプです。**本書では音節の区切りは（・）で表わします。**

① CV

 pato [パート] アヒル   →   pa・toでcv・cvになります。

 mata [マタ] 目   →   ma・taでcv・cvになります。

② CCV

 plasa [プラーサ] 広場   →   pla・saでccv・cvになります。

 tsinelas [チネーラス] サンダル → tsi・ne・lasでccv・cv・cvcになります。

③ CVC

 bundok [ブンドック] 山   →   bun・dokでcvc・cvcになります。

 sa**hig** [サヒッグ] 床   →   sa・higでcv・cvcになります。

④ CCVC

 plantsa [プラーンチャ] アイロン → plan・tsaでccvc・ccvになります。

⑤ CVCC

 nars [ナース] 看護師   →   narsでcvccになります。

6 綴り

　フィリピノ語の単語は、ほとんどが実際の発音に準じて綴られていますので、日本語のローマ字を読む要領で発音してください。ただし、綴りと発音が少し異なる単語がいくつかあります。

ng	[ナン]	標識辞
mga	[マガ]	複数を表わす標識辞
mayroon	[メーロン]	あります/います
kaunti	[コーンティッ]	少し
sauli	[ソーリッ]	返すこと

　借用語は、スペイン語あるいは英語からがほとんどです。これらの借用語の多くは、次のような規則にしたがってフィリピノ語式に綴られています。まず子音を見てみましょう。

c → k/s	calesa → kalesa	[カレーサ]	馬車
	cine → sine	[シィーネ]	映画
ch → ts	mancha → mantsa	[マンチャ]	染み
f → p	fila → pila	[ピーラ]	列
j → h/s	cajon → kahon	[カホン]	箱
	jabon → sabon	[サボン]	石鹸
ll → ly	calle → kalye	[カーリィエ]	通り
ñ → ny	piña → pinya	[ピニャ]	パイナップル
q → k	maquina → makina	[マーキナ]	機械
v → b	vapor → bapor	[バポル]	船
x → ks	taxi → taksi	[タクシィ]	タクシー
z → s	zapatos → sapatos	[サパートス]	靴

　借用語で、母音文字が連続して現れている場合は、母音と母音の間にyやwが入ります。

ia → iya	tia → tiya	[ティーヤ]	おば
ie → iye	ciento → siyento	[シィイェーント]	100
io → iyo	dios → diyos	[ディヨス]	神
	tio → tiyo	[ティーヨ]	おじ
ua → uwa	cuarta → kuwarta	[クワールタ]	お金
	cuatro → kuwatro	[クワートロ]	4
ue → uwe	escuela → eskuwela	[エスクエーラ]	学校
	cuenta → kuwenta	[クウェーンタ]	計算

借用語で、フィリピノ語式に綴ると本来の単語が何であるのかわかりにくくなるもの、フィリピノ語式綴りでの表記が慣習化されていないものは、本来の綴りをそのまま用いています。**本書では、本来の綴りで表記されている単語はイタリック体になっています。**

coral　　　　サンゴ礁　　　　*stalactite*　　　　鍾乳石

7　イントネーション

　イントネーションは本書では表記してありませんが、次のようになります。

1)　平叙文：文の最後が下降調になります。

　　May　lupa　si　Ramon.　　　↘　　　ラモンは土地を持っています。
　　[マイ　ルーパ　シィ　ラモン]

2)　小辞 ba を伴った疑問文：文の最後が上昇調になります。

　　May　lupa　ba　si　Ramon?　↗　　　ラモンは土地を持っていますか？
　　[マイ　ルーパ　バ　シィ　ラモン]

3)　疑問詞で始まる疑問文：文の最後が下降調になります。

　　Kailan　ang　kasal　nila?　　↘　　　彼らの結婚式はいつですか？
　　[カイラン　アン　カサル　ニラ]

単語の形成

　フィリピノ語の単語は、語根か派生語で形成されています。**語根**は接辞が添加されていない最も小さな単位の単語で、その多くは名詞として使用できますが、中には形容詞であったり、単なる語根であったりするものもあります。一方、派生語は、① 語根に接辞が添加される、② 語根が重複される、③ 2つの語根が結合される、④〈添加 ＋ 重複〉、⑤〈添加 ＋ 重複 ＋ 結合〉といった組み合わせで形成されています。なお、語根に接辞が添加された派生語の中でも、これに新たな接辞が添加されることで別の派生語が形成されるものは、本書では**語幹**という名称を用いています。

1　接辞の添加

　派生語の中で最も多いのは、語根、あるいは語幹に接辞が添加されたタイプです。語根や語幹が基本的な意味を表わすのに対し、接辞は機能を表わしています。接辞は、語根の前に添加される接頭辞、語根の間に添加される接中辞、語根の最後に添加される接尾辞があります。接頭辞の場合はハイフン（ - ）が接辞の後に、接中辞の場合は接辞の両側に、接尾辞の場合は接辞の前につきます。なお、接辞の前後についている（ - ）は、語根や語幹に添加されると消えます。またこのハイフンは、声門閉鎖音を表わす（ - ）と区別してください。

　　接頭辞の例：ma-, mag-, i-, ipa-, ipang-, tag-, taga-, napaka-, p-, pa-, pag-
　　接中辞の例：-um-, -in-
　　接尾辞の例：-in, -an
　　接頭辞と接尾辞が組み合わさった例：ka- -an, pa- -in, pa- -an, pag- -an, pag- -in

　接辞には、名詞を形成する接辞、形容詞を形成する接辞、動詞を形成する接辞、副詞を形成する接辞、数詞を形成する接辞、代名詞を形成する接辞がありますが、ほとんどは名詞、形容詞、動詞を形成します。主だった接辞には次のようなものがあります。

　　名詞を形成する接辞：-an, ka-, ka- -an, mag-, taga-, p-, pa- -an, pag-, pang-
　　形容詞を形成する接辞：ma-, ma- -in, mapag-, naka-, nakaka-, pa-, -an, -in
　　動詞を形成する接辞：mag-, -um-, mang-, m-, maka-, maki-, -in, -an, pag- -an
　　副詞を形成する接辞：ka-, mag-
　　数詞を形成する接辞：ika-, pang-, tig-, maka-
　　代名詞を形成する接辞：n-, d-, ka-

　接辞の中には同じ形をしていながら、機能が異なるものがいくつもあります。ma-, -an, -inといった接辞です。ma-や-anには、形容詞を形成する接辞と動詞を形成する接辞、-inには、名詞を形成する接辞と動詞を形成する接辞があります。

| malungkot = ma- + lungkot「悲しみ」 | 悲しい（形容詞） |
| malungkot = ma- + lungkot「悲しみ」 | 悲しく思う（動詞） |

| sugatan = sugat「傷」+ -an | 傷だらけの（形容詞） |
| sugatan = sugat「傷」+ -an | 傷つける（動詞） |

| inumin = inom「飲むこと」+ -in | 飲み物（名詞） |
| inumin = inom「飲むこと」+ -in | 飲む（動詞） |

フィリピノ語では添加する接辞を変えることによって、同じ語根から名詞や形容詞、動詞などを形成することができます。

語根	init	暑さ/熱さ
名詞	tag-init (tag- + init)	夏
形容詞	mainit (ma- + init)	暑い/熱い
	napakainit (napaka- + init)	とても暑い/とても熱い
動詞	uminit (-um- + init)	暑くなる/熱くなる
	magpainit (magpa- + init)	熱くする、温める
	painitin (pa- + init + -in)	熱くする、温める

2 重複

フィリピノ語の派生語の中には語根や語幹の一部、あるいは語根全体が重複されて形成されているものがあります。一部重複とは、第1音節の最初の子音と母音だけだったり、第2音節の最初の子音と母音だったり、第1音節から第2音節の最初の子音と母音までだったりします。

語根/語幹		語根/語幹が重複されて形成された単語	
ka·nin (cv·cvc)	ご飯	kakanin	米粉で作られているお菓子
tug·tog (cvc·cvc)	楽器の音	tutugtog	楽器を弾く
ma·ngis·da (cv·cvc·cv)	漁をする	mangingisda	漁師
mag·sa·ka (cvc·cv·cv)	畑仕事をする	magsasaka	農民
u·ma·ga (cv·cv·cv)	朝	uma-umaga	毎朝
tang·ha·li (cvc·cv·cv)	昼	tangha-tanghali	毎昼
a·raw (cv·cvc)	日、太陽	araw-araw	毎日
ga·bi (cv·cv)	夜	gabi-gabi	毎晩

3 結合

　数はそれほど多くありませんが、2つの語根が結合されることによって形成される派生語もあります。語根と語根の間にはハイフン（-）が入っている場合もあります。

bahaghari = bahag「ふんどし」+ hari「王様」　　　　虹
hanapbuhay = hanap「探すこと」+ buhay「生活」　　仕事
anak-pawis = anak「息子／娘」+ pawis「汗」　　　貧困層出身者、労働者
balat-sibuyas = balat「肌」+ sibuyas「タマネギ」　　肌がきめ細かい

4 接辞の添加と重複

　一部の名詞や形容詞、動詞の活用形などは、語根や語幹に接辞が添加された上に、語根や語幹の一部が重複して形成されています。

bahay-bahayan = bahay「家」+ bahay「家」+ -an　　　　おままごと
maganda-ganda = ma- + ganda「美しさ」+ ganda「美しさ」　少しだけ美しい
naglalakad = nag- + la「語根の一部」+ lakad「歩くこと」　歩いている／歩いていた

5 接辞の添加と重複と結合

　フィリピノ語ではかなり長いと感じる単語を頻繁に目にしますが、これらの単語はほとんどの場合、接辞の添加・重複・結合という要素が組み合わさって形成されています。

mamamatay-tao = ma- + ma「語根の一部」+ matay「死」+ tao「人」　殺人者

pakikipagkapitbahay = paki- + ki「接辞の一部」+ pag + kapit「付く」+ bahay「家」
　　　　　　　　　　　　　　　　　　　　　　　　　　　　　隣人になること

pagbabantay-salakay = pag- + ba「語根の一部」+ bantay「見張り」+ salakay「襲撃」
　　　　　　　　　　　　　　　　　　　　　　　　　　　　立場を悪用すること

品詞

　フィリピノ語には、名詞、代名詞、疑問詞、形容詞、副詞、動詞、接続詞といった品詞に加え、標識辞、リンカー（繋辞）、存在詞、小辞といった品詞があります。ただし、単語のほとんどは、名詞か形容詞、あるいは動詞です。

1　標識辞

　語根だけで形成されており、それだけではほとんど、あるいは全く意味を持ちません。単独では使われないタイプと単独で使われるタイプがあります。単独で使われない標識辞は、名詞や名詞句などの前につき、〈標識辞 + 名詞（句）〉が文中においてどのような役割をしているのかを示します。主語を形成するang, siやsina、所有者や動詞文における補語などを表わすng, niやnina、場所や所有者、動詞文における補語などを表わすsa, kayやkinaがあります。なお、標識辞のangには、名詞や名詞句の前につくangの他に、基本文②や基本文③において、述語の前につくangもあります（⇒7課）。単独で使われる標識辞としては、倒置を示すayがあります（⇒7課）。

2　リンカー（繋辞）

　リンカー（繋辞）とは、基本的に単語と単語をつなぐものです。修飾する単語と修飾される単語を繋ぐ場合には、一部の例外を除いて必ず使われます。修飾語と被修飾語の間に入るna、修飾語、あるいは被修飾語の語尾に添加される -ngの2種類があります（⇒4課）。リンカー（繋辞）は単語と単語を繋ぐことに加え、母体となっている文に、もうひとつの文を組み込むときにも使われます（⇒26課）。

3　名詞

　ほとんどの名詞は語根だけ、あるいは語根に接辞が添加されて形成されています。名詞を形成する接辞は20余りあります。このうち本書に取り上げられているのは -an（⇒5課）、pang-（⇒10課）、p-/pag-/pagkaka-（⇒24課）とpampa-（⇒24課）だけですので、ここではこの他の主だった接辞を紹介しておきます。

　-an：相互行為や同時発生による出来事を表わす
　　　　barilan = baril「銃」+ -an　　　　　　銃撃戦
　　　　labanan = laban「戦い」+ -an　　　　　戦闘

ka-：語根が表わす場所や行為を共有する人を表わす

    kaklase = ka- + klase「クラス」   クラスメート

    kalaban = ka- + laban「戦い」   敵

ka- -an：抽象概念や集合体を表わす

    katapatan = ka- + tapat「誠実な」+ -an   誠実さ

    kagubatan = ka- + gubat「森」+ -an   森林

-in：語根が示すものの集合体を表わす

    lupain = lupa「土」+ -in   土地、領土

    bukirin = bukid「1区画の畑」+ -in   田畑、野原

mag-：家族や親戚関係を表わす

    mag-ama = mag- + ama「父」   父と子

    mag-asawa = mag- + asawa「夫／妻」   夫婦

taga-/tagapag-：語根が表わす行為を専門的に行う人を表わす

    tagapinta = taga- + pinta「ペンキ」   ペンキ屋

    tagapag-alaga = tagapag- + alaga「世話をすること」 世話をする人

pa- -an：語根が表わす行為が行われる場所を表わす

    paliparan = pa- + lipad「飛行」+ -an   空港

    paaralan = pa- + aral「学ぶ事」+ -an   学校

pagka-：語根が表わす人や物の性質や状態を表わす

    pagkapresidente = pagka- + presidente「大統領」   大統領であること

    pagkatao = pagka- + tao「人」   性格

tag-：季節を表わす

    tag-init = tag- + init「暑さ」   夏

    taglamig = tag- + lamig「寒さ」   冬

4　代名詞

　人称代名詞と指示代名詞があります。人称代名詞、指示代名詞、共に〈標識辞 ang + 名詞〉に相当する ang 形、〈標識辞 ng + 名詞〉に相当する ng 形、〈標識辞 sa + 名詞〉に相当する sa 形があります。ang 形は 2 課、ng 形は 3 課、sa 形 は 8 課で学びます。

5 疑問詞

疑問代名詞にはsino「誰」、alin「どれ」、ano「何」があります。一方、疑問副詞には、saan「どこ」、tagasaan「どこ出身」、nasaan「どこ」、kanino「誰の／誰に／誰と」、ilan「いくつ」、ikailan/pang-ilan「何番目」、magkano「いくら」、kailan「いつ」、bakit「どうして」、gaano「どのくらい」、paano「どうやって」などがあります。

6 形容詞

語根だけ、あるいは語根に接辞が添加されて形成されています。形容詞を形成する接辞も、名詞と同じく20余りありますが、最も使われているのはma-です。**語根だけでできている形容詞は語根形容詞と呼びますが、接辞がある形容詞は、その接辞の名称で呼びます。**例えば、接辞ma-が添加された形容詞はma-形容詞、接辞napaka-が添加された形容詞はnapaka-形容詞と呼びます。フィリピノ語の形容詞の一部は名詞だけでなく、形容詞や動詞も修飾します（⇒20課）。

7 副詞

名詞や形容詞と異なり、ほとんどの副詞は語根だけで形成されています。時（⇒13課）、行為の頻度（⇒22課）、場所（⇒8課）などを表わします。なお、行為のありかた（⇒20課）は、形容詞を用いて表わします。

8 小辞

副詞の一部で、文中での位置が制限されています。全部で18ありますが、詳細は5課で学びます。

9 存在詞

「～があります、～がいます」を表わすmayと mayroon、「～がたくさんあります、～がたくさんいます」を表わすmarami、「～がありません、～がいません」を表わすwalaがあります。存在詞を使った文は8課と9課、28課で学びます。

10 動詞と擬似動詞

　動詞は、唯一の例外であるmaging「～になる」を除いて、語根や語幹に接辞が添加されて形成されており、相によって活用します。相には完了相、継続相、未然相があります。動詞を形成する接辞は30近くあり、フォーカス（焦点）、モード、相を表わしています。フォーカス（焦点）は動詞文においてどの名詞句（補語）が主語になるのかを決定し、モードは行為の種類を決定します。動詞と動詞文は16課から32課にかけて体系的に学びます。
　一方、擬似動詞は、動詞を形成する語根ですが、動詞と同じような役割を果たします。擬似動詞は語根なので活用しません。擬似動詞は15課と23課で学びます。

11 接続詞

　フィリピノ語の接続詞は、等位接続詞が7つ、従属接続詞が15あります。接続詞の使い方は19課で学びます。

12 数詞

　フィリピノ語、スペイン語、英語が状況によって使い分けられています。スペイン語は物の値段、時間、日付などを表わすときに使われます。英語は日常会話のあらゆる場面でよく使われます。フィリピノ語の数詞には基数詞、序数詞に加えて、「たったの、～だけ」を示す限定数詞、「各々につきいくつ」を示す配分数詞、「何百」「何千」といった不特定の数詞を表わす表現などがあります。

13 間投詞

　感情を表わす単語で、文とは関係なく独立して使われます。驚きや称賛を表わすaba、驚きや落胆を表わすnaku、注意を引くためのoy、痛みを表わすarayなどがよく使われます。

第1課　初めての授業

新学期が始まり、美帆は外国人を対象としたフィリピノ語の授業に出席します。 **Download**◀))

Miss Leny:	Magandang umaga sa inyong lahat!
Lahat:	Magandang umaga po, *Ma'm!*
Miss Leny:	Kumusta kayo?
	Ako si Leny David. Ako ang titser ninyo.
	Ano ang pangalan mo?
Miho:	Miho po（ang pangalan ko）.
Miss Leny:	Tagasaan ka, Miho?
Miho:	Taga-*Japan* po ako.
Miss Leny:	Tagasaan ka sa *Japan*?
Miho:	Taga-Kyoto po ako.
Miss Leny:	Ano ang trabaho mo?
Miho:	Estudyante po ako.
Miss Leny:	Ikaw naman, ano ang pangalan mo?
John:	John po（ang pangalan ko）.
Miss Leny:	Ano ang nasyonalidad mo, John?
John:	Amerikano po ako, pero taga-Cebu ang nanay ko.
Miss Leny:	Saan ka nakatira?
John:	Sa Cubao po ako nakatira.

maganda(ng)	美しい	tagasaan	どこ出身
-ng	リンカー（繋辞）	ka	あなた、君
umaga	朝	taga-	出身を表わす接辞
sa inyong lahat	皆さん全員に	sa	標識辞
po	敬意を表わす小辞	trabaho	仕事
kumusta	いかが	estudyante	学生
kayo	あなたたち	ikaw	あなた、君
ako	私	naman	話題を変える小辞
si	標識辞	nasyonalidad	国籍
ang	標識辞	Amerikano	アメリカ人
ninyo	あなたたちの	pero	しかし
titser	先生	Cebu	セブ島、セブ州、セブ市
ano	何	nanay	母
pangalan	名前	saan	どこ
mo	あなたの、君の	nakatira	住んでいる
ko	私の	Cubao	首都圏ケソン市の地区名

30

第1課 初めての授業

1 出会ったときのあいさつ

　1日の中では、次のようなあいさつがよく使われます。ていねいな言い方をしたい場合、話し相手に敬意を表わしたい場合は小辞のpoを加えます。

Magandang umaga po.	おはようございます（午前11時頃まで）。
Magandang tanghali po.	こんにちは（正午前後）。
Magandang hapon po.	こんにちは（日が暮れる頃まで）。
Magandang gabi po.	こんばんは（日が暮れてから）。
Magandang araw po.	良いお日和です（日中いつでも）。

「お元気ですか？ご機嫌いかがですか？」という表現もよく使われます。話し相手が1人でも、ていねいな言い方をしたい場合、相手に敬意を表わしたい場合は、ka「君、あなた」ではなくkaの複数形のkayo「あなたたち」を使います。

Kumusta ka?	元気ですか？
Kumusta kayo?	お元気でいらっしゃいますか？

なお、Kumusta ka/kayo? の文は「初めまして」の意でも使われます。

2 自己紹介する

　自己紹介するときは、〈ako「私」+ si + 名前 〉や〈ako「私」+ ang + 名詞（句） 〉の文を使います。ていねいな言い方をしたいとき、話し相手に敬意を表わしたいときはpoを挿入しますが、あいさつのときとはpoの位置が少し違います。

Ako si Leny.	私がレニーです。
Ako po si Miho.	私が美帆です。
Ako ang titser ninyo.	私があなたたちの先生です。
Ako po ang doktor ninyo.	私があなたたちの医者です。

3 名前・職業・国籍をたずねる

　名前や職業、国籍などをたずねたい場合は、〈Ano + | ang + 名詞 + mo/ninyo | 〉という構文を使います。Anoは「何」を意味する疑問詞です。ていねいな表現をしたい場合、または話し相手に敬意を表わしたい場合は、mo「君の、あなたの」の代わりにmoの複数形のninyo「あなたたちの」を使います。

3.1　名前をたずねる

　名前をたずねる文と答えは次のようになります。答えの文は、疑問文のanoを名前に、mo/ninyoをko「私の」に置きかえます。ていねいさや敬意を表わすpoを加えるときは、語順に注意しましょう。

Ano ang pangalan mo?	名前は何ですか？
Miho ang pangalan ko.	美帆が私の名前です。
Ano ang pangalan ninyo?	お名前は何とおっしゃいますか？
John po ang pangalan ko.	ジョンが私の名前です。

3.2　職業をたずねる

　職業を知りたいときは次のようにたずねます。答えは通常、〈職業を表わす単語 + ako「私」〉の文を使います。

Ano ang trabaho mo?	仕事は何ですか？
Estudyante ako.	私は学生です。
Ano ang trabaho ninyo?	お仕事は何でいらっしゃいますか？
Doktora ako.	私は医者（女性）です。

3.3　国籍をたずねる

　国籍を知りたいときは次のようにたずねます。

Ano ang nasyonalidad mo?	国籍は何ですか？
Ano ang nasyonalidad ninyo?	国籍は何でいらっしゃいますか？

第**1**課　初めての授業

国籍をたずねられたときは、答えに〈国籍を表わす単語 + ako「私」〉の文を使います。国籍を表わす単語は、男女両方をさす場合と女性だけをさす場合があります。

Hapon ako.　　　　　　　　　　　私は日本人（男女）です。
Haponesa ako.　　　　　　　　　　私は日本人（女）です。

Pilipino ako.　　　　　　　　　　　私はフィリピン人（男女）です。
Pilipina ako.　　　　　　　　　　　私はフィリピン人（女）です。

Amerikano ako.　　　　　　　　　　私はアメリカ人（男女）です。
Amerikana ako.　　　　　　　　　　私はアメリカ人（女）です。

Kastila ako.　　　　　　　　　　　　私はスペイン人（男女）です。

4　出身・住んでいる所をたずねる

出身や住んでいる所をたずねる文は、疑問詞のtagasaan「どこ出身」やsaan「どこ」で始まります。

4.1　出身をたずねる

出身をたずねるとき、ていねいな言い方や話し相手に敬意を表わしたいときは、ka「君、あなた」の代わりに kayo「あなたたち」を使います。

Tagasaan ka?　　　　　　　　　　　あなたはどこの出身ですか？
Tagasaan kayo?　　　　　　　　　　あなたはどこの出身でいらっしゃいますか？

一方、「私は～出身です」という表現は、〈　taga- + 地名／国名　 + ako「私」〉で表します。

Taga-*Japan* ako.　　　　　　　　　私は日本出身です。
Taga-Cebu ako.　　　　　　　　　　私はセブ出身です。

ako「私」の代わりにka「君、あなた」やkayo「あなたたち」を使うと、次のようになります。

Taga-Pilipinas ka.　　　　　　　　　あなたはフィリピン出身です。
Taga-Espanya kayo.　　　　　　　　あなたたちはスペイン出身です。

33

ako「私」、ka「君、あなた」、kayo「あなたたち」の代わりに、〈ang + 普通名詞〉や〈si + 人名〉を使うこともできます。

Taga-Cebu ang nanay ko.	私の母はセブ出身です。
Taga-Pilipinas si Abby.	アビーはフィリピン出身です。

より具体的な出身、例えば「日本のどこ出身ですか？」とたずねたり、答えたりする場合は次のようにします。答えの文では、疑問文のtagasaan「どこ出身」を〈taga- + 場所を表わす名詞〉に、ka「君、あなた」、kayo「あなたたち」をako「私」に置きかえます。

Tagasaan	+	ka/kayo	+	sa + 国や地名を表す単語

Taga- + 地名を表す名詞	+	ako

Tagasaan ka sa *Japan*?	日本のどこ出身ですか？
Taga-Kyoto ako.	京都出身です。
Tagasaan kayo sa Pilipinas?	フィリピンのどこ出身でいらっしゃいますか？
Taga-Maynila ako.	マニラ出身です。
Tagasaan kayo sa Mindanao?	ミンダナオのどこ出身でいらっしゃいますか？
Taga-Zamboanga ako.	サンボアンガ市出身です。

4.2　住んでいる所をたずねる

どこに住んでいるかをたずねたり、答えたりする場合は次のようになります。答えの文では、疑問文のsaan「どこ」を〈sa + 場所を表わす名詞〉に、ka「君、あなた」、kayo「あなたたち」をako「私」に置きかえます。

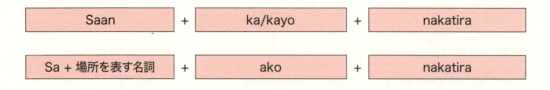

Saan ka nakatira?	どこに住んでいますか？
Sa Cubao ako nakatira.	クバオに住んでいます。
Saan kayo nakatira?	どこにお住まいですか？
Sa Makati ako nakatira.	マカティに住んでいます。

第1課 初めての授業

語彙力・表現力アップ

● 訪問時によく使われる表現

Tao po.	ごめんください。
Sino po sila?	どなた様ですか？
Tuloy（po）kayo./Pasok（po）kayo.	中にお入りください。
Diyan（po）muna kayo.	そこでお待ちください。
Upo（po）kayo.	お座りください。
Ikinagagalak ko kayong makilala.	お知り合いになれてうれしい限りです。
Salamat（po）.	ありがとう。
Walang anuman./Wala pong anuman.	どういたしまして。
Aalis na（po）ako.	これで失礼します。
Mauuna na（po）ako.	お先に失礼します。
Balik ka uli./Balik uli kayo.	また来てください。／またいらしてください。
Mag-ingat ka./Mag-ingat kayo.	気をつけて。／お気をつけてください。

（ ）内の po はなくてもかまいません。

● 職業を表わす

abogado	弁護士	katulong	家政婦
arkitekto	建築家	yaya	子守り
dentista	歯科医	labandera	洗濯婦
negosyante	商売をしている人	drayber	運転手
artista	俳優、女優	mekaniko	機械工
politiko	政治家	karpintero	大工
pulis	警察官	mangingisda	漁師
empleyado	会社員、従業員	magsasaka	農民
piloto	パイロット	barbero	理容師
sundalo	兵士	byutisyan	美容師
bumbero	消防士	manikurista	ネイリスト
dyanitor	清掃人	modista/mananahi	裁縫師
hardinero	庭師	tubero	配管工
guwardya	警備員	manggagawa	労働者

第**2**課	それはドリアンです

アビーの家を訪れた美帆は、果物からフィリピンの英雄まで、さまざまな質問をします。

Download 🔊))

Miho：　Ano ito?

Abby：　Durian iyan.

Miho：　Kakaiba ang itsura at mabaho ang amoy.

Abby：　Pero masarap iyan.

Miho：　Siyanga pala, sino siya?

Abby：　Siya si Andres Bonifacio.

Miho：　Pilipino ba siya?

Abby：　Oo.

Miho：　Ano siya?

Abby：　Rebolusyonaryo siya noong Panahon ng Kastila.

　　　　　Bayani si Bonifacio at matapang siya.

ito	これ	siya	彼、彼女
durian	ドリアン	ba	疑問文を形成する小辞
iyan	それ	oo	はい
kakaiba	変わっている	rebolusyonaryo	革命家
itsura	形、外見	noon(g)	以前、昔
at	そして	Panahon ng Kastila	スペイン（統治）時代
mabaho	悪臭がする	bayani	英雄
amoy	におい	matapang	勇敢な
masarap	美味しい	Andres Bonifacio	アンドレス・ボニファシオ
sino	誰		(⇒p.197)

頻出表現

1. Ano ito?　　　　　　　　　　これは何ですか？
   Durian iyan.　　　　　　　　それはドリアンです。
   Dyaryo iyan.　　　　　　　　それは新聞です。
2. Siyanga pala,　　　　　　　　ところで、
3. Sino siya?　　　　　　　　　彼は誰ですか？
   Siya si Andres Bonifacio.　　彼がアンドレス・ボニファシオです。
   Si Andres Bonifacio siya.　　彼はアンドレス・ボニファシオです。
4. Ano siya?　　　　　　　　　彼は何ですか？
   Rebolusyonaryo siya.　　　　彼は革命家です。
   Artista siya.　　　　　　　　彼女は女優です。

36

第2課 それはドリアンです

1 「～は…です」を表わす基本文①とang句

フィリピノ語で最も頻繁に使われる文は、主語と述語から構成され、語順が〈述語 + 主語〉となっている文です。述語は名詞や形容詞、動詞などですが、主語はang句と呼ばれるものです。ang句とは、具体的には、標識辞ang（⇒p.26）を伴う名詞、あるいは名詞句、標識辞siやsinaを伴う人名、〈ang + 名詞〉に相当するang形の人称代名詞と指示代名詞をさします。

本書ではこのような文を基本文①とします。基本文①は「～は…です」の意で用いられます。

述語		主語 (ang句)
名詞（句） 形容詞 動詞 その他	+	ang + (mga) + 普通名詞や地名等 si (単数) /sina (複数) + 人名 ang形の人称代名詞 ang形の指示代名詞

標識辞angは英語の定冠詞theに相当する単語といえますが、下の例文「マンゴはおいしい」のマンゴは、特定のマンゴとも解釈できますし、マンゴ一般とも解釈できます。ただし「ルネタ公園は大きい」のルネタ公園はマニラ市にある特定の公園をさします。

Masarap ang mangga. （特定の）マンゴはおいしい。／（一般的に）マンゴはおいしい。
Malaki ang Luneta Park. ルネタ公園は大きい。

mgaは後ろに続く名詞（句）が複数であることを示す標識辞ですが、英語の〈名詞 + s〉のような義務的なものではありません。発音は [maŋa] となります。

Payat ang mga dalagita. 少女たちは痩せています。
Madaldal ang mga estudyante. 学生たちはおしゃべりです。

人名の前につく標識辞は、人名が単数の場合はsi、複数の場合はsinaとなります。

Matapang si Andres Bonifacio. アンドレス・ボニファシオは勇敢です。
Pilipina sina Abby. アビーたちはフィリピン人です。

2 ang形の人称・指示代名詞

基本文①の主語を形成するang形の人称代名詞と指示代名詞を覚えましょう。

2.1 ang形の人称代名詞

　フィリピノ語の人称代名詞にはang形、ng形（⇒3課）、sa形（⇒8課）の3種類ありますが、このうち基本文①の主語を形成するのがang形の人称代名詞です。ang形の人称代名詞のなかではkaだけが1音節で、その他は2音節です。

ang形の人称代名詞				
	単数形		複数形	
1人称	ako	私	tayo	私たち（含）
			kami	私たち（排）
2人称	ikaw/ka	あなた、君	kayo	あなたたち、君たち
3人称	siya	彼/彼女	sila	彼ら/彼女ら

① 人称代名詞には男女の区別がありません。また、1人称複数形の「私たち」には、聞き手を含む「私たち」と、聞き手を含まない「私たち」があります。上記の表では、聞き手を含むtayoには（含）、聞き手を含まないkamiには（排）を添えて区別しています。

②「あなた」を表わす単語にはikawとkaがありますが、ikawは文頭で使われるため基本文①の文では使用しません。

③「あなたたち」を表わすkayoは、相手が1人でもていねいな言い方をしたいときや、敬意を表わしたいときに使われます。

Magkaibigan tayo.	私たちは友達です（聞き手を含む）。
Magkaibigan kami.	私たちは友達です（聞き手は含まない）。
Mabait ka.	あなたは親切です。
Mabait kayo.	あなたたちは親切です。／あなたは親切です。

第2課　それはドリアンです

2.2　ang 形の指示代名詞

　フィリピノ語の指示代名詞も人称代名詞と同じく3種類ありますが、基本文①の主語を形成するのがang形の指示代名詞です。通常、指示代名詞は物を表わしますが、人を表わす場合もあります。

ang形の指示代名詞			
単数形		複数形	
ito	これ	ang mga ito	これら
iyan	それ	ang mga iyan	それら
iyon	あれ	ang mga iyon	あれら

① 指示代名詞のitoは話し手の近くにあるものをさすのに対し、iyanは聞き手の近くにあるものをさします。

② iyonは話し手と聞き手、両者から遠いもの、あるいは目に見えないものをさす場合に使われます。

③ ito, iyan, iyonが複数になると標識辞のang mgaが現れます。

④ 指示代名詞が人を表わすときは、「この人、こちら」のように解釈します。

Inumin ito.　　　　　　　　　　これは飲み物です。

Inumin ang mga ito.　　　　　　これらは飲み物です。

Retrato iyan.　　　　　　　　　それは写真です。

Retrato ang mga iyan.　　　　　それらは写真です。

Estudyante ito.　　　　　　　　こちらは学生さんです。

Estudyante ang mga ito.　　　　こちらは学生さんたちです。

3　基本文①を疑問文にする

　基本文①の疑問文は、述語と主語の間に小辞（⇒5課）のbaを入れ、文の最後を高く上げて発音します。疑問文の最も簡単な答え方は、oo「はい」、hindi「いいえ」です。ただし、ていねいに答えたい場合や聞き手への敬意を表わしたい場合は、ooやhindiに小辞のpoあるいはhoを加えます。このため、「はい」はopo/oho、「いいえ」はhindi po/hindi hoとなります。

Hinog ang saging.	バナナは熟れています。
Hinog ba ang saging?	バナナは熟れていますか？
Sariwa ang mga isda.	魚は新鮮です。
Sariwa ba ang mga isda?	魚は新鮮ですか？
Matapang si Jose Rizal.	ホセ・リサールは勇敢です。
Matapang ba si Jose Rizal?	ホセ・リサールは勇敢ですか？
Taga-Davao sila.	彼らはダバオ出身です。
Taga-Davao ba sila?	彼らはダバオ出身ですか？
Durian ito.	これはドリアンです。
Durian ba ito?	これはドリアンですか？

 豆情報

熱帯の果物

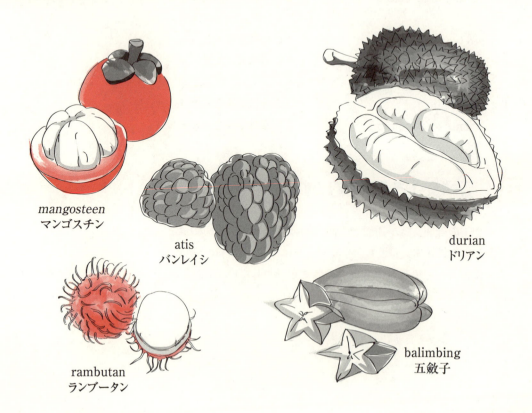

mangosteen　マンゴスチン

atis　バンレイシ

durian　ドリアン

rambutan　ランブータン

balimbing　五斂子

第**2**課　それはドリアンです

練習問題

1. a〜dの中から正しいものを選びましょう。

1) Matamis _____.
   a. si pakwan
   b. sina pakwan
   c. ang pakwan
   d. ang mga Bonifacio

2) Abogado _____.
   a. si Jett at Benny
   b. sina Jett at Benny
   c. ang Jett at Benny
   d. ang mga Jett at Benny

3) Mestisa _____.
   a. si dalaga
   b. sina dalaga
   c. ang mga Tessie
   d. ang dalaga

4) Pulis _____.
   a. ang Pilipino
   b. sina Pilipino
   c. si Pilipino
   d. ang mga Jose

5) Kakaiba _____.
   a. si estudyante
   b. ang estudyante
   c. sina estudyante
   d. ang mga Ben at Jun

6) Taga-Bulacan _____.
   a. si Joy at Nik
   b. ang Joy
   c. sina Joy at Nik
   d. ang mga Joy

2. カッコ内の日本語をフィリピノ語にして文を完成させましょう。

1) Hapon _____.（聞き手を含めた私たち）
2) Empleyado _____.（私）
3) Hinog _____.（これ）
4) Pilipino ba _____?（彼ら）
5) Masarap ba _____?（それ）

3. フィリピノ語にしましょう。

1) リサール公園は美しい。（Rizal Park）
2) これは新鮮です。
3) 彼は勇敢です。
4) 木々は高い。（puno, mataas）
5) あれは学校ですか？（eskuwelahan）

41

第3課　通りで

美帆とアビーは、通りでアビーのいとこのライアンに出会います。ライアンはすでにエンジ
ニアとして働いています。　　　　　　　　　　　　　　　　　　　　Download))

Ryan： Oy Abby, saan kayo galing?

Abby： Sa bahay ng kaibigan namin. Ikaw?

Ryan： Diyan lang, sa tindahan.

Abby： Oo nga pala, Ryan, ito si Miho.
　　　　 Exchange student siya sa UP.

Ryan： *Hi*, Miho, kumusta ka?

Miho： Mabuti naman.

Abby： Miho, pinsan ko, si Ryan.
　　　　 Kapatid ni Claire si Ryan.
　　　　 Engineer siya sa Laguna Tech.

Miho： Kaklase ko sa *PE* si Claire.

Ryan： Ganoon ba?
　　　　 Oras na ng miryenda.
　　　　 Tayo na, magmiryenda muna tayo.

Oy	やー(注意を引くかけ声)	pinsan	いとこ
galing	根 ～から来る	kapatid	兄弟、姉妹
bahay	家	kaklase	クラスメート
ng	標識辞	*PE*	体育(physical education の略)
kaibigan	友達	oras	時間
namin	私たちの(排)	na	すでに
tindahan	店	miryenda	おやつ
mabuti	元気である	magmiryenda	不 おやつにする
UP	フィリピン大学	muna	まずは、とりあえず
(University of the Philippines の略)			

頻出表現

1. Saan kayo galing?　　　どこに行っていたのですか / どこから来たのですか？
2. Diyan lang.　　　　　　すぐそこです。
3. Oo nga pala,　　　　　ところで、
4. Ito si ～　　　　　　　こちらが～(さん)です。
　 Ito si Miho.　　　　　　こちらが美帆です。
　 Ito si *Mrs.* Peneyra.　　こちらがペネイラ夫人です。

第**3**課　通りで

5.	Ganoon ba?	そうですか？
6.	Oras na ng ＋ 名詞 .	～の時間です。
	Oras na ng miryenda.	おやつの時間です。
	Oras na ng tanghalian.	昼食の時間です。
7.	Tayo na.	さぁ（行きましょう）。

1　ng句

　2課では基本文①の主語を形成するang句について学びましたが、3課ではng句を学びます。ng句とは、標識辞ngを伴う普通名詞や地名、標識辞niやninaを伴う人名、〈ng ＋ 名詞〉に相当するng形の人称代名詞と指示代名詞を一括したものです。ng句は所有者や所属先、一部の擬似動詞の行為者（⇒15課）、動詞文における補語（⇒16課）などを表わすのに使われますが、この課ではng句を使っての所有・所属表現を学びます。

1.1　ng 句を使っての所有・所属表現

　ng句は名詞や名詞句を後ろから修飾して、これらの名詞や名詞句の所有者や所属先を表わします。このとき、ng句は「～の」の意味になります。

所有対象の物や人を表わす名詞（句）	＋	ng句 ng ＋（mga）＋ 普通名詞や地名等 ni（単数）/nina（複数）＋ 人名 ng形の人称代名詞 ng形の指示代名詞

〈ng ＋ 名詞〉、〈ni/nina ＋ 人名〉が名詞を修飾している名詞句を見てみましょう。

puno ng niyog	ココヤシの木
Lungsod ng Maynila	マニラ市
estudyante ng *Philippine Studies*	フィリピン研究専攻の学生
kapatid ni Claire	クレアのきょうだい
bahay nina Ryan	ライアンたちの家

所有者と所属先を同時に表わす場合は、所有者を表わすng句が先にきます。

klase ni Alex ng Ingles　　　　　　　アレックスの英語のクラス
titser namin ng Filipino　　　　　　　私たちのフィリピノ語の先生

　同じ日本語の「〜の」を使った名詞句でも、「フィリピン大学の学生」、「ラグナテック社のエンジニア」における「フィリピン大学の」、「ラグナテック社の」といった表現は場所としてとらえます。このため、ng句ではなく〈標識辞sa ＋ 名詞〉で表わします。標識辞saについては、8課で学びます。

estudyante sa UP　　　　　　　　　　フィリピン大学の学生
engineer sa Laguna Tech　　　　　　ラグナテック社のエンジニア

1.2　ng 形の人称代名詞

　ng形の人称代名詞は、1人称単数形のkoと2人称単数形のmoは1音節ですが、その他は2音節です。

ng形の人称代名詞				
	単数形		複数形	
1人称	ko	私（の）	natin	私たち（の）（含）
			namin	私たち（の）（排）
2人称	mo	あなた（の）、君（の）	ninyo	あなたたち（の）、君たち（の）
3人称	niya	彼（の）/彼女（の）	nila	彼ら（の）/彼女ら（の）

① 1人称複数形のnatinは聞き手を含むのに対し、naminは含みません。
② 2人称複数形のninyoは、ていねいさや敬意を表わすときには、2人称単数形moの代わりとしても使われます。
③ ng形の人称代名詞は、所有表現として使われる場合は、「〜の」という意で使われます。
　　ただし、所有表現以外に使われる場合は「〜の」の意味はなくなるので、上記の表では「の」の部分は（　）になっています。

salamin ko　　　　　　　　　　　　私のメガネ
kuwarto namin　　　　　　　　　　私たちの部屋
kaklase niya　　　　　　　　　　　彼（彼女）のクラスメート

第3課 通りで

1.3 ng形の指示代名詞

ng形の指示代名詞は、単数形では消えるng が複数形ではmgaと共に現れます。

ng形の指示代名詞			
単数形		複数形	
nito	これ（の）	ng mga ito	これら（の）
niyan	それ（の）	ng mga iyan	それら（の）
niyon/noon	あれ（の）	ng mga iyon	あれら（の）

① 単数形は、ang形の指示代名詞単数形に接辞のn-がついた形です。ただし、「あれ（の）」を表わすにはnoonも使われます。

② 複数形は、ang形の指示代名詞複数形のangがngに取ってかわります。

③ ang形の指示代名詞と同様にng形の指示代名詞も人を表わすことがあります。その場合、「この人の、こちらの」のように解釈します。

bulaklak nito　　　　　　　　　　これの花／こちらの花

damit niyan　　　　　　　　　　　それの服／そちらの服

probinsya ng mga iyon　　　　　　あちらの人たちの故郷

1.4 基本文①におけるng句

所有者や所属先を表わすng句を含む名詞句は、基本文①で述語として使えます。

Puno ng niyog ito.　　　　　　　　これはココヤシの木です。

Bahay nina Ryan iyon.　　　　　　あれはライアンたちの家です。

Salamin ko iyan.　　　　　　　　　それは私のメガネです。

Kaklase niya si Andy.　　　　　　アンディは彼女のクラスメートです。

ng句を含む名詞句を基本文①の主語として使う場合は、名詞句の前にangやsi/sinaを必ずつけます。

Mataas ang puno ng niyog.　　　　ココヤシの木は高いです。

Bago ang bahay nina Ryan.　　　　ライアンたちの家は新しいです。

Malabo ang salamin ko.　　　　　　私のメガネははっきり見えません。

Maingay ang mga kaklase niya.　　彼女のクラスメートたちは騒々しいです。

45

2 基本文①における人称代名詞の位置

　フィリピノ語の代名詞、特に人称代名詞は、基本文①では文頭から2番目の位置にくる傾向があります。このため、〈述語 + 主語〉の語順が崩れたような文を頻繁に目にします。述語がng句を含む名詞句である基本文①において、ang形やng形の人称代名詞の位置を確かめてみましょう。

1)　主語が人称代名詞で、述語に人称代名詞がない場合

　主語が普通名詞や人名の場合、語順は〈述語 + 主語〉ですが、主語が人称代名詞の場合、主語は文頭から2番目の位置に移動し、述語の間に入り込む形になります。

Kaklase ni Annie ang mga binatilyo.	少年たちはアニーのクラスメートです。
Kaklase sila ni Annie.	彼らはアニーのクラスメートです。
Titser ng Filipino si Leny.	レニーはフィリピノ語の先生です。
Titser siya ng Filipino.	彼女はフィリピノ語の先生です。

2)　主語が人称代名詞で、述語に人称代名詞がある場合

　述語に人称代名詞があり、主語が2音節の人称代名詞の場合は、語順が変わったりはしません。しかし、主語が1音節のka「あなた」の場合、ng形人称代名詞とang形人称代名詞の位置が入れかわります。

Kasama namin kayo.	あなたたちは私たちの仲間です。
Kasama ka namin.	あなたは私たちの仲間です。
Anak nila kayo.	あなたたちは彼らの子供です。
Anak ka nila.	あなたは彼らの子供です。

　述語に1音節のko「私の」があり、主語が1音節のkaである場合、koとkaは消滅し、kita「あなた(君)は私の」となります。

Kaibigan ko ka.	→	Kaibigan kita.	あなたは私の友人です。
Asawa ko ka.	→	Asawa kita.	あなたは私の夫(妻)です。

3 基本文①における指示代名詞の位置

　人称代名詞と同じように、指示代名詞も基本文①においては文頭から2番目の位置にくる傾向がありますが、この傾向は人称代名詞ほど強くありません。主語がang形の指示代名詞の場合は、次の例文のように、語順が〈述語 + 主語〉のままである場合と、主語が述語の間に入る場合があります。

Kuwintas ni Adel *ito*.　　　　　これはアデルのネックレスです。
Kuwintas *ito* ni Adel.

Amerikana ng tatay ko *iyan*.　　それは私の父のスーツです。
Amerikana *iyan* ng tatay ko.

　主語がang形の指示代名詞で述語にng形の指示代名詞がある場合、本来の語順が変わることはありません。指示代名詞は、ang形であれ、ng形であれ、すべて2音節だからです。

可：　　Kurbata nito iyon.　　　　あれはこの人のネクタイです。
不可：　Kurbata iyon nito.

可：　　*Cellphone* niyan ito.　　　これはその人の携帯電話です。
不可：　*Cellphone* ito niyan.

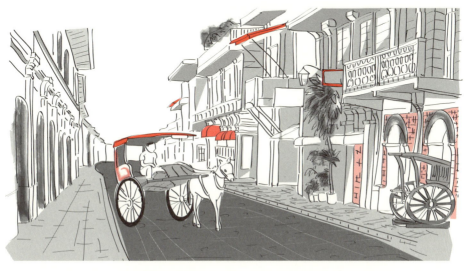

世界遺産に登録されているルソン島の南イロコス州ビガン市の街並み

47

練習問題

1. カッコ内の意味になるように、適切な ng 句や標識辞を入れましょう。

1) kaklase _____（聞き手を含む私たちのクラスメート）

2) trabaho _____ Robert（ロバートたちの仕事）

3) pangalan _____（君の名前）

4) oras _____ hapunan（夕食の時間）

5) tindahan _____（彼女の店）

6) libro _____ mga estudyante（学生たちの本）

7) nanay _____（私の母）

8) *cellphone* _____ Cris（クリスの携帯電話）

9) kapatid _____（彼の兄弟）

10) kabarkada _____（聞き手を含めない私たちの遊び仲間）

11) relo _____ binata（独身男性の時計）

12) pinsan _____（あなたたちの従弟）

13) almusal _____ tatay _____（彼らの父親の朝食）

14) kuwarto _____ estudyante _____Filipino（フィリピノ語の学生の部屋）

15) asawa _____ kapatid _____ Lito（リトの兄弟の妻）

2. 指示された主語を名詞句に付け加え、ひとつの文にしましょう。

（例）asawa ni Pedro: siya　　→　　Asawa siya ni Pedro.

1) Bos ko: kayo

2) Kasama ko: ka

3) Kaopisina ni Tita Maria: siya

4) Empleyado ng gobyerno: sila

5) Kaibigan namin: ka

6) Titser ng Ingles: kami

7) Libro niya: ito

8) Eskuwelahan natin: iyon

9) Kotse nina Mario: iyan

10) Retrato ng mga bata: ito

第**3**課　通りで

語彙力・表現力アップ

● 物の状態や形を表わす

mataas	高い		maliit	小さい
mababa	低い		malaki	大きい
malinis	清潔な		pino	なめらかな、細かい
marumi	汚い		magaspang	あらい
maganda	美しい、きれい		malalim	深い
pangit	醜い、悪い		mababaw	浅い
mabigat	重い		luma	古い
magaan	軽い		bago	新しい
basa	濡れている		maikli	短い
tuyo	乾いている		mahaba	長い
maliwanag	明るい		mahirap	難しい、大変な、貧しい
madilim	暗い		madali	簡単な、容易な
malayo	遠い		malakas	強い
malapit	近い		mahina	弱い
mura	安い		matalas	鋭い
mahal	高価な		mapurol	鈍い
mabango	香りがよい		tahimik	静かな
mabaho	臭い		maayos	整理整頓された、秩序だった
maluwang	ゆるい、広い		magulo	混沌とした
masikip	きつい		matigas	硬い
makapal	厚い		malambot	柔らかい
manipis	薄い		magastos	お金がかかる
mainit	暑い、熱い		makulay	カラフルな
malamig	寒い、冷たい		bilog	丸い
maginaw	肌寒い		kuwadrado	四角い

● 味覚を表わす

maasim	酸っぱい		matabang	味のない
maalat	塩辛い		malinamnam	風味のある
maanghang	辛い		malutong	ぱりぱりした
mapait	苦い		makunat	しけっている
mapakla	渋い		malangis	油っぽい
maanta	古い油の味がする		malansa	生臭い
matapang	（味が）濃い、（酒が）強い		matamis	甘い

49

第**4**課	サンパギータは国花です

　美帆とアビーの今日の話題はフィリピンの国花、サンパギータです。サンパギータの白い小さな花は、とても良い香りがします。日本では、マツリカの名で知られています。 Download◀))

Miho： Abby, salamat sa puting bulaklak na ito.

　　　　Anong bulaklak ito?

Abby： Sampagita iyan, ang pambansang bulaklak ng Pilipinas.

Miho： Ang bango!

　　　　Ano ang itsura ng halaman ng sampagita?

Abby： Mababang halaman ang sampagita.

Miho： Siyanga pala, ano ang paborito mong bulaklak?

Abby： Sanggumay（ang paborito kong bulaklak）.

　　　　Isang magandang orkid iyon.

Miho： Ano naman ang kulay ng sanggumay?

Abby： *Violet* ang kulay ng bulaklak niyon.

salamat	ありがとう	mababa	低い
puti	白い	paborito	お気に入りの
bulaklak	花	sanggumay	サングーマイ（ランの一種）
sampagita	サンパギータの木と花	isa	1
pambansa	国の	orkid	ラン
bango	良い香り	kulay	色
halaman	植物		

頻出表現

1. Salamat sa 〜　　　　　　　　　　〜をありがとう。
   Salamat sa puting bulaklak na ito.　　この白い花をありがとう。
   Salamat sa tulong mo.　　　　　　手伝ってくれてありがとう。

2. Ang bango!　　　　　　　　　　なんという良い香り！
   Ang sarap!　　　　　　　　　　なんと美味しい！

3. Ano ang paborito mong 〜？　　　　　お気に入りの〜は何ですか？
   Ano ang paborito mong kulay?　　　　お気に入りの色は何ですか？
   Ano ang paborito mong pagkaing Pilipino?　お気に入りのフィリピン料理は何ですか？

4. Ano ang itsura ng 〜？　　　　　　〜はどのような外見ですか？
   Ano ang itsura ng sampagita?　　　　サンパギータはどのような外見ですか？
   Ano ang itsura ng ate mo?　　　　　君の姉さんはどのような外見ですか？

50

第**4**課　サンバギータは国花です

1　リンカー（繋辞）を使って単語を修飾する

　フィリピノ語では単語を修飾するとき、修飾する単語と修飾される単語の間にリンカー（繋辞）が必要です。リンカー（繋辞）には、naと-ngがあります。修飾語、被修飾語が何であれ、より前にくる単語の最後の文字が何であるかによって、どちらのリンカー（繋辞）を使うかが決まってきます。

① 前の単語が母音文字で終わっている場合（最後の音が母音、あるいは声門閉鎖音）、前の単語の語尾に -ngをつける
② 前の単語が子音文字のnで終わっている場合、前の単語の語尾に-ngをつけるが、nが重なるため、実際には -gだけをつける
③ 前の単語がn以外の子音文字で終わっている場合、前の単語と離して naをつける

puting bulaklak	白い花
pulang sapatos	赤い靴
mayamang lalaki	お金持ちの男性
halamang tropikal	熱帯植物
kanal na mahaba	長い運河
mataas na bundok	高い山

2　名詞を修飾する

　修飾語と被修飾語の位置関係は、決まっている場合とそうでない場合があります。ここでは、名詞、形容詞、ang形の指示代名詞、数詞などが名詞を修飾する場合を学びます。

1)　名詞が修飾する場合：修飾される名詞の前後、どちらからでも修飾できます。

asawang Pilipino	= Pilipinong asawa	フィリピン人の夫/妻
simbahang Katoliko	= Katolikong simbahan	カトリック教会

2)　形容詞が修飾する場合：修飾される名詞の前後、どちらからでも修飾できます。

magandang orkid	= orkid na maganda	きれいなラン
mainit na tubig	= tubig na mainit	お湯

51

3) ang 形の指示代名詞が修飾する場合：修飾される名詞の前後、どちらからでも修飾できます。また、前後から名詞をはさむ形で修飾することもできます。この場合、「まさに」という意味合いが含まれます。

itong bahay = bahay na ito	この家
itong bahay na ito	（まさに）この家
iyong bundok = bundok na iyon	あの山
iyong bundok na iyon	（まさに）あの山

　ang 形の指示代名詞が前から名詞を修飾している名詞句は、このまま基本文①の主語として使えますが、指示代名詞が名詞の後ろから修飾している名詞句を主語として使う場合は、ang を必要とします。

Malaki itong bahay.	= Malaki ang bahay na ito.	この家は大きいです。
Mataas iyong bundok.	= Mataas ang bundok na iyon.	あの山は高いです。

4) 数詞が修飾する場合：**必ず数詞が修飾される名詞の前にきます。**

limang taon	5年
anim na buwan	6か月

5) 数詞と形容詞が修飾する場合：数詞が一番前にきますが、形容詞は修飾される単語の前後、どちらからでも修飾できます。

数詞 + リンカー	+	形容詞 + リンカー	+	名詞

数詞 + リンカー	+	名詞 + リンカー	+	形容詞

dalawang matabang baboy	= dalawang baboy na mataba	2匹の太った豚
sampung pulang rosas	= sampung rosas na pula	10本の赤いバラ

6) 形容詞、または数詞と ang 形の指示代名詞が同時に修飾する場合：指示代名詞が一番前にくる構文と、最後にくる構文があります。最後にくる単語以外には、すべてリンカー（繋辞）が必要です。

指示代名詞 + リンカー	+	形容詞/数詞 + リンカー	+	名詞

形容詞/数詞 + リンカー	+	名詞 + リンカー	+	指示代名詞

52

第**4**課　サンパギータは国花です

itong mabangong rosas	= mabangong rosas na ito	この良い香りのするバラ
iyang payat na aso	= payat na asong iyan	その痩せた犬
itong tatlong baso	= tatlong basong ito	この 3 つのコップ
iyang apat na payong	= apat na payong na iyan	その 4 本の傘

　形容詞と数詞、加えて ang 形の指示代名詞が同時に修飾する場合は、数詞が必ず形容詞の前にきます。

itong limang mabangong rosas	= limang mabangong rosas na ito	
		この 5 本の良い香りのするバラ
iyang apat na asul na payong	= apat na asul na payong na iyan	
		その 4 本の青い傘

　指示代名詞が最後にくる名詞句が主語になる場合は、ang が必要です。

Bago itong tatlong baso.	= Bago ang tatlong basong ito.	
		この 3 つのコップは新しいです。
Sira iyang apat na payong.	= Sira ang apat na payong na iyan.	
		その 4 本の傘は壊れています。

7)　所有・所属を表わす ng 句と形容詞が修飾する場合：所有者が普通名詞や人名の場合は、形容詞は名詞の前から、ng 句は名詞の後ろから修飾しますので、次のような語順になります。

lumang laruan ng mga bata	子供たちの古いおもちゃ
paboritong bestido ni Abby	アビーのお気に入りのドレス

　所有者が人称代名詞の場合は、形容詞、あるいは修飾される名詞が一番前にきて、人称代名詞が続きます。この時、**形容詞と名詞を繋いでいたリンカー（繋辞）は、人称代名詞に移ること**に留意しましょう。

形容詞	+	ng形人称代名詞 + リンカー	+	名詞

名詞	+	ng形人称代名詞 + リンカー	+	形容詞

luma nilang laruan	= laruan nilang luma	彼らの古いおもちゃ
paborito niyang bestido	= bestido niyang paborito	彼女のお気に入りのドレス

3 フィリピノ語の基数詞

　フィリピンではフィリピノ語に加え、スペイン語、英語の数詞も頻繁に使われますが、まずはフィリピノ語の基数詞の1から100までを覚えましょう。

1	isa	11	labing-isa	21	dalawampu't isa
2	dalawa	12	labindalawa	22	dalawampu't dalawa
3	tatlo	13	labintatlo	30	tatlumpu
4	apat	14	labing-apat	40	apatnapu
5	lima	15	labinlima	50	limampu
6	anim	16	labing-anim	60	animnapu
7	pito	17	labimpito	70	pitumpu
8	walo	18	labingwalo	80	walumpu
9	siyam	19	labinsiyam	90	siyamnapu
10	sampu	20	dalawampu	100	isang daan/sandaan

1) 11 ～ 19 までの基数詞は〈labing- + 基数詞の1 ～ 9〉で表わされます。labing- の ng は、後ろにくる単語の最初の音によって次のように変化します。

　① 後ろにくる単語が子音の b, p で始まる場合、ng は m になる
　② 後ろにくる単語が子音の d, l, n, s, t, r で始まる場合、ng は n になる
　③ 後ろにくる単語が上記以外の音で始まる場合、ng のままである

```
17 = labing + pito      →    labimpito
12 = labing + dalawa    →    labindalawa
19 = labing + siyam     →    labinsiyam
14 = labing + apat      →    labing-apat
```

2) 20 ～ 90 までの10の位は、〈 基数詞の2 ～ 9 + リンカー + pu「10の倍数の意」〉で表わされます。 基数詞の2 ～ 9 + リンカー のリンカーが -ng の場合は、-ng はすべて m になります。リンカーが na の場合、na は前後の単語と離しません。

```
20 = dalawang + pu      →    dalawampu
50 = limang + pu        →    limampu

40 = apat + na + pu     →    apatnapu
60 = anim + na + pu     →    animnapu
```

第**4**課　サンパギータは国花です

3) 単語の最後の音節にある o は、pu が添加され、o がある音節が最後から 2 番目の音節になると、o が u になります。（・）は音節の切れ目を表わしています。

30 = tat·long + pu	→	tat·lum·pu	→	tatlumpu
70 = pi·tong + pu	→	pi·tum·pu	→	pitumpu
80 = wa·long + pu	→	wa·lum·pu	→	walumpu

4) 21, 22, 35 といった数字は、〈20 + at + 基数詞の 1 〜 9〉で表わします。ただし at「そして」は母音文字で始まる音の後にくると、a が消え 't になります。

21 = dalawampu + at + isa	→	dalawampu't isa
22 = dalawampu + at + dalawa	→	dalawampu't dalawa
35 = tatlumpu + at + lima	→	tatlumpu't lima

5) 100 の位の基数詞は、〈 基数詞の 1 〜 9 ＋リンカー +daan/raan「100 の意」〉で表わします。raan は前にくる単語が母音で終わるときに使われます。100 は isang daan に加えて sandaan も使われます。リンカーの -ng はすべて n になります。na は前後の単語と離さないでつけます。

600 = anim na raan	→	animnaraan
700 = pitong daan	→	pitundaan
800 = walong daan	→	walundaan

6) 150, 285 といった数字は、〈100 + at + 50〉、〈200 + at + 85〉というように表わします。

150 = sandaan at limampu
285 = dalawandaan at walumpu't lima

7) 1000 の位の基数詞は、〈基数詞の 1 〜 9 ＋リンカー ＋ libo「1000 の意」〉で表わします。1000 は isang libo に加えて、sanlibo も使われます。

4000 = apat na libo	→	apatnalibo
5000 = limang libo	→	limanlibo

練習問題

1. 与えられた単語を使って名詞句を作りましょう。

   1) mabait   titser
   2) matalino   estudyante
   3) matangkad   kuya
   4) malinis   kuwarto
   5) anim   taon

   6) iyan   bahay
   7) lapis   iyon
   8) ito   hilaw   saging
   9) isa   pula   bulaklak
   10) iyan   bago   kotse

2. -ng, -(n)g, na を使って文を完成させましょう。何も必要ない場合は X を入れて下さい。

   1) Mataas _____ gusali ang eskuwelahan natin.
   2) Mahaba _____ ang buhok ni Mila.
   3) Maliit _____ aso iyon.
   4) Payat _____ ang anak mo.
   5) Tahimik _____ estudyante si Jun.
   6) Matamis _____ ang hinog _____ mangga.
   7) Maingay _____ babae si Maria.
   8) Mabigat ang diksyunaryo _____ ito.
   9) Luma _____ ang salamin ng lola.
   10) Maasim iyan _____ sabaw.

3. 例に従って、意味が変わらないように人称代名詞の位置を変えましょう。

   （例）paboritong pagkain ko → paborito kong pagkain
   pagkain kong paborito

   1) siyam na kapatid mo
   2) sikat na piyesta namin
   3) matapang na bayani ninyo

   4) mabait na kaibigan ko
   5) kaklaseng Amerikano nila
   6) maikling buhok niya

4. 例に従って意味が変わらないように文を書き変えましょう。

   （例）Maganda itong rosas. → Maganda ang rosas na ito.

   1) Masarap iyang ulam.
   2) Sira iyong kotse.
   3) Basa itong payong.

第4課　サンパギータは国花です

コラム1　フィリピンとは

フィリピンの国旗

　現在、フィリピンと呼ばれている地域には、スペインによる征服と植民地化が始まった16世紀の後半には、まだ中央集権的な統一国家が形成されていませんでした。フィリピンという名称も、スペインの遠征隊が、スペイン皇子のフェリペ（後のフェリペ2世）にちなんで「ラス・イスラス・フェリペナス（フェリペの島々）」と呼んだことに由来します。

　フィリピン人という概念はなおさら新しく、19世紀半ば以降に民族意識の覚醒と共に生まれてきました。当時、フィリピン人とは、フィリピン生まれのスペイン人（インスラール）をさし、本国（イベリア半島）生まれのスペイン人（ペニンシュラール）と区別するための言葉でした。それが19世紀後半に、原住民（インディオ）との混血層（メスティーソ）や、経済的な力をつけた原住民エリートなどに対して用いられるようになり、さらに19世紀末のフィリピン革命やアメリカ支配による教育などを通して、フィリピンという地域（＝国）に生まれ育った人々を等しく包摂する観念となってきました。

　フィリピンが独立し、現在のフィリピン共和国になったのは、第2次大戦が終結した翌年の1946年7月4日です。それ以前にも、第1共和国、第2共和国と呼ばれる時期がありました。第1共和国は、秘密結社のカティプーナンを率い、スペイン植民地政府と戦ったアギナルド将軍が1898年6月に独立宣言をし、翌年に樹立されました。しかし、1901年3月にアギナルド将軍がアメリカ軍に拘束されたことで終わりを告げました。一方、第2共和国は、1943年に、日本軍政下で樹立されましたが、終戦と共に消滅しました。なお、アメリカ統治時代のうち、1935年に10年後の独立が認められ、実際に1946年にフィリピン共和国が樹立されるまでは、日本軍政期（1942-45年）を除いて独立準備政府時代（コモンウェルス時代）と呼ばれています。

　フィリピンの国旗には、第1共和国の時代から8本の光を放つ黄色い太陽と3つの星が描かれています。8本の光線はスペイン植民地政府に対して最初に立ち上がったルソン島の8つの州、3つの星は主要な島であるルソン島、ミンダナオ島、ビサヤ諸島を表わしています。現在の国旗は、当時のものとデザインが少し異なっているだけです。

　フィリピノ語で「選ばれし故郷」と呼ばれる国歌も、独立戦争中の1898年に作られました。ただし当初はメロディーだけで、後からスペイン語の歌詞がつけられました。現在では、スペイン語からフィリピノ語に訳されたものが使われています。

　国花はサンパギータ、国樹はナラ（インド紫檀：マホガニーの一種）です。フィリピンの夏にあたる2月から5月にかけて黄色い花が咲きます。国鳥は絶滅危惧種に指定されているフィリピン・ワシ、国獣は水牛、国魚はバゴスです。バゴスは銀色の淡水養殖魚で、姿形は鯉に似ており、フィリピンの人が最も好む白身の魚です。

第**5**課	**首都圏の交通事情**		

マニラ首都圏を移動するには、バスやジプニーといった交通機関よりLRTやMRTといった鉄道の方が速いのですが、問題もあります。

Download ◀))

Miho： Malayo pa kaya ang istasyon ng MRT?

Abby： Pagod ka na ba?

Miho： Hindi pa naman, pero masakit na ang paa ko!

Magpahinga muna tayo.

Abby： Sige na nga. Pero sandali lang, ha?

Miho： Mabilis daw ang MRT, pero malayo pala ang istasyon nito!

Sana, malapit lang ito.

Abby： Malapit na yata, kaya lang, masakit na rin ang paa ko.

Kasi, bago ang sapatos ko, e.

Mabuti pa at sumakay na lang tayo ng dyipni.

Miho： Oo nga! Tayo na sa sakayan ng dyipni!

malayo	遠い	e	文末で使われ、残念さを表わす
pa	まだ、ほかに	mabilis	速い
kaya	〜でしょうか	daw/raw	〜だそうです
istasyon	駅	pala	驚きを表わす小辞
pagod	疲れている	nito	これの
hindi	〜ではない	sana	〜だったらいいのに
masakit	痛い	yata	たぶん
paa	足	din/rin	〜もまた
magpahinga	不 休憩する	kasi	なぜなら
ha	文末で使われ、念を押す	sumakay	不 乗る
MRT	首都圏鉄道 （Metro Rail Transit System の略）	dyipni	ジプニー
		sakayan	乗り場

頻出表現

1.	Magpahinga muna tayo.	とりあえず休憩しましょう。
2.	Sige na nga.	いいですよ。わかりました。
3.	Sandali lang.	ちょっとだけです。
4.	Kaya lang,	そうは言っても、けれども、
	Kaya lang, masakit na rin ang paa ko.	そうは言っても、私の足も痛いのです。
	Kaya lang, bata pa siya.	そうは言っても、彼はまだ若いのです。

第**5**課　首都圏の交通事情

5.　Mabuti pa at 〜　　　　　　　　　　　　　〜した方が良いでしょう。

　　Mabuti pa at sumakay tayo ng dyipni.　　ジプニーに乗った方が良いでしょう。

　　Mabuti pa at magtanghalian tayo.　　　　お昼を食べた方が良いでしょう。

6.　Oo nga!　　　　　　　　　　　　　　　そうですね！

7.　Tayo na sa 〜　　　　　　　　　　　　　〜に行きましょう。

　　Tayo na sa sakayan ng dyipni.　　　　　ジプニー乗り場に行きましょう。

　　Tayo na sa Antipolo.　　　　　　　　　アンティポロに行きましょう。

1　小辞

　フィリピノ語の副詞には、文中における位置が自由な副詞と制限される副詞があります。このうち、**位置が限定される副詞が小辞**です。小辞には1音節の小辞と2音節の小辞が合わせて18あり、原則として文頭ではなく、**文頭から2番目の位置**にきます。日本語にするのが難しい小辞もありますが、微妙な意味あいやニュアンスの違いを表わすことができる単語です。

1音節の小辞		2音節の小辞	
na	もう、すでに	muna	まず、とりあえず
pa	まだ、ほかに	naman	語調を和らげたり、話題を変えたりする
man	〜もまた 〜であっても、〜でも	kasi	なぜなら
nga	語調を和らげたり、強調したりする	kaya	〜でしょうか（思惑を表わす）
din/rin	〜もまた	pala	驚きを表わす
lang/lamang	〜だけ、単なる、ほんの	yata	たぶん、おそらく（推測を表わす）
daw/raw	〜だそうです	sana	〜だったらいいのに（願望を表わす）
po, ho	ていねい・敬意を表わす	tuloy	結果として
ba	疑問文を作る		

1)　na と pa は最もよく使われる小辞ですが、この2つが同じ文の中に同時に現れることはありません。

　　Malapit na ang tag-ulan.　　　　　　雨季はもうすぐです。

　　Malayo pa ang tag-ulan.　　　　　　雨季はまだ先です。

2)　man は、「〜もまた」の意味で使われる場合は、前の文を受ける形で使われます。

　　Manggagawa siya.　　　　　　　　　彼は労働者です。

　　Ako man.　　　　　　　　　　　　　私もです。

59

Babae man si Lita, malakas siya. リタは女性であっても、強いです。

Mahirap man ang buhay nila, masaya sila. 生活は大変でも、彼らは幸せです。

3) nga は、命令文や依頼文 (⇒ 24 課) などで語調を和らげたり、他の小辞とひとくくりになって強調したりします。

Pakibuksan mo nga ang bintana. 窓を開けてください。

Sige na nga. どうぞ。お願い。わかりました。

Oo nga pala. そうですね。ところで。

4) din, daw は、母音で終わる単語の後に続くと rin, raw になります。din と daw が同じ文に同時に現れることはよくあります。

Taga-Iloilo raw si Celina. セリーナはイロイロ出身だそうです。

Taga-Iloilo rin siya. 彼女もイロイロ出身です。

Taga-Iloilo rin daw si Cherry. チェリーもイロイロ出身だそうです。

Mabilis daw ang MRT. MRT は速いそうです。

Mabilis din daw ang LRT. LRT も速いそうです。

5) lamang は 2 音節ですが、文中では 1 音節の lang と同じように扱われます。

Sandali lang ho. ちょっと待ってください。

Kaunti lang ho. 少しだけです。

Magsasaka lamang kami. 私たちは単なる農民です。

6) po と ho では po の方が敬意の度合いが強いといえますが、あいさつのように po を使うのが習慣的となっている表現もあります。

Kumusta po kayo? ご機嫌いかがですか？

Sino po sila? どちら様でいらっしゃいますか？

7) ba は疑問文を形成する小辞ですが、疑問詞で始まる疑問文では使われたり、使われなかったりします。この場合、ba があるかどうかでニュアンスが違ってきます。

Sino ang masipag? 誰が真面目なのですか？

Sino ba ang masipag? いったい誰が真面目なのですか？

Alin ang masarap? どれがおいしいのですか？

Alin ba ang masarap? いったいどれがおいしいのですか？

第5課 首都圏の交通事情

8) muna もよく使われる小辞です。動詞が述語の位置にくる文でよく使われます。

Ikaw muna. あなたがお先に。
Dito muna tayo. とりあえずここにいましょう。

Magpahinga muna tayo. とりあえず休憩しましょう。
Magkape muna tayo. まずはコーヒーを飲みましょう。

9) naman は語調を和らげたり、話題を変えたりする場合に使われます。話題を変える場合は、最初の文には使われません。

Oo naman. そうですね。もちろんです。

Ako si Rey. 私はレイです。
Ikaw, ano naman ang pangalan mo? ところで、君の名前は何ですか？

10) 小辞の kaya と接続詞の kaya「したがって」を混同しないようにしましょう。

Bakit kaya? どうしてかしら？
Ano kaya ito? これは何かしら？

Kaya mayaman si Mister Tan. したがってタンさんはお金持ちなのです。
Kaya mahirap ako. したがって私は貧乏なのです。

11) pala は驚きを表わす小辞ですが、慣用句のようにして使われる場合もあります。

Kababayan mo pala si John. ジョンはあなたと同郷なのですね。
Oo nga pala. / Siyanga pala. ところで。そうなのですね。
Ganoon pala! なるほど！

12) 推測を表わす単語としては、小辞の yata の他に形容詞の siguro「たぶん」も使われます。siguro は文頭にきます。

Mali yata kayo.
Siguro mali kayo. あなたは多分間違っていらっしゃいます。

Mahangin yata ngayon.
Siguro mahangin ngayon. 今日は風が強いでしょう。

61

13) sana, kasi, tuloy は他の小辞と違い、文頭に現れることがあります。

Tahimik sana kayo.
Sana, tahimik kayo.
あなたたちが静かになると良いのに。

Bago kasi ang sapatos ko.
Kasi, bago ang sapatos ko.
私の靴が新しいからです。

Nagkasakit tuloy ako.
Tuloy, nagkasakit ako.
（結果として）私は病気になりました。

14) 小辞は単独で使われる以外に、複数の小辞が組み合わさって使われる場合もあります。この課で紹介している na lang「〜（すること）にします」、na naman「再び」、pa rin「それでもまだ」などです。加えて、単に表現を柔らかくするために使われる na nga などがあります。

Sumakay na lang tayo ng MRT.
MRTに乗りましょう。
Magkkb na lang tayo.
割り勘にしましょう。
Dito na lang tayo.
ここにしましょう。

Pasko na naman.
再びクリスマスです。
Tag-ulan na naman.
再び雨期です。

Isa pa rin.
もうひとつ下さい。
Puwede pa rin.
それでもまだ大丈夫です。

Sige na nga.
わかりました。
Oo na nga.
まさにその通りです。

2 基本文①における小辞の位置

小辞は原則として文頭にくることはなく、文頭から2番目の位置にきます。従って、**基本文①で文中に現れる小辞がひとつだけの場合は、自動的に前から2番目の位置にきます。**

Maliit din ang kuwarto namin.
私たちの部屋も小さいです。
Mabilis daw ang MRT.
MRTは速いそうです。
Masakit na ang paa ko.
私の足はすでに痛いです。

第5課　首都圏の交通事情

では2つ以上の小辞が同時に現れるときの語順はどうでしょうか。1音節と2音節の小辞が混在する場合は、1音節の小辞が先にきます。

述語	+	1音節の小辞	+	2音節の小辞	+	主語

Malapit na yata ang istasyon.　　　　駅はたぶん近いでしょう。
Mainit na sana ang kape.　　　　　　コーヒーが熱いとよいのですが。
Mura pa pala ang mga gulay dito.　　ここの野菜はまだ安いのですね。

1音節の小辞がいくつかある場合、語順は以下のようになります。下の表では、右にある小辞ほど文中での語順は後ろになることを示しています。

na pa	man	nga	din (rin)	lang/lamang	daw (raw)	po/ho	ba	2音節の 小辞

Tapos na po ang parada.　　　　　　　パレードはもう終わりました。
Matangkad din daw ba ang kuya niya?　彼女のお兄さんも背が高いそうですね？
Malapit na raw ang sakayan ng dyipni.　ジプニー乗り場はもう近いそうです。
Sampagita rin ho ba ito?　　　　　　これもサンパギータですか？

2音節の小辞が複数ある場合、その語順は1音節の小辞ほど明確ではありませんが、おおかた以下のようになります。

muna	naman	pala kaya	kasi	yata	sana	tuloy

Mahirap naman yata itong *assignment*.　この課題はたぶん難しいでしょう。
Mabagal pala kasi ang tren.　　　　　電車が遅いからです。

3　基本文①における小辞と人称代名詞の位置

　基本文①の文頭には、述語を形成する単語のうち、述語の核となる名詞や形容詞、動詞などがきますが、文頭に続く2番目の位置には、ang形やng形の人称代名詞、小辞がよくきます。ang形とng形の人称代名詞、小辞が同時にひとつの文に現れる場合の語順は、次の図表のようになります。図の矢印は、ひとつの文で同時にこれらの小辞が現れたときの優先順位を示しています。下に行くほど優先順位は下がります。

1音節の 人称代名詞	1音節の小辞			2音節の小辞	2音節のng形 人称代名詞	2音節のang形 人称代名詞
ka	na, pa	man		muna	natin	ako
ko		nga		naman	namin	tayo
mo		din		kaya, pala	ninyo	kami
		lang/lamang		kasi	niya	kayo
		daw		yata	nila	siya
		po/ho		sana		sila
		▼ ba		▼ tuloy		
					kita	

Sumakay na lang tayo ng dyipni.　　　ジプニーに乗りましょう。
Sumakay ka na lang ng dyipni.　　　君はジプニーに乗るように。

Bunso ka pala nila.　　　あなたは彼らの末っ子なのですね。
Bunso pala nila kayo.　　　あなたは彼らの末っ子さんなのですね。

Kuya mo rin ba siya?　　　彼もお兄さんですか？
Kuya rin ba ninyo siya?　　　彼もお兄さんでいらっしゃいますか？

4　場所を表わす-an名詞

　場所を表わす名詞には、〈語根 + -an〉で形成されている名詞が多くあります。語根は名詞だったり、動詞の語根だったりします。なお、**最後が母音で終わる語根に-anが添加されると、hが現れます。**

1) 語根が名詞の場合
　　palayan = palay「稲」+ -an　　　　田んぼ
　　sinehan = sine「映画」+ -an　　　　映画館
　　basurahan = basura「ごみ」+ -an　　　ゴミ箱

2) 語根が動詞の語根の場合
　　sakayan = sakay「乗ること」+ -an　　　乗り場
　　tindahan = tinda「売ること」+ -an　　　店
　　kainan = kain「食べること」+ -an　　　食べる所

1. 指示された小辞を含む文に変えましょう。

    Malayo ang istasyon.
    1）daw
    2）po
    3）din
    4）kasi
    5）pa rin

    Pagod ka.
    6）tuloy, na
    7）na naman
    8）din, na, daw
    9）yata, pa
    10）nga

    Estudyante mo siya.
    11）yata
    12）din, ba
    13）lang
    14）sana
    15）daw, pala

2. 日本語にしましょう。

    1）Mura raw ito.
    2）Taga-Bacolod din siya.
    3）Pinsan mo pala ang bos namin.
    4）Masipag sana sila.
    5）Bunso ka kasi.
    6）Mali yata iyon.
    7）Kaklase rin daw ni Irma si Ren.
    8）Sampagita rin ba iyan?
    9）Hinog na kaya ang mangga?
    10）Tag-ulan na ngayon.

第**6**課　家族関係

アビーは美帆をノルマおばさんの家に連れて行き、紹介します。　　Download◀))

Tita Norma :	Abby, tuloy kayo!
	Sino ang kasama mo?
Abby :	Hindi ba ninyo kilala si Miho?
Tita Norma :	Hindi pa.
Abby :	Miho, ito si Tita Norma.
	Nanay siya nina Ryan at Claire.
Miho :	Akala ko, ate kayo nina Ryan at Claire.
	Hindi kasi matanda ang itsura ninyo.
Tita Norma :	Naku, hindi nila ako ate, pero salamat.
	Oy Miho, magaling ka pala sa Filipino.
	Hindi ba Pilipina ang nanay mo?
Miho :	Hindi po Pilipina ang nanay ko pero Pilipino ang lolo ko.
Tita Norma :	Kaya pala mukha kang mestisa!

tita	おば	matanda	年配の、大人の
kasama	連れ、仲間	naku	おやまあ(驚きを表わす)
kilala	(人を)知っている	lolo	祖父
akala	根 推定、思いこみ	mukhang	～のようです
ate	姉	mestisa	メスティーサ(両親の人種が異なる女性)

頻出表現

1. Akala ko,　　　　　　　　　　　　　　～だと思いました (実際は違った)。
   Akala ko, ate kayo nina Ryan.　　　あなたはライアン達のお姉さんだと思いました。
   Akala ko, magkapatid kayo.　　　　あなた達はきょうだいだと思いました。
2. Magaling sa～　　　　　　　　　　　～が上手です。
   Magaling ka sa Filipino.　　　　　　あなたはフィリピノ語が上手です。
   Magaling sa *piano* si Abby.　　　　アビーはピアノが上手です。
3. Kaya pala　　　　　　　　　　　　　だから、どうりで、
   Kaya pala mukha kang mestisa!　　だからあなたはメスティーサに見えるのですね。
   Kaya pala bayani si Jose Rizal.　　だからホセ・リサールは英雄なのですね。

1 hindiを使って基本文①を否定文にする

フィリピノ語のhindiは英語のno「いいえ」の他に、not「～ではない」の意でも使われます。ここではhindiを使って基本文①を否定文にすることを学びます。hindiが文頭にくることによって、平叙文とは語順が異なってくることが多いので注意しましょう。

1) 主語が普通名詞・人名の場合

基本文①のなかで、主語が〈ang ＋ (mga) ＋ 普通名詞〉、あるいは〈si/sina ＋ 人名〉、述語がひとつの単語だけで形成されている文では、hindiが文頭にきても語順に変化はありません。

Masarap ang mga mangga.	マンゴはおいしいです。
Hindi masarap ang mga mangga.	マンゴはおいしくありません。
Mabait si Adel.	アデルは親切です。
Hindi mabait si Adel.	アデルは親切ではありません。

しかし述語の部分に小辞やng形の人称代名詞が含まれていると、hindiのすぐ後に小辞やng形の人称代名詞がきて語順が変化します。

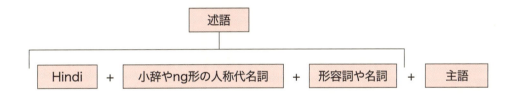

Masarap pala ang mga mangga.	マンゴはおいしいですね。
Hindi pala masarap ang mga mangga.	マンゴはおいしくないですね。
Mabait daw si Adel.	アデルは親切だそうです。
Hindi raw mabait si Adel.	アデルは親切ではないそうです。
Kilala ko si Miho.	私は美帆を知っています。
Hindi ko kilala si Miho.	私は美帆を知りません。

また、述語に小辞とng形の人称代名詞が複数含まれている場合、これら複数の単語がそのままの語順でhindiのすぐ後に続きます。ただし、平叙文に含まれている小辞のna「すでに」は否定文ではpa「まだ」にかわります。

67

Kilala ko na si Miho.	私は美帆をすでに知っています。
Hindi ko pa kilala si Miho.	私は美帆をまだ知りません。
Asawa mo pala si Tony.	トニーはあなたのご主人なのですね。
Hindi mo pala asawa si Tony.	トニーはあなたのご主人ではないのですね。
Aso raw ninyo ito.	これはあなたたちの犬だそうですね。
Hindi raw ninyo aso ito.	これはあなたたちの犬ではないそうですね。

2)　主語が人称代名詞の場合

　基本文①の主語が人称代名詞で、述語部分の単語がひとつの場合、主語がhindiのすぐ後ろにきます。kita「あなたは私の」も同様です。

Mabait ka.	あなたは親切です。
Hindi ka mabait.	あなたは親切ではありません。
Kuripot siya.	彼女はけちです。
Hindi siya kuripot.	彼女はけちではありません。
Mahal kita.	私はあなたを愛しています。
Hindi kita mahal.	私はあなたを愛していません。

　述語の部分に小辞やng形の人称代名詞が同時に含まれている場合は、これらの単語と主語であるang形の人称代名詞がひとかたまりとなって語順を変えることなく、hindiのすぐ後に続きます。

Mabait din sila.	彼らも親切です。
Hindi rin sila mabait.	彼らも親切ではありません。
Gutom na po ako.	私はすでにお腹がすいています。
Hindi pa po ako gutom.	私はまだお腹がすいていません。
Tiyo ko raw siya.	彼は私のおじだそうです。
Hindi ko raw siya tiyo.	彼は私のおじではないそうです。
Kalaban ka pala namin.	あなたは私たちの敵なのですね。
Hindi ka pala namin kalaban.	あなたは私たちの敵ではないのですね。

3) 主語が指示代名詞の場合

　指示代名詞も人称代名詞と同じように文頭から2番目にくる傾向がありますが、人称代名詞ほどその傾向は強くありません。このため、**hindi**が**文頭**にくることによって、**指示代名詞**は**移動しても移動しなくてもかまいません**。

Bayabas iyan.	それはグアバです。
Hindi bayabas iyan.	それはグアバではありません。
Hindi iyan bayabas.	それはグアバではありません。
Bayabas pala iyan.	それはグアバなのですね。
Hindi pala bayabas iyan.	それはグアバではないのですね。
Hindi pala iyan bayabas.	それはグアバではないのですね。

2　hindi baで始まる否定疑問文をつくる

　「〜ではないのですか、〜ではありませんか」はhindi baで始まる文で表わします。この文も、hindiで始まる文と同じく、主語が普通名詞（あるいは人名）なのか代名詞なのか、述語に小辞があるかないかで語順が違ってきます。

1) 主語が普通名詞・人名の場合

　述語の部分にba以外の1音節の小辞がある場合は、**hindi**と**ba**の間にこの小辞がきます。

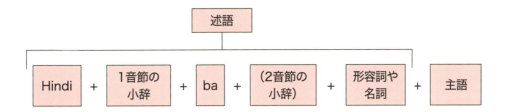

Gutom po ang mga bata.	子供たちはお腹がすいています。
Hindi po ba gutom ang mga bata?	子供たちはお腹がすいていませんか？
Pilipina raw si Coline.	コリンはフィリピン人だそうです。
Hindi raw ba Pilipina si Coline?	コリンはフィリピン人ではないとのことですか？

2) 主語が人称代名詞の場合

主語が1音節のkaである場合、次のような語順になります。

| Hindi | + | ka | + | （1音節の小辞） | + | ba | + | （2音節の小辞） | + | 述語 |

Takot ka na.   あなたはもう怖がっています。
Hindi ka pa ba takot?   あなたはまだ怖がっていないのですか？

Haponesa ka rin.   あなたも日本人（女）です。
Hindi ka rin ba Haponesa?   あなたも日本人（女）ではないのですか？

主語がka以外の人称代名詞の場合は、次のような語順になります。

| Hindi | + | （1音節の小辞） | + | ba | + | （2音節の小辞） | + | 主語 | + | 述語 |

Takot na kayo.   あなたたちはもう怖がっています。
Hindi pa ba kayo takot?   あなたたちはまだ怖がっていないのですか？

Pagod po yata kayo.   あなたたちはたぶん疲れています。
Hindi po ba yata kayo pagod? あなたたちはたぶん疲れていませんか？

3) 主語が指示代名詞の場合

　主語が指示代名詞の場合は、hindi ba のすぐ後に主語がくる構文と、平叙文の位置から主語が動かない構文とが同じぐらいの頻度で使われます。

Sariwa ito.   これは新鮮です。
Hindi ba ito sariwa? = Hindi ba sariwa ito? これは新鮮ではないのですか？

Mahal din iyan.   それも高価です。
Hindi rin ba iyan mahal? = Hindi rin ba mahal iyan?
         それも高価ではないのですか？

70

4)　否定疑問文の答え方

　hindi baで始まる否定疑問文の答えは、次のように、日本語式、英語式、どちらで答えても
かまいません。

Hindi ba ito luma?　　　　　　　　　　　　これは古くないですか？

日本語式
Oo, hindi luma iyan./Oo, hindi iyan luma.　　はい、それは古くないです。

英語式
Hindi, hindi luma iyan./Hindi, hindi iyan luma.　　いいえ、それは古くないです。

3　mukhangを使って比喩を表わす

　比喩を表わす「〜のようです、〜みたいです」という表現は、mukha「顔」にリンカーの
-ngが添加されたmukhangを使って表わします。mukhangで始まる文も、主語が普通名詞・
人名の場合と人称代名詞の場合では、語順が違ってきます。人称代名詞が主語の場合は、リン
カーは人称代名詞に移ります。

Mukhang Pilipino si Ken.　　　　　　　健はフィリピン人みたいです。
Mukha siyang Pilipino.　　　　　　　　彼はフィリピン人みたいです。

Mukhang mabait si Benny.　　　　　　　ベニーは親切みたいです。
Mukha siyang mabait.　　　　　　　　　彼は親切みたいです。

小辞が加わることでも語順が変わり、リンカーの移動が生じます。

Mukhang malakas ang Bagyong Pablo.　台風パブロは勢力が強いみたいです。
Mukha ring malakas ang Bagyong Pablo.　台風パブロも勢力が強いみたいです。
Mukha rin itong malakas.　　　　　　　これも勢力が強いみたいです。

練習問題

1. 1 ～ 10 を否定文に、11 ～ 15 を否定疑問文にしましょう。

1) Pilipino ka.
2) Hapon kayo.
3) Amerikano si John.
4) Asawa siya ni Mang Danny.
5) Kaibigan kita.
6) Tin-edyer na siya.
7) Kaklase mo kasi siya.
8) Payat ka rin.
9) Maasim pa iyon.
10) Mestisa raw kayo.
11) Kabarkada ninyo siya.
12) Bahay niya ito.
13) Mahal mo ako.
14) Kaopisina ka rin namin.
15) Lapis ni Emily iyan.

2. mukhang を使って、「～のようです、～みたいです」の表現に変えましょう。

1) Sariwa ang mga gulay.
2) Takot sina Mario.
3) Busog na siya.
4) Kamag-anak kita.
5) Artista po sila.

3. フィリピノ語にしましょう。

1) 私は英語の先生ではありません。
2) 彼女はテス（Tess）たちのいとこではありません。
3) 彼はメグ（Meg）を知らないのですか？
4) これはまだ熱くないのですか？
5) あなたはまだ疲れていないのですか？
6) はい、私はまだ疲れていません。

第6課 家族関係

語彙力・表現力アップ

● 人を表わす

tao	人	dalaga	独身の女性
lalaki	男性	binata	独身の男性
babae	女性	nobyo	恋人(男)
bata	子供	nobya	恋人(女)
tin-edyer	10代の若者	bakla	ゲイ
dalagita	少女	dayuhan/banyaga	外国人
binatilyo	少年		

● 市内で

iskinita	路地	bangketa	歩道
krosing	交差点	talipapa	(小さな)市場
tawiran	横断歩道	plasa	広場
rotonda	ロータリー	bangko	銀行

● 色

asul	青	itim	黒
berde	緑	pula	赤
dilaw	黄色	puti	白

● 花

gumamela	ハイビスカス	ilang-ilang	イランイラン
bugambilya	ブーゲンビリア	dapdap	デイゴ
kalatsutsi	プルメリア	*dama de noche*	夜香花
santan	サンタンカ	adelpa	キョウチクトウ

ハイビスカス　プルメリア　サンタンカ　サンパギータ

第7課　大統領候補

　　フィリピンでは、大統領や副大統領は有権者の直接投票によって選ばれます。18歳から投票できることもあり、若い人達の政治に関する関心は高いといえます。 Download ◀))

Miho：　Malapit-lapit na ang *presidential election*.
　　　　Sino ang kandidato mo?

Abby：　Hindi ko pa alam.
　　　　Pero siguro, si Roces ang kandidato ko.

Miho：　A, siya ba ang pinakapopular na kandidato?

Abby：　Oo, siya ang opisyal na kandidato ng Partido Makabayan.

Miho：　Sa palagay mo, alin ang mas magandang plataporma, ang plataporma ng
　　　　Partido Makabayan o ang plataporma ng Partido Makatarungan?

Abby：　Sa palagay ko, ang plataporma ng Partido Makabayan.
　　　　Bukod sa plataporma, ang mga miyembro ng Partido Makabayan ay talagang
　　　　hindi *corrupt*.
　　　　Tingnan mo, ito ang retrato nila sa isang miting.

Miho：　Si Roces ba ang nakasalamin at nakabarong?

Abby：　Oo, siya nga!

Miho：　Sana manalo siya.

malapit-lapit	まもなく	plataporma	政策要綱
kandidato	候補者	makatarungan	正義の
alam	知っている	Partido Makatarungan	正義党
siguro	たぶん	bukod sa ～	～の他に
pinakapopular	最も人気のある	miyembro	メンバー
opisyal	公認の	ay	倒置を表わす標識辞
partido	党	talaga	本当に
makabayan	愛国的な	retrato	写真
Partido Makabayan	愛国党	miting	会合、ミーティング
palagay	考え	nakasalamin	メガネをかけている
alin	どれ、どちら	nakabarong	バロンを着ている
mas	より～だ	manalo	不 勝つ

頻出表現

1.　Tingnan mo!　　　見て！
2.　Sa palagay mo,　　あなたの考えでは、

第7課　大統領候補

Sa palagay mo, alin ang mas magandang plataporma?
　　　　　　　あなたの考えでは、どちらがより素晴らしい政策要綱ですか？
Ano sa palagay mo?　あなたはどう思いますか？

3.　Sa palagay ko,　　　私の考えでは、

Sa palagay ko, ang plataporma nila ang mas maganda.
　　　　　　　私の考えでは、彼らの政策要綱がより素晴らしいです。
Sa palagay ko, mali si Lea.　私の考えでは、レアは間違っています。

1　「〜が…です」を表わす基本文②と基本文③

　主語と述語で構成されている文には基本文①の他に、基本文②と③があります。基本文①と、基本文②と③の大きな違いは語順です。**基本文①は〈述語 ＋ 主語〉ですが、基本文②と③は〈主語 ＋ 述語〉となります。** 述語も異なります。**基本文②と③の述語は標識辞のangを伴います。** ただし、このangは普通名詞や地名などを伴い主語を形成するangとは異なります。

　次に基本文②と③の違いを見てみましょう。**基本文②の主語は基本文①と同じang句です**が、**基本文③の主語は標識辞ang, si/sinaを伴わない名詞（句）だけです。標識辞を伴わない名詞（句）とは、特定されていない一般的な人や物を表わします。**

基本文②の主語（ang句）
ang ＋ (mga) ＋ 普通名詞（句）や地名など
si（単数）/ sina（複数）＋ 人名
ang形の人称・指示代名詞

基本文③の主語
(mga) ＋ 名詞（句）

＋

述語
ang ＋ （名詞（句）／形容詞／動詞／その他）

　基本文①が「〜は…です」の意を表わすのに対し、基本文②は、他のどれ/誰でもなく「（まさに）〜が…です」の意で使われます。疑問詞のsino「誰」やalin「どれ、どちら」で始まる疑問文とその答えは、基本文②となります。

Sino ang kandidato mo?　　　　　　　誰があなたの（あなたが支持する）候補ですか？
Si Roces ang kandidato ko.　　　　　　ロセスが私の（私が支持する）候補です。

Sino ang paborito mong artista?　　　　誰があなたのお気に入りの俳優ですか？
Si Anne Pablo ang paborito kong artista.　アン・パブロが私のお気に入りの俳優です。

75

Alin ang mabangong bulaklak?	どれが良い香りがする花ですか？
Ito ang mabangong bulaklak.	これが良い香りがする花です。

Alin ang kaymito?	どれがスターアップルですか？
Iyon ang kaymito.	あれがスターアップルです。

自分や他人を紹介するときに使われる文も基本文②です。

Ako si Linda.	私がリンダです。
Ito si Ramon.	こちらがラモンです。

基本文③も、他のどれでもない「（まさに）～が…です」の意で使われますが、基本文②と違い、「（まさに）～が」に該当する人や物は、特定されていない一般的な人や物です。〈Ano ang + 名詞（句）〉で始まる疑問文とその答えは、基本文③です。

Ano ang mura ngayon?	今、何が安いですか？
Saging ang mura ngayon.	今、バナナが安いです。

Ano ang popular na pasalubong?	何が人気のあるおみやげですか？
Dried mango ang popular na pasalubong.	ドライマンゴが人気のあるおみやげです。

2　基本文②と基本文③を疑問文にする

基本文②と③を疑問文にするには、主語と述語の間に疑問を表わす小辞のbaを入れます。

Si Ramon ang guwapo.	ラモンがハンサムです。
Si Ramon ba ang guwapo?	ラモンがハンサムですか？

Siya ang nakaT-shirt na dilaw.	彼が黄色いTシャツを着ています。
Siya ba ang nakaT-shirt na dilaw?	彼が黄色いTシャツを着ていますか？

Mga tulay ang sira.	橋が損壊しています。
Mga tulay ba ang sira?	橋が損壊していますか？

Rosas ang paboritong bulaklak ni Fe.	バラがフェのお気に入りの花です。
Rosas ba ang paboritong bulaklak ni Fe?	バラがフェのお気に入りの花ですか？

第7課　大統領候補

3　基本文②と基本文③を否定文にする

　基本文①を否定文にするには、文頭にhindiをもってくることは6課で学びました。基本文②と③を否定文にする場合は、hindiが文頭にきたり、述語にきたりします。hindiがどちらの位置にくるかで意味合いが違ってきますが、日常会話では、hindiが文頭にくる文の方がよく使われます。

Hindi si Bobby ang lider nila.　　　ボビーが彼らのリーダーではありません。
Si Bobby ang hindi nila lider.　　　ボビーが彼らのリーダーではありません。

　上記の文は、日本語にすると同じような意味になりますが、上の文が「ボビー以外の人がリーダーである」という事実を示唆しているのに対し、下の文は「ボビーはリーダーではないがリーダー以外の何かをしている」というニュアンスになります。もう一組の例文を見てみましょう。

Hindi mga pakwan ang matamis.　　スイカが甘いわけではありません（スイカ以外の果物が甘い）。

Mga pakwan ang hindi matamis.　　スイカが甘いわけではありません（スイカは甘くないがおいしい）。

4　ayを使って倒置文にする

　フィリピノ語の倒置文とは、ayによって主語と述語の位置が入れかわっていたり、副詞（句）が文頭にあったりする文のことです。ayは単に語順が入れかわっていることを示す標識辞であり、英語のbe動詞に相当するものではありません。**倒置文は、意味の上では本来の文と同じ**ですが、**よりかしこまった表現**になります。なお、ayは前に来る単語が母音文字で終わっている場合、ayのaが省略され、'yになることがよくあります。

　基本文①の主語と述語が入れかわった倒置文を見てみましょう。

本来の文：　Sikreto ko iyan.　　　それは私の秘密です。
倒置文：　　Iyan ay sikreto ko.

本来の文：　Malakas ang hangin.　　風は強いです。
倒置文：　　Ang hangin ay malakas.

77

基本文②の倒置文を見てみましょう。

本来の文： Si Aguinaldo ang unang pangulo ng Pilipinas.

アギナルドがフィリピンの初代大統領です。

倒置文： Ang unang pangulo ng Pilipinas ay si Aguinaldo.

本来の文： Ito ang mabangong bulaklak.　　　　　これが香りの良い花です。

倒置文： Ang mabangong bulaklak ay ito.

基本文③の倒置文を見てみましょう。

本来の文： Saging ang mura ngayon.　　　　　　バナナが今、安いです。

倒置文： Ang mura ngayon ay saging.

本来の文： Mga kundiman ang paborito kong kanta.　恋愛歌が私の好きな歌です。

倒置文： Ang paborito kong kanta'y mga kundiman.

5　形容詞の緩和表現

「少しだけ〜です」「ある程度〜です」という意味の、人や物の性質や状態が緩和されていることを表わす表現を見てみましょう。

1) 副詞 medyo「少し、ある程度」を使って表わす：medyo が形容詞を修飾する場合は、リンカーは使いません。

Medyo berde pala ang bulaklak na ito.　　　　この花は少し緑色ですね。

Medyo mahirap ang Filipino.　　　　　　　　フィリピノ語は少し難しいです。

Medyo mainit pa itong pandesal.　　　　　　この塩パンはまだ少し温かいです。

2) ma- 形容詞の語根の最初の2音節を重複する：重複された部分とはハイフン (-) でつなぎます。

malapit： Malapit-lapit na ang halalan.　　　　選挙はもうまもなくです。

malayo： Malayu-layo ang baryo namin.　　　私たちの村は少し遠いです。

mahaba： Mahaba-haba ang buhok ni Fe.　　　フェの髪は少し長いです。

78

第7課　大統領候補

6　naka-形容詞を使って「～を身に着けています」を表わす

「～を身に着けています」という表現は、〈naka- ＋ 語根〉で形成されているnaka-形容詞で表わします。この場合、語根は衣服やメガネといった身に着けるものを表わす名詞だったり、色を表わす形容詞だったりします。

nakapalda	スカートをはいています	nakaputi	白を着ています
nakaamerikana	スーツを着ています	nakaitim	黒を着ています
nakasalamin	メガネをかけています	nakapula	赤を着ています
nakatsinelas	サンダルをはいています	nakadilaw	黄色を着ています
nakasapatos	靴をはいています	nakaasul	青を着ています

Ang lolo namin ang nakasalamin.　　私たちの祖父がメガネをかけています。
Nakaamerikana ang mga lalaki sa *party*.　　パーティで男性はスーツを着ています。
Nakaputing *T-shirt* si Ana.　　アナは白いTシャツを着ています。

 豆情報

体の名称

ulo　頭
buhok　髪

mukha　顔
noo　額
kilay　眉毛
mata　目
tenga　耳

ilong　鼻
pisngi　頬
bibig　口
labi　唇
ngipin　歯

katawan　体
leeg　首
balikat　肩
likod　背中
braso　腕

dibdib　胸
tiyan　腹
baywang　腰
puwit　尻
hita　もも
tuhod　ひざ

kamay　手
daliri　指
kuko　爪

binti　脚
paa　足

79

練習問題

1. カッコに適切な単語を入れて質問に答えましょう。

    1) Alin ang sampagita?   どれがサンパギータですか？
       (   ) ang sampagita.   これがサンパギータです。

    2) Alin ang mura?   どれが安いですか？
       (   ) ang mura.   あれが安いです。

    3) Sino ang taga-Davao ?   誰がダバオ出身ですか？
       (   ) ang taga-Davao.   リタ (Lita) たちがダバオ出身です。

    4) Ano ang masarap ngayon?   何が今おいしいですか？
       (   ) ang masarap ngayon. スイカが今おいしいです。

    5) Sino ang nakasalamin?   誰がメガネをかけていますか？
       (   ) ang nakasalamin.   エディー (Eddie) がメガネをかけています。

2. ay を使って倒置文にしましょう。

    1) Malakas ang ulan.
    2) Nakasapatos sina Mariano.
    3) Mabait na titser si *Ma'am* Irma.
    4) *Basketball* ang paboritong *sports* ng mga bata.
    5) Nakapula siya.
    6) Sikat na artista si Piolo Pascual.
    7) Sanay na sila sa bagyo.
    8) Medyo magaling sa *piano* ang mga kasama namin.
    9) Matinik na isda ang bangus.
   10) Bago niyang dyipni ito.

3. フィリピノ語にしましょう。

    1) 誰がサンダルを履いていますか？
    2) デビー (Debby) がサンダルを履いています。
    3) あなたのお気に入りの色は何ですか？
    4) 青が私のお気に入りの色です。
    5) どれが少し甘いですか？
    6) これが少し甘いです。

語彙力・表現力アップ

● 人の形質を表わす

payat	痩せている	matalino	利口な
mataba	太っている	bobo	頭が悪い
matangkad	背が高い	suplado*	プライドが高い、高慢な
pandak	背が低い	matiyaga	忍耐強い
tsismoso*	噂好きな	magalang	礼儀正しい
madaldal	おしゃべりな	bastos	失礼な
masipag	勤勉な	makulit	しつこい
tamad	怠惰な	sosyal	社交的な
galante	気前がよい	masungit	気難しい
kuripot	けちな	mabait	優しい、親切な
suwapang	自分勝手な	salbahe	(性格が)悪い
mahinhin	慎み深い	mayabang	傲慢な
malambing	愛情深い		

*女性には tsismosa, supladaが使われます。

● 学校関係

klase	授業、クラス	eskuwelahan/paaralan	学校
bolpen	ボールペン	mababang paaralan	小学校
pambura	消しゴム	mataas na paaralan	高校
papel	紙	pamantasan/unibersidad	大学
lapis	鉛筆	kalendaryo	カレンダー
mesa	机、テーブル	bakasyon	休暇
silya/upuan	椅子	matrikula	授業料

● 身に着ける物

damit	服	medyas	靴下
palda	スカート	sinturon	ベルト
pantalon	ズボン	singsing	指輪
polo	ポロシャツ	kuwintas	ネックレス
kamisadentro	シャツ	hikaw	イヤリング
kurbata	ネクタイ	sombrero	帽子
tsinelas	サンダル	pitaka	財布

第8課　多様な文化があります

　首都圏ケソン市にあるフィリピン大学構内ではさまざまなイベントが開催されます。エコツーリズムを奨励するためのミス・アースコンテストが開催されたこともあります。　Download ◀))

Miho: May palabas ba sa UP Theater ngayon?
　　　 Maraming tao roon e.
Abby: Oo, mayroon.
　　　 Mayroon daw yatang *Miss Earth contest*.
Miho: Walang klase ngayon kaya puwede ako.
Abby: Balita ko, maganda raw ang palabas.
Miho: Marami bang magaling na *contestant*?
Abby: Siguradong marami.
Miho: Mayroon bang mga sayaw at kanta sa palabas?
Abby: Oo naman.
Miho: May katutubo bang sayaw ng Pilipinas?
Abby: Oo, at marami ring iba-ibang klase ng *costume* ng mga katutubo rito sa amin.
　　　 Kaya siguro, makulay ang palabas.
Miho: O sige, tayo na!

may	（〜が）あります／います	balita	ニュース
palabas	催し物、イベント、ショー	sayaw	踊り
marami	（〜が）たくさんあります／います	katutubo	土着の、先住の
doon/roon	あそこ	iba-iba	バラエティに富んだ
mayroon	（〜が）あります／います	dito/rito	ここ
wala	（〜が）ありません／いません	sa amin	私たちの所に
klase	種類	makulay	華やかな、色とりどりの

頻出表現

1. Puwede ako.　　　　　　　　　　　　（私は）大丈夫です／できます。
2. Balita ko, 〜 daw/raw 〜 .　　　　　　（私は）〜と聞いています。
　 Balita ko, maganda raw ang palabas.　ショーは素晴らしいと聞いています。
　 Balita ko, may lindol daw sa Bohol.　ボホールで地震があったと聞いています。
3. Siguradong 〜　　　　　　　　　　　 確実に〜です。
　 Siguradong maraming tao.　　　　　　確実に人がたくさんいます。
　 Siguradong may *rally* bukas.　　　　確実に明日抗議集会があります。

82

4.	Kaya siguro,	だからたぶん、
	Kaya siguro, makulay ang palabas.	だからたぶん、ショーは華やかなのです。
	Kaya siguro, hindi masarap ito.	だからたぶん、これはおいしくないのです。
5.	O sige.	わかりました。

1　不特定な物・人の存在の有無を表わす

「〜があります／います」「〜がたくさんあります／います」「〜がありません／いません」といった文は、特定されていない物や人が存在したり、存在しなかったりすることを表わす文です。英語ではthere is／there areで表わされる文です。フィリピノ語ではこのタイプの文は、主語と述語で構成される基本文ではなく、〈存在詞＋名詞（句）〉で表わします。

〈存在詞＋名詞（句）〉の文は通常、「〜で、〜に」といった場所を表わしたり、「今日」「明日」「昨日」といった時を表わす単語や句を伴います。

1.1　「〜があります／います」を表わす

「〜があります／います」を表わす場合は、存在詞のmayとmayroonを使います。どちらを使ってもよいのですが、mayroonを使うときは、後ろに続く名詞（句）との間にリンカーが必要です。mayroonはnで終わっていますので、リンカーは-gだけになります（⇒4課）。

May Mayroon + -(n)g	＋	名詞（句）	＋	場所や時を表わす単語や句

May palabas dito bukas.	ここで明日、催し物があります。
Mayroong palabas dito bukas.	ここで明日、催し物があります。

May pulis sa kanto.	街角に警察官がいます。
Mayroong pulis sa kanto.	街角に警察官がいます。

「〜がたくさんあります／います」を表わすのには存在詞のmaramiが使われます。maramiを使った文もmayroonと同様に、名詞（句）とはリンカーで繋がれます。

Marami + -ng	＋	名詞（句）	＋	場所や時を表わす単語や句

Maraming katutubong sayaw dito.	ここには民族舞踊がたくさんあります。
Maraming paruparo sa bukid.	畑には蝶がたくさんいます。

1.2 「～がありません/いません」を表わす

「～がありません/いません」は、存在詞のwalaを使って表わします。mayroonやmaramiと同様、名詞(句)との間にはリンカーが必要です。

| Wala + -ng | + | 名詞(句) | + | 場所や時を表わす単語や句 |

Wala**ng** klase ngayon.　　　　　　今日授業がありません。
Wala**ng** mataas na puno sa bundok.　山に高い木がありません。
Wala**ng** empleyado sa opisina.　　　オフィスに従業員がいません。

2 不特定な物・人の存在の有無を問う

存在詞のmay, mayroon, wala, maramiを使った文を疑問文にする場合、may以外のmayroon, wala, maramiは同じ構文になります。

2.1 may を使って問う

〈may + 名詞〉の場合、名詞の後に疑問文を形成する小辞のbaがきます。一方、〈may + 名詞句〉の場合、baは名詞句の後、あるいは名詞句の間に入ります。名詞句の間に入るときは、名詞句内のリンカーがbaに移動しますのでbangとなります。

May pasok ba bukas?　　　　　　　　　　明日授業／学校がありますか？
May sari-saring kultura ba dito? = May sari-sari bang kultura dito?
　　　　　　　　　　　　　　　　　　　　ここには多様な文化がありますか？
May bakanteng kuwarto ba ngayon ? = May bakante bang kuwarto ngayon?
　　　　　　　　　　　　　　　　　　　　今／今日、空室がありますか？
May nakaunipormeng pulis ba roon? = May nakauniporme bang pulis doon?
　　　　　　　　　　　　　　　　　　　　あそこに制服を着た警察官がいますか？

mayを使った文では、mayの後に続く単語は名詞か名詞句の一部です。baのような小辞がmayの後に続くことはありません。また、mayが単独で使われることもありません。このためmayを使った疑問文に答えるとき、Oo, may. とは言いません。存在するのなら**Oo, mayroon.**「はい、あります／います」、存在しないのなら**Wala.**「ありません／いません」で答えます。

2.2 mayroon・marami・wala を使って問う

mayroon, marami, walaで始まる文の疑問文はどれも同じ構文となり、mayroon, marami, walaのすぐ後にbangがきます。bangは小辞のbaに、mayroon, marami, walaとこれらに続く名詞(句)を繋いでいたリンカーの-ngが移動した形です。

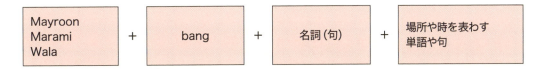

Mayroon bang sari-saring kultura?	多様な文化がありますか？
Marami bang katutubong sayaw?	民族舞踊がたくさんありますか？
Wala bang pasok?	授業／学校はないのですか？

2.3 存在の有無を表わす文と小辞

存在詞を使った文にはba以外の小辞もよく使われます。mayroon, marami, walaで始まる文では、基本文①と同様、小辞は文頭から2番目の位置にくる傾向があります。ただし、複数の小辞が同時に現れる場合は、語順が決まってきます（⇒5課）。存在詞と名詞(句)の間に小辞が入ってくると、mayroon, marami, walaと名詞(句)を繋いでいたリンカーは、小辞に移動します。**小辞がいくつかある場合は、一番後ろにくる小辞に移動します。**

Mayroon daw yatang palabas dito.	ここでたぶんショーがあるとのことです。
Marami rin bang iba-ibang sayaw?	バラエティに富んだ踊りもたくさんありますか？
Wala na bang katutubong sayaw?	民族舞踊はもうないのですか？

mayで始まる文の場合は、mayroon, marami, walaを使った文と異なり、小辞がmayのすぐ後にくることはありません。mayの後には、まず名詞か名詞句の一部がきて、その後に小辞が続きます。

	日本語
May palabas daw yata rito.	たぶんここでショーがあるとのことです。
May iba-iba ring sayaw.	バラエティに富んだ踊りもあります。
May bago pong sinehan sa *mall*.	ショッピングモールに新しい映画館があります。

3　sa句

フィリピノ語にはang句、ng句に加え、sa句があります。sa句とは、標識辞saを伴う普通名詞や固有名詞、標識辞kayやkinaを伴う人名、〈sa + 名詞〉に相当するsa形の人称代名詞と指示代名詞を一括したものです。sa句は、「～のもの、～の」といった所有、「～で、～から」といった場所、「～に、～へ」といった方向を表わしたりする場合などに使われます。

3.1　sa句を使って場所を表わす

sa句が場所を表わすために使われる場合には、少し制限があります。下のsa句の表で場所を表わすのに使われるものは、赤字で示しています。

sa句
sa + 普通名詞や地名等
sa + (mga) + 普通名詞
kay（単数）+ 人名
kina（複数）+ 人名
sa形の人称代名詞単数形
sa形の人称代名詞複数形
sa形の指示代名詞単数形
sa形の指示代名詞複数形

① 単数形の〈sa + 普通名詞や地名等〉は場所を表わすのに使われますが、複数形の〈sa + (mga) + 普通名詞〉は使われません。

② 複数形〈kina + 人名〉は場所を表わすのに使われますが、単数形〈kay + 人名〉は使われません。

③ 人称代名詞も複数形は場所を表わすのに使われますが、単数形は使われません。

④ 指示代名詞の場合、単数形は使われますが、複数形は使われません。

〈sa + 普通名詞や地名等〉、〈kina + 人名〉が使われている文を見てみましょう

	日本語
May *open stage* sa Luneta Park.	ルネタ公園に野外ステージがあります。
Maraming halaman sa bakuran.	裏庭に植物がたくさんあります。
May *party* kina Lita ngayon.	今日リタたちの所でパーティがあります。

第**8**課　多様な文化があります

〈sa + 位置を表わす名詞 + ng〜〉は、より具体的な場所を表わすときによく使われます。

sa itaas ng 〜	〜の上の方に	sa labas ng 〜	〜の外に
sa ibaba ng 〜	〜の下の方に	sa loob ng 〜	〜の中に
sa ibabaw ng 〜	〜の上に	sa kabila ng 〜	〜の反対側に
sa ilalim ng 〜	〜の下に	sa gitna ng 〜	〜の真中に
sa harap ng 〜	〜の前に	sa dulo ng 〜	〜の端に
sa likod ng 〜	〜の後ろに	sa tabi ng 〜	〜の横に
sa tapat ng 〜	〜の正面に	sa pagitan ng 〜	〜の間に

May ibon sa itaas ng punong-kahoy.　　木の上の方に鳥がいます。
Mayroong plasa sa harap ng simbahan.　教会の前に広場があります。
Maraming tao sa kabila ng kalye.　　　通りの反対側に人がたくさんいます。
Walang halaman sa loob ng bahay.　　　家の中に植物がありません。

3.2　sa 形の人称代名詞

sa形の人称代名詞は次のようになりますが、単数形は場所の表現には使われません。

sa形の人称代名詞			
	単数形		複数形
1人称	(sa) akin　　私（に）	(sa) atin	私たち（の所に）（含）
		(sa) amin	私たち（の所に）（排）
2人称	(sa) iyo　　　君（に）	(sa) inyo	あなたたち（の所に）
3人称	(sa) kanya　彼/彼女（に）	(sa) kanila	彼ら/彼女ら（の所に）

① 1人称・2人称の複数形は、ng形の人称代名詞複数形のnatin, namin, ninyoを形成する接辞n-が消滅した形です。

② 3人称単数・複数形は、ng形の3人称単数・複数形のniya, nilaに、接辞のka-が添加された形です。単数形は、kaniyaではなくkanyaと綴るのが一般的です。

③ saは省略が必要な場合がありますので、（　）でくくっています。また、単数形は場所表現には使われないため、日本語訳は方向を表わす場合の（に）になっています。

May magandang dagat sa amin.　　私たちの所にはきれいな海があります。
Mayroon bang baha sa inyo?　　　あなたたちの所には洪水がありますか？
Walang baha sa kanila.　　　　　彼らの所には洪水がありません。

3.3 sa形の指示代名詞

sa形の指示代名詞は次のようになります。複数形は場所の表現には使われません。

sa形の指示代名詞				
単数形		複数形	
dito/rito	ここ、これ	sa mga ito	これら
diyan/riyan	そこ、それ	sa mga iyan	それら
doon/roon	あそこ、あれ	sa mga iyon	あれら

① 単数形はang形のito, iyan, iyonに接辞d-が添加された形で、saはありません。
② dito, diyan, doonは、前に母音で終わる単語がくるとrito, riyan, roonになります。
③ 複数形は、ang形の指示代名詞複数形のangがsaに取ってかわった形です。

May magandang ibon dito.　　　　ここにきれいな鳥がいます。
Walang alitaptap doon.　　　　　あそこにホタルはいません。

dito/rito, diyan/riyan, doon/roonが場所を表わす場合は、単独で使われると同時に、〈sa + 名詞（句）〉、〈kina + 人名〉、sa形の人称代名詞複数形と一緒にも使われます。

May *rally* doon sa Liwasang Bonifacio.　　ボニファシオ広場で抗議集会があります。
Maraming katutubong sayaw dito sa amin.
　　　　　　　　　　　　　　　　私たちの所には民族舞踊がたくさんあります。
Wala pang kuriyente roon kina Mang Pablo.
　　　　　　　　　　　　　　　　パブロさんたちの所にはまだ電気がありません。

バンブーダンスとして知られているティニクリン

第8課　多様な文化があります

練習問題

1. -ng, -(n)g, na を補って文を完成させましょう。何も必要ない場合は X を入れて下さい。

1) May _____ kotse sa daan.
2) Mayroon _____ maliit na palengke roon.
3) Mayroon ba _____ pagkain sa mesa?
4) Marami _____ malaking karton sa kuwarto.
5) Wala _____ masayang programa sa *TV*.
6) Wala ba _____ bagong magasin sa *library*?
7) May _____ pasok ba _____ bukas?
8) May _____ masaya _____ palabas ngayon.
9) Marami ba _____ *resort* sa Cebu?
10) Mayroon _____ tao sa labas.

2. 疑問文にしましょう。

1) Maraming baso sa kusina.
2) Mayroong guwardya sa harap ng bangko.
3) May kantahan bukas.
4) Walang *rally* sa plasa ngayon.
5) Maraming daga sa loob ng bahay nila.
6) Mayroong lumang relo sa ibabaw ng silya.
7) Maraming masarap na ulam sa kantin.
8) May malaking aksidente sa kalye.
9) Walang malaking *shopping mall* sa bayan ninyo.
10) May mga mataas na puno sa bakuran nila.

3. フィリピノ語にしましょう。

1) 彼らの部屋には扇風機 (bentilador) があります。
2) フィリピンには台風がたくさんあります。
3) ここには電気はまだありません。
4) 通りの反対側に警察官がいます。
5) ショッピングモールの中に映画館がありますか？
6) あなた達の所には高い山がありますか？

第9課　レストランで

　美帆はライアン、ライアンの妹のクレアと一緒にレストランで食事をしますが、話題は家族のことに及びます。

Download ◀))

Ryan： Ano ang *order* ninyo?

Claire： May tortang talong ba sila?

Ryan： Mayroon dito sa *menu*.

　　　 Ikaw, Miho, ano ang *order* mo?

Miho： Paborito ko ang sinigang na baboy.

Ryan： O sige, mag-*order* tayo.

　　　 Oo nga pala, sanay ka na ba sa buhay dito sa Pilipinas?

Miho： Oo, sanay na rin ako, kasi marami na akong kaibigang Pilipino.

Ryan： Mabuti naman.

　　　 Mayroon ka bang kapatid?

Miho： Wala, wala akong kapatid.

Claire： Naku, wala ka palang kapatid!

　　　 Kami nina Ryan, apat kami.

Miho： Ilan ang babae at ilan ang lalaki?

Claire： Iisa lang ang babae. Ako iyon.

Ryan： Tatlo naman kaming lalaki.

Miho： Ilang taon ang bunso ninyo?

Ryan： Sampung taon siya.

Miho： Bata pa pala siya!

tortang talong	焼きナスのオムレツ風	buhay	生活
sinigang na baboy	豚肉のシニガンスープ	ilan	いくつ
mag-*order*	丕 注文する	iisa	たった1つ、たった1人

頻出表現

1. Sanay sa 〜 　　　　　　　　　　〜に慣れています。
   Sanay sa bagyo ang mga tagarito. 　この土地の人々は台風に慣れています。
   Sanay ako sa buhay dito. 　　　　私はここの生活に慣れています。
2. Ilang taon (na) 〜 ? 　　　　　　何歳ですか？何年間ですか？
   Ilang taon ka na? 　　　　　　　何歳ですか？
   Ilang taon ka sa Pilipinas? 　　　あなたはフィリピンに何年いますか？
3. Ilan ang 〜 ? 　　　　　　　　　〜は何人（何個）ですか？
   Ilan ang babae? 　　　　　　　　女性は何人ですか？

第**9**課 レストランで

Ilan ang baso?	コップは何個ですか？
Ilan ang lapis?	鉛筆は何本ですか？
Ilan ang plato?	皿は何枚ですか？

1 不特定な物・人の所有の有無を表わす

　不特定な物や人の存在の有無を表わす文（⇒8課）に、ang句が加わると「〜には…があります／います」あるいは「〜は…を持っています」、「〜には…がたくさんあります／います」あるいは「〜は…をたくさん持っています」、「〜には…がありません／いません」あるいは「〜は…を持っていません」という所有の有無を表わす文になります。この文は基本文①の構文になり、ang句は所有者を表わします。

1.1 may を使って表わす

　mayを使って所有を表わす文は、基本的には以下のような語順になります。

May	+	名詞（句）	+	ang +（mga）+ 普通名詞 si/sina + 人名 ang形の人称代名詞

May sakit ang binatang ito.	この若者は病気です。
May kapatid si Ryan.	ライアンにはきょうだいがいます。
May bagong kotse ako.	私は新車を持っています。
May lumang bisikleta ka.	君は古い自転車を持っています。

　ただし、mayの後に名詞句が続き、その所有者が人称代名詞の場合、人称代名詞は名詞句の間にもきます。このとき、リンカーは人称代名詞に移動します。人称代名詞は文頭から2番目の位置にくる傾向がありますが、**mayのすぐ後に人称代名詞がくることはありません。**mayのすぐ後にくるのは、名詞か名詞句の一部だけです。

May	+	名詞句の一部	+	人称代名詞 + -ng	+	名詞句の一部

May bago akong kotse.	私は新車を持っています。
May luma kang bisikleta.	君は古い自転車を持っています。
May mabait kayong asawa.	あなたには優しい夫がいます。
May matalino silang anak.	彼らには頭の良い娘がいます。

91

1.2　mayroon・marami・wala を使って表わす

　mayroon, marami, walaを使って存在の有無を表わす文も、ang句が加わると所有の有無を表わす文になります。所有者が普通名詞や人名の場合、語順は次のようになります。

Mayroong Maraming Walang	+	名詞（句）	+	ang + (mga) + 普通名詞 si/sina + 人名

Mayroong bagong kotse ang binata.　　　若者は新車を持っています。
Maraming puting buhok ang lolo ko.　　　私の祖父には白髪がたくさんあります。
Walang problema ang mga estudyante.　　学生たちには問題がありません。

　所有者が人称代名詞の場合、人称代名詞は名詞（句）の前にきます。このとき、リンカーは人称代名詞に移ります。may で始まる文と違い、mayroon, marami, walaの後に名詞句が続いても、所有者を表わす人称代名詞が名詞句の間に入ることはありません。

Mayroon Marami Wala	+	人称代名詞 + -ng	+	名詞（句）

Mayroon akong bagong kotse.　　　　　私は新車を持っています。
Marami kaming bakanteng kuwarto.　　　私たちには空室がたくさんあります。
Wala silang problema.　　　　　　　　 彼らには問題がありません。

2　不特定な物・人などの所有の有無を問う

　「～には…がありますか/いますか」「～は…を持っていますか」とたずねる文はbaを挿入すればよいのですが、mayで始まる文とmayroon, marami, walaで始まる文では構文が違ってきます。存在詞の後に名詞が続くのか、名詞句が続くのかで構文が違ってくる場合もあります。

2.1　may を使って問う

　mayの後に名詞あるいは名詞句が続き、所有者が〈ang + 普通名詞〉、〈si/sina + 人名〉、加えて1音節のka以外の人称代名詞の場合は次のようになります。

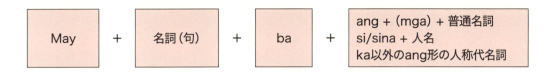

May trabaho ba ang mga manggagawa?	労働者には仕事がありますか？
May trabaho ba sina Jose?	ホセ達には仕事がありますか？
May trabaho ba sila?	彼らには仕事がありますか？
May magandang trabaho ba ang mga manggagawa?	労働者たちには良い仕事がありますか？
May magandang trabaho ba sina Jose?	ホセたちには良い仕事がありますか？
May magandang trabaho ba sila?	彼らには良い仕事がありますか？

mayの後に名詞句が続く場合は、名詞句の間にbaが入る構文もよく使われます。このとき、小辞のbaは名詞句をつないでいたリンカーの-ngが移動しbangとなります。

```
May + 名詞句の一部 + bang + 名詞句の一部 + ang + 普通名詞
                                           si/sina + 人名
```

May maganda bang trabaho ang mga manggagawa?	労働者たちには良い仕事がありますか？
May lalaki bang kapatid ang dalaga?	乙女には兄弟がいますか？
May maganda bang trabaho sina Jose?	ホセたちには良い仕事がありますか？
May lalaki bang kapatid si Rose?	ローズには兄弟がいますか？

所有者がka以外の人称代名詞である場合は、baと人称代名詞が名詞句の間に入ります。この場合、リンカーは人称代名詞に移動します。

```
May + 名詞句の一部 + ba + ka以外の人称代名詞 + -ng + 名詞句の一部
```

May malaki ba silang bahay?	彼らには大きな家がありますか？
May sariwa ba kayong gulay?	あなたたちには新鮮な野菜がありますか？
May lalaki ba siyang kapatid?	彼女には兄弟がいますか？

所有者が人称代名詞のkaの場合、kaが1音節であるためkaの後にbaがきます。またmayの後に名詞句が続くときは、kaとbaが名詞句の間に入るパターンもよく使われます。この場合、リンカーはbaに移動します。

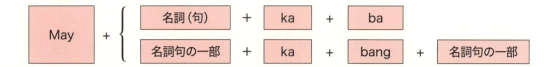

May kapatid ka ba?	君にはきょうだいがいますか？
May kapatid na babae ka ba?	君には姉妹がいますか？
May kapatid ka bang babae?	君には姉妹がいますか？

2.2 mayroon・marami・wala を使って問う

　mayroon, marami, walaの後に続くのが名詞であろうと名詞句であろうと、語順は同じです。ただし、所有者の種類によって語順が違ってきます。所有者が〈ang + (mga) + 普通名詞〉、あるいは〈si/sina + 人名〉の場合は次のようになります。

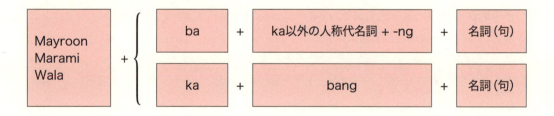

Mayroon bang trabaho ang mga manggagawa?	労働者たちには仕事がありますか？
Marami bang puting buhok si Toto?	トトには白髪がたくさんありますか？
Wala bang kapatid na lalaki si Rose?	ローズには兄弟がいないのですか？

　所有者が人称代名詞の場合は、1音節のkaのときだけ語順が違います。

Mayroon ba silang pasok ngayon?	彼らは今日、授業／学校がありますか？
Marami ba kayong masarap na pagkain?	おいしい食べ物がたくさんありますか？
Mayroon ka bang magandang sapatos?	きれいな靴を持っていますか？
Wala ka bang iksam bukas?	明日、あなたは試験がないのですか？

第**9**課　レストランで

3 　不特定な物・人の所有の有無を表わす文と小辞

　所有の有無を表わす文にも小辞は頻繁に使われます。所有者が人称代名詞の場合は語順に注意しましょう。詳細については8課を参照してください。

Mayroon din palang magandang asawa si Mang Carlos.

カルロスさんにもきれいな奥さんがいますね。

Mayroon din pala siyang magandang asawa.　　彼にもきれいな奥さんがいますね。

Wala na raw pag-asa ang mga *evacuee*.　　避難民たちにはもう希望がないそうです。

Wala na raw silang pag-asa.　　彼らにはもう希望がないそうです。

Wala ka palang kapatid na babae.　　君には姉妹がいないのですね。

4 　人称代名詞を修飾する

　「私たち男性」「あなたたちフィリピン人」「彼ら3人」といった表現は、フィリピノ語では人称代名詞が修飾されている名詞句ととらえます。この場合、被修飾語である人称代名詞は複数形であり、語順は〈　人称代名詞複数形 ＋ -ng（リンカー）　＋ 修飾語〉となります。

私たち男性	kaming lalaki
あなたたちフィリピン人	kayong mga Pilipino
彼ら3人	silang tatlo

Mabait kayong mga Pilipino.　　あなたたちフィリピン人は親切です。

Hindi estudyante silang tatlo.　　彼ら3人は学生ではありません。

　「私とライアン」「あなたとお兄さん」「彼女とトニー」といった表現は、〈人称代名詞複数形＋ ng句の修飾語〉で表わします。これらの表現は、等位接続詞のat「と」を使って表わすこともできますが、一般的ではありません。

私とライアン	ako at si Ryan	→ kami ni Ryan
あなたとお兄さん	ikaw at ang kuya mo	→ kayo ng kuya mo
彼女とトニー	siya at si Tony	→ sila ni Tony

Magpinsan kami ni Ryan.　　私とライアンはいとこです。

May imbitasyon kayo ng kuya mo.　　あなたとお兄さんは招待されています。

Naghiwalay sila ni Tony.　　彼女とトニーは別れました。

5 限定数詞を表わす

「たったの」「〜だけ」といった限定数詞は、〈基数詞第1音節の最初の子音と母音の重複 + 基数詞〉で表わします。文の中では通常、小辞の lang と一緒に使われます。

基数詞	限定数詞		基数詞	限定数詞	
i・sa	iisa	1つだけ、1人だけ	a・nim	aanim	6つだけ、6人だけ
da・la・wa	dadalawa	2つだけ、2人だけ	pi・to	pipito	7つだけ、7人だけ
tat・lo	tatatlo	3つだけ、3人だけ	wa・lo	wawalo	8つだけ、8人だけ
a・pat	aapat	4つだけ、4人だけ	si・yam	sisiyam	9つだけ、9人だけ
li・ma	lilima	5つだけ、5人だけ	sam・pu	sasampu	10だけ、10人だけ

Iisa lang ang babae. 　　　　　　　　女性は1人だけです。
Lilima lang ang lalaki sa klase namin. 　私たちのクラスで男性は5人だけです。

 豆情報

フィリピン人の食生活

フィリピンの人たちは、1日に5回食事をすると言われています。朝食には焼きたての塩パン pandesal と甘いコーヒー kape、残りご飯を炒めてフライドライス sinangag を作り、バゴスの開き daing na bangus や煮干しに似たディリス dilis などの魚、目玉焼き pritong itlog、ソーセージ longganisa などといっしょに食べるのが一般的です。午前10時頃はおやつ miryenda の時間。スパゲティや焼きビーフン pansit、肉まん siopao、芋バナナを揚げたもの *banana cue* などをしっかりと食べます。その後、昼食を食べ、午後3時頃になると再びおやつの時間。そして夕食へと続きます。フィリピンの人たちの主食は米で、朝昼晩3食、ご飯におかずという組み合わせが基本です。

第9課　レストランで

練習問題

1. 1～3をmayroonを使った文に、4～6をmayを使った文に変えましょう。

   1) May ibon sina Alan.
   2) May problema ka.
   3) May matatag kayong trabaho.
   4) Mayroong kuya si Irma.
   5) Mayroon akong sakit.
   6) Mayroon silang bakanteng kuwarto.

2. 疑問文にしましょう。

   1) Maraming *test* ang mga estudyante.
   2) May bisikleta ka.
   3) Mayroong apat na anak sina Wena at Joshua.
   4) May bagong kotse ang kapitbahay namin.
   5) Mayroon tayong masarap na nilugaw.
   6) Wala kang lupa sa probinsya.
   7) May mayaman silang tiyo.
   8) Marami kayong sariwang gulay.
   9) Wala siyang kapatid na lalaki.
   10) May magandang plataporma ang mga kandidato.

3. 必要に応じてリンカーを補い、ひとつの文にしましょう。

   1) si Nestor / asawa / mabait / mayroon
   2) maliit / wala / kahon / sila
   3) mahal / marami / ang binata / relo
   4) problema / may/ ka / malaki / ba
   5) mayroon / pasok / tayo / ba / bukas

4. フィリピノ語にしましょう。

   1) あなたたち女性
   2) 彼ら男性
   3) 私とアビー
   4) 彼とクリス

97

第10課 バリックバヤン・ボックス

米国にいるアビーの兄のレネから、バリックバヤン・ボックスと呼ばれる大きな段ボール箱が届きます。この箱を使うと、海外から安い料金でフィリピンに荷物を送れます。 Download ◀))

Miho :	Aba, may malaking balikbayan *box* dito.
	Kanino ito, Abby?
Abby :	Sa kuya ko iyan.
	Galing sa Amerika iyan.
Miho :	Ano ang laman niyan?
Abby :	Hindi ko alam.
Aling Flora :	Buksan kaya natin.
	Marami palang padala ang anak ko.
Abby :	Inay, para kanino itong mga tuwalya at *bed sheet?*
Aling Flora :	Para sa buong pamilya ang mga iyan.
Abby :	Para kanino naman ang *sneaker* na ito?
Aling Flora :	Para sa iyo iyan, kasi nakasulat ang pangalan mo.
Abby :	Oo, para sa akin nga.
	Inay, para saan naman ito?
Aling Flora :	Panghiwa ng keso iyan.
	Paborito ng tatay mo ang keso, di ba?
Abby :	Mabait talaga ang kuya sa ating lahat.

Aba	まぁ、おや（驚きを表わす）	para sa ~	～のため
Aling	～おばさん	buo	すべての
kanino	誰の	pamilya	家族
laman	中身	para sa iyo	あなたのため
buksan	不 開ける	nakasulat	書かれている
padala	送ってよこしたもの	para saan	何のため
inay	母、お母さん（呼びかけ）	para sa akin	私のため
para kanino	誰のため	panghiwa	切るためのもの
tuwalya	タオル	keso	チーズ

頻出表現

1. Galing sa ~　　　　　　　　　　～から来ました／～から届きました。
   Galing sa Amerika iyan.　　　　　それは米国から届きました。
   Galing sa Zambales ang mga mangga.　マンゴはサンバレス州から届きました。
2. Ano ang laman niyan?　　　　　　そ（れ）の中身は何ですか？

98

第 **10** 課　バリックバヤン・ボックス

Ano ang laman nito?	こ（れ）の中身は何ですか？
Ano ang laman ng maletang iyan?	そのスーツケースの中身は何ですか？
3.　Buksan kaya natin.	開けてみましょうか。
4.　～, di ba?	～、違いますか？（確認の意）
Para sa akin iyan, di ba?	それは私のためです、違いますか？
Paborito niya ang keso, di ba?	チーズは彼のお気に入りです、違いますか？

1　所有者を問う

　特定された物の所有者を問う場合は、疑問詞のkanino「誰の」から始まる文を使います。答えは「～で、～に」といった場所や方向を表わすときに使われるのと同じsa句が使われます。

Kanino itong laruan?	このおもちゃは誰の（もの）ですか？
Sa mga bata iyang laruan.	そのおもちゃは子供たちの（もの）です。
Kanino ang rosas na iyan?	そのバラは誰の（もの）ですか？
Kay Lilia ang rosas na ito.	このバラはリリアの（もの）です。

2　sa句を使って所有者を表わす

　8課ではsa句を使っての場所表現を学びましたが、この課では所有者表現としてのsa句の用法について学びます。「～の（もの）」の意になります。

2.1　所有者表現

　sa句が述語の位置にくる基本文①を見てみましょう。この場合sa句は「～の（もの）」の意になります。**sa形の指示代名詞単数形は、所有者を表わすのには使われません。**

述語（sa句）
sa +（mga）+ 普通名詞など kay（単数）/kina（複数）+ 人名 sa形の人称代名詞 sa形の指示代名詞複数形

＋

主語（ang句）

99

Sa mga magsasaka ang lupang iyon.	あの土地は農民たちの（もの）です。
Kay Andoy itong kalabaw.	この水牛はアンドイの（もの）です。
Kina Tessi ang mga damit na ito.	これらの服はテッシィたちの（もの）です。
Sa mga ito itong pagkain.	この食べ物はこの人たちの（もの）です。

sa形の人称代名詞の前にあるsaは、場所や方向を表わすときは省略できませんが、**所有者を表わすときは省くことができます**。

(Sa) akin itong hikaw.	このイヤリングは私の（もの）です。
(Sa) kanila ang mga pasalubong.	お土産は彼らの（もの）です。
(Sa) atin ang bahay na ito.	この家は私たちの（もの）です。

2.2　所有者表現の ng 句との比較

　所有者表現「〜の」をng句で表わすことは3課で学びましたが、sa句を使って表わすこともできます。ただし、ng句は所有者が普通名詞、人名、人称・指示代名詞、すべての場合に用いることができるのに対し、**sa句は所有者が人称代名詞の場合だけに限られます**。ng句を使っての所有表現は、所有対象の物・人を表わす単語の後ろから修飾しますが、**sa句は前から修飾し、リンカーが必要です**。

	ng句	sa句
子供たちのおもちゃ	laruan ng mga bata	—
リリアのイヤリング	hikaw ni Lilia	—
この者のイヤリング	hikaw nito	—
私の母	nanay ko	aking nanay
あなたたちの家族	pamilya ninyo	inyong pamilya
彼/彼女の本（複数）	mga libro niya	kanyang mga libro

　sa形の人称代名詞（⇒8課）のsaは、〈 sa形人称代名詞 + -ng + 名詞（句）〉がangを伴い主語になるときは必ず消えます。

Sa aking nanay itong damit.	この服は私の母のです。
Kuripot ang aking nanay.	私の母はけちです。

Sa inyong pamilya itong bahay.	この家は、あなたたちの家族のです。
Masaya ang inyong pamilya.	あなたたちの家族は幸せです。

第**10**課　バリックバヤン・ボックス

3　sa句を使って「誰々に対して」を表わす

sa句は「誰々に対して」を表わすときにも使われます。

Masungit siya sa mga bata.	彼女は子供たちに（対して）意地悪いです。
Mabait ang kuya sa atin.	兄は私たちに（対して）優しいです。
Hindi matiyaga ang nanay sa mga lasinggero.	
	母は酔っ払いに（対して）寛容ではありません。

　上の文で「誰に」と聞きたい場合は、所有者をたずねる場合と同じkaninoで始まる疑問文を使います。

Kanino siya masungit?	彼女は誰に（対して）意地悪いのですか？
Sa akin siya masungit.	私に（対して）意地悪いです。
Kanino mabait ang kuya mo?	君のお兄さんは誰に（対して）優しいのですか？
Kay Lilia mabait ang kuya ko.	兄はリリアに（対して）優しいです。

4　para sa句を使って恩恵・受益先を表わす

　フィリピノ語では「〜のため（に）」という表現を恩恵表現として扱い、para sa句で表わします。para sa句とはpara「〜のため」にsa句を加えたものです。para sa句が基本文①の述語の位置にくる文を見てみましょう。

para sa句		
para +	sa句	
	sa + (mga) + 普通名詞や地名等	
	kay (単数) / kina (複数) + 人名	
	sa形の人称・指示代名詞	

Para sa prusisyon ang mga kandila.	ローソクは巡行のためです。
Para kay Miriam itong rosas.	このバラはミリアムのためです。
Para sa iyo itong pasalubong.	このおみやげはあなたのためです。

　paraの後にsa形の指示代名詞単数形が続く場合はpara rito, para riyan, para roonとなり、saはなくなります。paraはsaを伴わない形で副詞と一緒にも使えます。

101

| Para rito itong gamit. | この道具はこのためです。 |
| Para roon ang mga dekorasyon. | 飾りはあのためです。 |

| Para bukas itong bigas. | このお米は明日のためです。 |
| Para ngayon ang pagkaing ito. | この食べ物は今日のためです。 |

5 恩恵・受益先を問う

「何のため」「誰のため」といった特定化された物などの恩恵先や受益先を問う文は、疑問詞のsaan「どこ」とkanino「誰の」にparaを加えた文で表わします。これらの文は基本文①のパターンです。答えはpara sa句で答えるのが一般的です。

| Para saan itong gamot? | この薬は何のためですか？ |
| Para sa sipon iyang gamot. | その薬は風邪用です。 |

| Para saan ang bandang iyan? | その楽隊は何のためですか？ |
| Para sa pista ang bandang ito. | この楽隊は祭りのためです。 |

| Para kanino ang mga bulaklak na ito? | これらの花は誰のためですか？ |
| Para kina Abby ang mga bulaklak na iyan. | それらの花はアビー達のためです。 |

6 pang-名詞を使って「〜のためのもの」を表わす

「〜のためのもの、〜用」という表現は、pang-名詞を使って表わすことができます。pang-名詞は、名詞を形成する接辞pang-に語根が添加されて形成されています。語根は名詞であったり、動詞の語根であったりします。またpang-のngは、pang-に添加される語根の最初の音次第で、mやnになったり、あるいはそのままのngであったりします（⇒4課）。

語根（名詞 / 動詞の語根）		pang-名詞	
babae	女性	pambabae	女性用
lalaki	男性	panlalaki	男性用
opisina	オフィス	pang-opisina	オフィス用
hiwa	切ること、一切れ	panghiwa	切るためのもの
tulog	寝ること、睡眠	pantulog	寝るために着るもの
bayad	支払うこと、料金	pambayad	支払うためのもの

Pambabae itong mga damit.	これらの服は女性用です。
Wala akong *bag* na pang-opisina.	私にはオフィス用のバッグがありません。
Panghiwa ng keso iyan.	それはチーズを切るためのものです。

102

Pambayad ito ng matrikula ng anak ko. これは娘の授業料を払うためのものです。
Pantulog mo ba ang malaking *T-shirt* na iyon?
あの大きなTシャツは寝るために着るものですか？

 豆情報

米やキャッサバを使った菓子

フィリピンには米やキャッサバ（芋）を使った色々な菓子があり、おやつやデザートとしてよく食べられています。これらは主材料のもち米や米粉、キャッサバに、砂糖やココナッツミルクなどを加えて作ります。調理法は蒸す、焼くなどです。

suman：スーマンはもち米やキャッサバで作ります。ココヤシやバナナの葉などで包んであり、日本のちまきに似ています。
puto：プトは米粉で作られています。丸い形のものは、鹿児島の和菓子である軽羹(かるかん)に似ています。
kutsinta：クチンタはもち米で作られており、食感は和菓子の外郎(ういろう)に似ています。
bibingka：ビビンカは米粉で作られ、ホットケーキに似ていますが、中にチーズや塩たまごが入っています。
puto-bumbong：プト・ブンボンは紫芋に似ているウベ ube を使った餅菓子です。ブンボンと呼ばれる竹筒に入れて蒸すため、細長い形をしています。

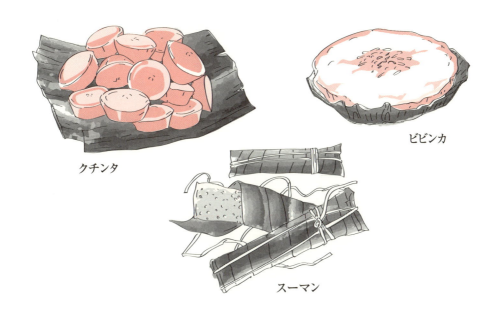

クチンタ

ビビンカ

スーマン

103

練習問題

1. フィリピノ語にしましょう。答えはひとつとは限りません。

 1) 子供の自転車
 2) ライアンの帽子
 3) 彼らの部屋
 4) 私の甥
 5) あなたの本（複数）

2. 例に従って書き換えなさい。

 （例） nanay ko → aking nanay

 1) pista nila
 2) mga kaibigan ninyo
 3) lugar namin
 4) bansa natin
 5) ate niya

3. カッコ内の単語を使って質問に答えましょう。

 1) Kanino ang tuwalyang iyan?（Janet）
 2) Kanino itong bolpen?（akin）
 3) Para kanino ang bulaklak na ito?（asawa ko）
 4) Para saan ang dekorasyong iyon?（piyesta）
 5) Kanino makulit ang mga estudyante?（titser nila）

4. フィリピノ語にしましょう。

 1) あの家は彼らのものです。
 2) その自転車は子供たちのためです。
 3) この靴は女性用です。
 4) あの服はオフィス用ですか？
 5) この傘は誰のものですか？
 6) あのイヤリングは誰のためのものですか？
 7) リコ（Rico）は誰に対して意地が悪いですか？
 8) 彼らは誰に対して親切ですか？

第 **10** 課　バリックバヤン・ボックス

コラム2　グローバル化のフロントランナー

　現代におけるグローバル化は、1989年にベルリンの壁が崩壊し、東西冷戦が終わり、地球がひとつになったときに始まりました。グローバル化とは、国境を越えて人、資本、商品、情報などが短時間で大量に動き、異なる地域が緊密に結ばれている状況をさします

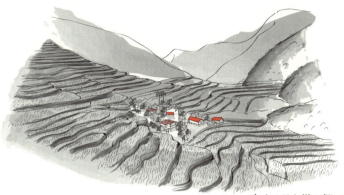

ルソン島イフガオ州の棚田

（丸い地球が一体になるといったイメージです）。人が地球規模で動くという側面からみると、フィリピンの人たちはこのグローバル化のフロントランナーです。

　フィリピンでは現在、総人口の1割に相当する1000万人余りが海外に出ています。これだけの人が海外で働いているということは、仕事さえあれば地球の裏側にでも出かけて行く行動力、英語ができ、他文化への柔軟な適応力と寛容な姿勢を持つことが大きく起因しています。海外で働くフィリピン人が携わっている仕事もさまざまで、筆者がシンガポールで出会った人たちは、大学教授、エンジニア、建築家、ニュースキャスター、看護師、タンカーや貨物船の乗組員、シェフ、ウェイトレス、店員、お手伝いさんなど、さまざまな職業人でした。出身地も多様で、マニラ首都圏のみならず、ミンダナオ島やビサヤ諸島、棚田で知られているルソン島北部の山岳地帯から来ている人もいました。

　ルソン島北部の山岳地帯に住むイフガオの人たちは、ユネスコ世界遺産の棚田を生活の基盤とし、伝統的な文化を守りながら暮らす人たちとして知られています。イフガオ州にあるハパオ村は人口1700人ほどの村ですが、現在約1割の160人余りが、海外27カ国で働いています。ハパオ村は過去、スペインやアメリカの植民地支配、日本軍の侵入、1970年代から80年代には共産ゲリラの実効支配などを受けましたが、時に激しく戦い、時に森に逃げ、時に協力しながら、こうしたグローバルな勢力と対峙してきました。しかし東西冷戦が終わり、グローバル化の時代が始まると、今度は出稼ぎという形で、自ら積極的に海外へと出始めたのです。

　村から世界中へと働きに出て、そこで得た給料を送金することで、伝統的な儀礼や祭宴などが復活し、盛大に行なわれるようになりました。そして海外で働き、外から自分たちの村を見ることで、自らのアイデンティティ（自己意識）を強く意識するようになり、今の自分があるのは、ご先祖様のおかげという自覚が強まりました。

　イフガオの事例からもよく分かるように、フィリピンの人たちは、海外へと就労と生活の場を広げることで、欧米文化の強い影響を受けて独自の文化を失うのではなく、全く逆に、個別具体的な民族の誇りを強く意識し大切にしようとしています。そういう意味では、世界の広さと独自の文化を同時に自覚していることから、グローバル化時代のフロントランナーといえるでしょう。

第11課　空港にて

アビーと母親のフローラさんは、米国から一時帰国して来るレネを空港で出迎えます。

Download ◀))

Aling Flora :	Abby, wala pa ba rito ang *flight* ni Rene?
Abby :	Narito na raw po ang eroplano.
Aling Flora :	Nasaan na kaya ang kuya mo?
	Nasa loob pa kaya siya ng *terminal*?
Abby :	Ayun, naroon po si Kuya.
	Aba, walang dalang bagahe si Kuya.
	Kuya, nandito kami!
Aling Flora :	Nasaan ang mga bagahe mo?
Kuya Rene :	Wala po rito ang mga bagahe ko.
	Naroon pa po.
	Susunod na po ang mga bagahe ko.
Aling Flora :	Bakit wala sa iyo ang mga bagahe mo?
Kuya Rene :	Kasi po mabigat ang mga iyon.
	Kaya nagbayad na lang ako sa *porter*.
Aling Flora :	Aba, hindi ba delikado iyan?
Kuya Rene :	Okey lang po, Inay.
	Kakilala ko po ang *porter*.

narito/nandito	ここにあります/います	bakit	どうして、なぜ
eroplano	飛行機	kaya	したがって
nasaan	どこにありますか/いますか	nagbayad	完 支払った (magbayad)
naroon	あそこにあります/います	delikado	危険な
bagahe	荷物	kakilala	知り合い
susunod	未 後から来ます (sumunod)		

頻出表現

1. Ayun,　　　　　　　　　　　　　ほら、あそこ
   Ayun, naroon po si Kuya.　　　　　ほら、兄さんはあそこにいます。
   Ayun, mayroon na tayong pasalubong.　ほら、私たちにはお土産があります。
2. Walang dalang ～　　　　　　　　～を所持していません。
   Walang dalang bagahe si Kuya ngayon.　兄さんは今、荷物を持っていません。
   Wala akong dalang payong.　　　　私は傘を所持していません。
3. Okey lang po.　　　　　　　　　　わかりました。大丈夫です。

106

1 特定された物・人の所在をたずねる

「〜はどこにありますか/いますか」という特定された物や人の所在をたずねる文は、疑問詞のnasaanを使って表わします。一方、「〜は誰の所にありますか/いますか」はnakaninoを使ってたずねます。

Nasaan ang mga bagahe mo?   あなたの荷物はどこにありますか？
Nasa likod mo ang mga bagahe ko.   私の荷物はあなたの後ろにあります。

Nakanino ang anak namin?   私たちの息子は誰の所にいるのですか？
Nakina Aling Flora ang anak ninyo.   息子さんはフローラさん宅にいます。

2 特定された物・人の所在の有無を表わす

「〜があります/います」「〜がありません/いません」という不特定な物や人の存在の有無を表わす文は、8課で学びました。この課では、「〜は…にあります/います」「〜は…にありません/いません」という特定された物や人の所在の有無を表わす文を学びます。

2.1 所在を表わす nasa 句

「〜は…にあります/います」という文は、nasa句を使って表わします。nasa句とは、naにsa句が加わった形になります。

① 〈na + sa + 普通名詞や地名等〉、〈na + kay/kina + 人名〉は、実際には〈nasa + 普通名詞や地名等〉、〈nakay/nakina + 人名〉のように書きます。
② 指示代名詞複数形はnasa句にはありません。

〈nasa + 普通名詞や地名等〉、〈nakay/nakina + 人名〉が述語として使われている基本文①を見てみましょう。

Nasa sinehan sina Joy.	ジョイたちは映画館にいます。
Nasa kalye ang mga aktibista.	活動家たちは通りにいます。
Nasa Palawan ang El Nido.	エルニドはパラワンにあります。
Nakay Kuya Ramon ang susi.	鍵はラモン兄さんの所にあります。
Nakina Ate Tina ang mga sulat.	手紙はティナ姉さんたちの所にあります。

　8課では具体的な場所を表わす表現として〈sa + 位置を表わす名詞 + ng 〜〉を学びましたが、saをnasaで置きかえた〈nasa + 位置を表わす名詞 + ng 〜〉は、より具体的な所在を表わすときに使われます。

nasa itaas ng〜	〜の上方にあります/います	nasa labas ng〜	〜の外にあります/います
nasa ibaba ng〜	〜の下方にあります/います	nasa loob ng〜	〜の中にあります/います
nasa ibabaw ng〜	〜の上にあります/います	nasa kabila ng〜	〜の反対側にあります/います
nasa ilalim ng〜	〜の下にあります/います	nasa gitna ng〜	〜の真中にあります/います
nasa harap ng〜	〜の前にあります/います	nasa dulo ng〜	〜の端にあります/います
nasa likod ng〜	〜の後ろにあります/います	nasa tabi ng〜	〜の横にあります/います
nasa tapat ng〜	〜の正面にあります/います	nasa pagitan ng〜	〜の間にあります/います

Nasa itaas ng puno ang mga ibon.	鳥は木の上の方にいます。
Nasa ilalim ng tulay ang bangka.	バンカ（小船）は橋の下にあります。
Nasa likod ng puno ang multo.	幽霊は木の後ろにいます。
Nasa loob ng *terminal* si Kuya Rey.	レイ兄さんはターミナルの中にいます。
Nasa kabila ng kalye ang mga sundalo.	兵士たちは通りの反対側にいます。

主語が人称代名詞の場合、主語は〈nasa + 位置を表わす名詞 + ng 〜〉の間に入ります。

Nasa loob siya ng *terminal*.	彼はターミナルの中にいます。
Nasa kabila sila ng kalye.	彼らは通りの反対側にいます。

2.2 nasa形の人称・指示代名詞

　nasa形の人称代名詞は、naとsa形の人称代名詞が一緒になった形をしています。なお、書くときはnaとsaをつなげてnasaと書きます。

nasa形の人称代名詞			
単数形		複数形	
nasa akin 私の所にあります/います		nasa atin 私たち(含)の所にあります/います	
		nasa amin 私たち(排)の所にあります/います	
nasa iyo あなたの所にあります/います		nasa inyo あなたたちの所にあります/います	
nasa kanya 彼(女)の所にあります/います		nasa kanila 彼(女)らの所にあります/います	

Nasa akin ang libro mo. あなたの本は私の所にあります。

Nasa amin ang anak ninyo ngayon. あなたの息子さんは今、私たちの所にいます。

Nasa kanila si Jun kahapon. ジュンは昨日、彼らの所にいました。

nasa形の指示代名詞は単数形しかありません。naがsa形指示代名詞の単数形dito, diyan, doonと一緒になると次のようになります。

na + dito	→	narito/nandito	ここにあります/います
na + diyan	→	nariyan/nandiyan	そこにあります/います
na + doon	→	naroon/nandoon	あそこにあります/います

Narito ang mga gamit mo. あなたの道具はここにあります。

Narito ka pala. 君はここにいたのですね。

Nariyan sa sala ang mga bisita. 来客はそこの居間にいます。

Naroon siya sa palengke. 彼女はあそこの市場にいます。

2.3　非所在を表わす wala sa 句

「～は…にありません/いません」という特定された物や人の非所在を表わす場合は、nasa句のnaをwalaで置きかえたwala sa句で表わします。

nasa	→	wala sa	～にありません/いません
nakay	→	wala kay	～の所にありません/いません
nakina	→	wala kina	～の所にありません/いません
nasa akin	→	wala sa akin	私の所にありません/いません
nasa atin	→	wala sa atin	私たち(含)の所にありません/いません
nasa amin	→	wala sa amin	私たち(排)の所にありません/いません
nasa iyo	→	wala sa iyo	あなたの所にはありません/いません
nasa inyo	→	wala sa inyo	あなたたちの所にありません/いません
nasa kanya	→	wala sa kanya	彼(女)の所にありません/いません
nasa kanila	→	wala sa kanila	彼(女)らの所にありません/いません

narito/nandito	→	wala rito	ここにありません／いません
nariyan/nandiyan	→	wala riyan	そこにありません／いません
naroon/nandoon	→	wala roon	あそこにありません／いません

　wala sa句が述語の位置にくる基本文①で主語が人称代名詞の場合、主語はwalaのすぐ後にきます。

Wala sa Dubai ang kuya ko.	私の兄はドバイにいません。
Wala siya sa Dubai.	彼はドバイにいません。
Wala rito sa Pilipinas ang ate ko.	私の姉はここフィリピンにいません。
Wala siya rito sa Pilipinas.	彼女はここフィリピンにいません。
Wala sa klase sina Ronald.	ロナルドたちは教室にいません。
Wala sila sa klase.	彼らは教室にいません。
Wala sa bundok ang mga gerilya.	ゲリラたちは山にいません。
Wala sila sa bundok.	彼らは山にいません。

3 特定された物・人の所在の有無をたずねる

　nasa句やwala sa句が述語にある基本文①を疑問文にするときは、小辞のbaを入れます。nasa句の間にbaが入ることはありませんが、wala sa句ではwalaとsa句の間にbaが入ります。

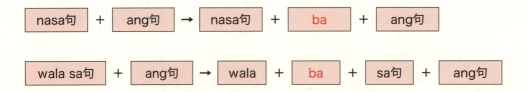

Nasa dagat ang mga mangingisda.	漁師たちは海にいます。
Nasa dagat ba ang mga mangingisda?	漁師たちは海にいますか？
Nakina Aling Irma si Romy.	ロミーはイルマさん宅にいます。
Nakina Aling Irma ba si Romy?	ロミーはイルマさん宅にいますか？
Nasa kanila si Jun kahapon.	ジュンは昨日、彼らの所にいました。
Nasa kanila ba si Jun kahapon?	ジュンは昨日、彼らの所にいましたか？

第**11**課 空港にて

Nariyan ang mga tsinelas.	サンダルはそこにあります。
Nariyan ba ang mga tsinelas?	サンダルはそこにありますか？
Wala siya sa kuwarto.	彼は部屋にいません。
Wala ba siya sa kuwarto?	彼は部屋にいませんか？
Wala sa palayan ang mga magsasaka.	農民たちは田んぼにいません。
Wala ba sa palayan ang mga magsasaka?	農民たちは田んぼにいませんか？
Wala sila roon.	彼らはあそこにいません。
Wala ba sila roon?	彼らはあそこにいませんか？

主語が人称代名詞kaのときは、baがkaの後にくることに留意しましょう。

Wala ka sa *rally.*	君は抗議集会にいませんでした。
Wala ka ba sa *rally*?	君は抗議集会にいませんでしたか？

4 para sa 句・nasa句・wala sa句が名詞を修飾する

　para sa句・nasa句・wala sa句は、名詞を後ろから修飾することができます。この場合、リンカーは省略されたり、されなかったりします。

　para sa句ではリンカーは省略されるのが一般的です。一方、nasa句では、〈nasa + 名詞句〉が修飾する場合、リンカーだけでなくnasaのnaも省略されるのが一般的です。ただし、〈nakay/nakina + 人名〉が修飾する場合は、リンカーとnaは省略されません。wala sa句では、リンカーとsa、共に省略されません。

gamot na para sa sipon	→	gamot para sa sipon	風邪薬
pasalubong na para kay Fe	→	pasalubong para kay Fe	フェのためのお土産
regalong para sa kanila	→	regalo para sa kanila	彼らのための贈り物
pulis na nasa kalye	→	pulis sa kalye	通りにいる警察官
bahay na nasa dulo ng kalye	→	bahay sa dulo ng kalye	通りの端にある家
katulong na nakina Mr. Cruz			クルース氏宅にいる家政婦
estudyanteng wala sa kuwarto			部屋にいない学生
manggagawang wala sa pabrika			工場にいない労働者

111

para sa 句・nasa 句・wala sa 句が名詞を修飾している名詞句が、文の中でどのように使われているか見てみましょう。

Gamot para sa sipon ito.　　　　　　これは風邪薬です。
May baril ang mga pulis sa kalye.　　通りにいる警察官は銃を持っています。
Nakatira sina Jun sa bahay sa dulo ng kalye.
　　　　　　　　　　　　　　　　　ジュンたちは通りの端にある家に住んでいます。
Maraming estudyanteng wala sa kuwarto.　部屋にいない学生がたくさんいます。

家族・親族関係

第**11**課 空港にて

練習問題

1. 以下の文を a, b, c, d, e のように変えましょう。

（例）Nasa opisina ang bos namin. → 　(a) Wala sa opisina ang bos namin.
　　　　　　　　　　　　　　　　　　　(b) Wala siya sa opisina.
　　　　　　　　　　　　　　　　　　　(c) Nasa opisina ba ang bos namin?
　　　　　　　　　　　　　　　　　　　(d) Wala ba sa opisina ang bos namin?
　　　　　　　　　　　　　　　　　　　(e) Wala ba siya sa opisina?

1) Nasa simbahan ang pari.
2) Nasa bakuran ang mga anak niya.
3) Nasa ilalim ng kama ang tsinelas mo.
4) Nakina Aling Irma ang kaldero namin.
5) Nandito sa loob ng munisipyo si Ryden.

2. 必要に応じてリンカーを補い、単語を並べかえて名詞句を作りましょう。

1) para sa / gamot / ubo　　　　　　咳用の薬
2) sa ibabaw ng / pusa / silya　　　　椅子の上にいる猫
3) palengke/ sa harap ng / kotse　　　市場の前にある車
4) sa kanto / pulis / mataba　　　　　街角にいる太った警察官
5) kalabaw / nasa ilog / dalawa　　　川にいる 2 頭の水牛
6) hangin / wala sa / bayan / sariwa　町にはない新鮮な風

3. フィリピノ語にしましょう。

1) リサ (Lisa) はどこにいますか？
2) 彼女はアニー (Annie) たちの所にいます。
3) リサール公園はどこにありますか？
4) マニラにあります。
5) あなたたちの姪は、私たちの所にいません。

113

語彙力・表現力アップ

● **便利な表現**

Pakisuyo.	お願いします。
Pahingi nga.	ください。
Kaunti lang ho.	少しだけです。
Kaunti pa nga.	もう少しお願いします。
Bahala na.	まかせます。
Ako ang bahala.	私にまかせて。
Ako na lang.	私がします。私が払います。
Kaawaan kayo ng Diyos.	神のご加護がありますように。
Aray!	痛い！
Diyos ko!	何てこと！
Ay patay!	あーいけない！
Ang saya!	本当に楽しい！本当に幸せ！
Dali!	急いで。
Dahan-dahan lang ho.	ゆっくりお願いします。
Patay na.	もうだめです。
Sobra na.	多過ぎます。やり過ぎです。
Tama na.	もう十分です。
Sabay na tayo.	一緒にしましょう。一緒に行きましょう。
Huwag na muna.	やめておきましょう。
Sori ho.	ごめんなさい。
Pasensya ka na. /Pasensya na kayo.	ごめんなさい。/申し訳ありません。
Hindi na bale.	気にしないで。
Ikailan/Pang-ilan ba tayo?	一体私たちは何番目ですか？
Nasaan ba tayo?	一体ここはどこですか？
Ewan ko（po）.	知りません。わかりません。
Saan ka/kayo ipinanganak?	あなたはどこで生まれましたか？
Ipinanganak ako sa Maynila.	私はマニラで生まれました。

第**11**課　空港にて

● may と nasa 句を使った慣用表現

may edad：年がいっている

May edad na pala ang asawa ni Nora.　　ノラの夫は年がいっていますね。

may mukha/may itsura：美しい、ハンサムな

May mukha siya kaya naging artista siya.　　彼女は美人だったので、女優になりました。

may kaya/may pera：裕福な

May kaya ang pamilya nila noong araw.　　以前、彼女たちの家族は裕福でした。

may ulo/may utak：賢い

May ulo talaga ang apo namin.　　私たちの孫は本当に賢いです。

may lakad：行く所がある

May lakad ako ngayon.　　私は今日行く所があります。

may asim：（年齢を重ねても）セクシーである

May asim pa pala ang tiya mo.　　君のおばさんはまだセクシーですね。

may kapangyarihan：権力がある、権力者

Mabait ang mga may kapangyarihan sa lugar na ito.　　この土地の権力者たちは親切です。

nasa edad：年頃になる

Nasa edad ka na para mag-asawa.　　あなたはもう結婚してもよい年頃です。

nasa panahon：旬である

Anong prutas ang nasa panahon ngayon?　　今、どの果物が旬ですか？

nasa mabuting kamay：安心してよい状況にある

Huwag kang mag-alala. Nasa mabuting kamay ka.
　　　　　　　　　　　　　　心配しないで。あなたは安心してよい状況にあります。

nasa bingit ng kamatayan：生死をさまよっている

Nasa bingit na ng kamatayan si Mang Jose.　　ホセさんは生死をさまよっています。

nasa sa iyo：あなた次第である

Nasa sa iyo iyan.　　あなた次第です。
Nasa tao iyan.　　人次第です。

115

第12課　サリサリストアで

　　サリサリストアと呼ばれる雑貨屋はフィリピンのいたる所にあります。美帆も日常生活で使うちょっとした物は、近くのサリサリストアで買っています。

Download ◀))

Miho：	Pabili ho ng sabon.
Tindera：	Anong sabon?
Miho：	Uso raw dito ang papaya *soap* kaya mayroon ba kayong papaya *soap*?
Tindera：	Mayroon. Ilang papaya *soap*?
Miho：	Isa lang ho.
	Magkano ho iyan?
Tindera：	Beynte singko（pesos）.
Miho：	Napakamahal pala niyan!
	Wala ho bang mas murang sabon?
Tindera：	Mayroon.
	Mas mura ang karaniwang sabon kaysa sa papaya *soap* pero hindi ito masyadong maganda.
	Pinakamaganda sa balat ang papaya *soap* kaya mahal（ito）.
Miho：	Wala na ho bang tawad?
Tindera：	Wala, pero kung dalawang sabon, kuwarenta'y singko na lang.
Miho：	Sige na nga ho.
	Eto ho ang bayad.
	Salamat ho.

pabili	ください（買い物の時）	kaysa	〜より
tindera	女性の店員や店の人	masyado	あまりにも、非常に
sabon	石鹸	pinakamaganda	最も良い
uso	流行っている	balat	皮膚
magkano	いくら	tawad	値引き
beynte singko	25	kung	もし、仮に
pesos	ペソ	kuwarenta'y singko	45
napakamahal	とても高価な	bayad	代金
karaniwan	一般的な、ありふれた		

頻出表現

1.　Pabili（ho）ng 〜　　　　　　　　〜をください。
　　Pabili ho ng sabon.　　　　　　　石鹸をください。

116

Pabili ho ng isang piling na saging	バナナを1房ください。
2. Eto（ho）ang〜	ここにあるのが〜です。
Eto ho ang bayad.	ここにあるのが代金です。
Eto ho ang sukli .	ここにあるのがお釣りです。

1 スペイン語の基数詞

フィリピンの日常生活では、スペイン語の数詞もよく使われます。ここではまずスペイン語の基数詞を覚えましょう。単語の綴りはフィリピノ語式になっています。

1	uno	11	onse	21	beynte uno
2	dos	12	dose	30	treynta
3	tres	13	trese	32	treynta'y dos
4	kuwatro	14	katorse	40	kuwarenta
5	singko	15	kinse	50	singkuwenta
6	sais/seis	16	disisais/disiseis	60	sesenta
7	siyete	17	disisiyete	70	setenta
8	otso	18	disiotso	80	otsenta
9	nuwebe	19	disinuwebe	90	nobenta
10	diyes	20	beynte	100	siyento

2 物の値段を表わす

物の値段はフィリピノ語、スペイン語、英語が状況に応じて使われています。貨幣の単位はペソとセンタボです。ペソはフィリピノ語ではpiso、スペイン語ではpesoです。センタボはフィリピノ語、スペイン語どちらもsentimosです。

2.1 値段をたずねる

「〜はいくらですか」と物の値段をたずねるときは、疑問詞magkanoで始まる文を使います。スペイン語の数詞を使うとき、pesoの複数形であるpesosはほとんどの場合に省略されます。

| Magkano ho ito? | これはいくらですか？ |
| Sampung piso iyan. = Diyes（pesos）iyan. | それは10ペソです。 |

| Magkano ho iyan? | それはいくらですか？ |
| Dalawampu't limang piso ito. = Beynte singko（pesos）ito. | これは25ペソです。 |

Magkano ang isang kilong bigas?	お米1キロはいくらですか？
Tatlumpu't dalawang piso ang isang kilo. = Treynta'y dos（pesos）ang isang kilo.	
	1キロは32ペソです。

2.2　値段の表わし方

　物の値段を表わすとき、10、50、100、200といった最後が0で終わる数字の場合、フィリピノ語やスペイン語がよく使われます。しかし、センタボの単位があるとフィリピノ語はほとんど使われず、スペイン語や英語になります。125、583といった100以上の最後が0で終わっていない数字になると英語になります。また、1000以上になるとスペイン語はほとんど使われません。なおスペイン語式でセンタボの単位まで値段を表わすときは、通常pesosは省略されます。

	フィリピノ語式	スペイン語式
1ペソ	piso	―
2ペソ	dalawang piso	dos pesos
5ペソ	limang piso	singko pesos
10ペソ	sampung piso	diyes pesos
10ペソ25センタボ	―	diyes beynte singko
50ペソ	limampung piso	singkuwenta pesos
50ペソ50 センタボ	―	singkuwenta singkuwenta
100ペソ	sandaang piso	siyento pesos
200ペソ	dalawandaang piso	dos siyento pesos
1000ペソ	sanlibong piso	―
5000ペソ	limanlibong piso	―
10000ペソ	sampunlibong piso	―
30000ペソ	tatlumpunlibong piso	―

3　形容詞の最上級

　「最も～です」という形容詞の最上表現は、pinaka-形容詞を用います。pinaka-形容詞は、語根形容詞、あるいはma-形容詞に接辞pinaka-が添加されて形成されています。「～の間で、～の中で」という表現は、sa句で表わします。

pinaka-形容詞が基本文①で述語として使われている文を見てみましょう。

Pinakamaganda sa balat ang papaya *soap*.　パパイヤ石鹸は肌に最も良いです。
Pinakamayaman si Mister Cruz sa kanila.　クルース氏は彼らの間では最も裕福です。
Pinakasariwa itong isda.　この魚は最も新鮮です。

pinaka-形容詞は、基本文②の文でもよく使われます。

Sino ang pinakatamad sa inyo?　あなたたちの中で誰が最も怠け者ですか？
Si Juan ang pinakatamad sa amin.　フアンが私たちの中で最も怠け者です。

Aling prutas sa mga ito ang pinakamatamis?　この中でどの果物が最も甘いですか？
Itong prutas ang pinakamatamis.　この果物が最も甘いです。

4　形容詞の比較級

「〜より…です」という2人の人物や2つの物などを比較し、**一方が他方より優れていたり劣っていたりする状況**は、〈mas + 形容詞〉で表わします。この場合、比較される人や物は〈kaysa + sa句〉で表わします。

基本文①の文を見てみましょう。

Mas malakas itong bagyo kaysa sa Bagyong Ondoy.
　　　　　　　　　　　　　　この台風は台風オンドイよりも勢力が強いです。
Mas mura ang saging kaysa sa mangga.　バナナはマンゴより安いです。
Mas masipag si Joel kaysa sa akin.　ジョエルは私より真面目です。

kaysa「〜より」の後に、sa形指示代名詞のdito, diyan, doon、あるいはkahapon「昨日」ngayon「今日」といった時を表わす副詞が続く場合、saは消滅します。

Mas mahaba ito kaysa riyan.　　　これはそれより長いです。
Mas malamig sa Baguio kaysa rito.　バギオはここより寒いです。
Mas mainit ngayon kaysa kahapon.　今日は昨日より暑いです。
Mas maalinsangan kahapon kaysa ngayon.　昨日は今日よりも蒸し暑かったです。

基本文②や③でも形容詞の比較表現はよく使われます。

Sino ang mas masipag, si Joel o si Boy?　ジョエルとボーイ、どちらが真面目ですか？
Si Joel ang mas masipag kaysa kay Boy.　ジョエルがボーイより真面目です。

Alin ang mas hinog, itong pakwan o iyan?

このスイカとそれでは、どちらがもっと熟れていますか？

Itong pakwan ang mas hinog kaysa riyan. このスイカがそれよりもっと熟れています。

Ano ang mas matamis ngayon, pakwan o melon?

今、スイカとメロンでは何がより甘いですか？

Pakwan ang mas matamis kaysa sa melon. スイカの方がメロンよりもっと甘いです。

5 　形容詞の強調表現

「非常に／とても〜です」という強調を表現する方法は何通りかあります。ここでは napaka-形容詞を使っての表現、形容詞の masyado「とても、あまりに」や talaga「本当に」を使っての表現、形容詞を繰り返しての表現を学びます。

5.1　napaka-形容詞を使った強調表現

napaka-形容詞は、語根形容詞、あるいは ma-形容詞の語根に接辞 napaka-が添加されて形成されています。基本文①では ang 句で表わされていた主語が、**napaka-形容詞を使った文では ng 句になります**。また pala や naman といった小辞と一緒によく使われます。

Mahal pala iyan.	それは高価です。
Napakamahal pala niyan!	それはとても高価です。
Malakas ang agos ng ilog.	川の流れは強いです。
Napakalakas naman ng agos ng ilog!	川の流れはとても強いです。
Madaldal sila.	彼女らはおしゃべりです。
Napakadaldal pala nila!	彼女らはとてもおしゃべりですね。

5.2　masyado・talaga を使った強調表現

masyado「とても、あまりに」や talaga「本当に」が形容詞を修飾する方法でも強調することができます。masyado と修飾される形容詞の間にはリンカーが必要です。talaga を使った場合、talaga が前から修飾すればリンカーは必要ですが、後ろから修飾する場合は必要ありません。

Masyado**ng** mahal ang papaya *soap*.　　　パパイヤ石鹸はとても高価です。
Masyado**ng** mataas ang presyo ng gasolina.　ガソリン価格は高すぎます。
Masyado**ng** busog ako./Masyado ako**ng** busog.　私はとてもお腹がいっぱいです。

Talagang mabait si Andre. = Mabait **talaga** si Andre.　アンドレは本当に親切です。
Talagang mahirap ang mga mangingisda. = Mahirap **talaga** ang mga mangingisda.
　　　　　　　　　　　　　　　　　　　　　　　　　漁民は本当に貧しいです。

5.3　形容詞を繰り返す強調表現

形容詞を繰り返すことによっても強調を表わすことができます。形容詞と形容詞の間にはリンカーが入りますが、リンカーが -ngのときはハイフンが続きます。

Mataas na mataas ang presyo ng *condo*.　マンションの価格はとても高いです。
Busog na busog ako.　　　　　　　　　　　私はとてもお腹がいっぱいです。
Puting-puti ang buhangin sa Boracay.　　　ボラカイの砂は真っ白です。
Tuyong-tuyo ang lupa.　　　　　　　　　　土地は乾ききっています。

サリサリストア

練習問題

1. 以下の値段をフィリピノ語とスペイン語で答えましょう。

    1) 5ペソ
    2) 20ペソ
    3) 35ペソ
    4) 50ペソ
    5) 100ペソ

2. 例にしたがって表を完成させましょう。

	重複	napaka-形容詞	pinaka-形容詞
(例) mura	murang mura	napakamura	pinakamura
luma			
mahirap			
tahimik			
magaan			
magaling			

3. napaka- を使った文に変えましょう。

    1) Masungit sila.
    2) Mabilis ang tren.
    3) Maingay kayo.
    4) Mabaho ang sapatos mo.
    5) Masipag sina John.

4. フィリピノ語にしましょう。

    1) 富士山はアポ山 (*Mt.* Apo) よりも高い。
    2) 彼女はエミリー (Emily) よりも背が高い。
    3) 今日は昨日よりも涼しいです。(presko)
    4) これはそれよりも短い。
    5) あれはこれよりも重い。

第**12**課　サリサリストアで

語彙力・表現力アップ

● 雑貨屋で

sipilyo	歯ブラシ	bigas	米
sigarilyo	タバコ	alak	アルコール類
posporo	マッチ	serbesa / bir	ビール
suklay	くし	ginebra	ジン
delata	缶詰	mantika	食用油
yelo	氷	katol	蚊取り線香
kendi	飴	uling	炭
itlog	卵	supot	袋
garapon	口が広い容器	kandila	ローソク

● 自然を表わす

lupa	土、土地	habagat	南西の季節風
langit	空、天国	lawa	湖
ulap	雲	batis	泉
araw	太陽	talon	滝
buwan	月	ilog	川
bituin	星	sapa	小川
bangin	渓谷、谷	bukid / bukirin	畑、野原
burol	丘	palayan	田
bundok	山	parang	平原
kabundukan	山脈	gubat	森
bulkan	火山	kagubatan	森林
kuweba	洞窟	pulo / isla	島
dagat	海	kapuluan	諸島
laot	沖	bato	石
tabing-dagat	海岸	buhangin	砂
alon	波	kati	引き潮
hangin	風	laki	満ち潮
amihan	北東の季節風	hamog	露

第13課　コンサートへの招待

　ライアンは、美帆を首都圏パサイ市にあるフィリピン文化センター（CCP）で催されるコンサートに誘います。

Download◀))

Ryan： *Hello* Miho, si Ryan ito.
　　　 Kailan ka dumating?
Miho： Noong Sabado lang.
Ryan： Kumusta ang bakasyon mo sa *Japan*?
Miho： Masaya naman.
　　　 Pero namis ko kayo.
Ryan： Talaga?　Miho, libre ka ba bukas ng gabi?
Miho： May klase ako hanggang alas tres tuwing Martes.
　　　 Bakit?
Ryan： May dalawa akong tiket para sa isang *concert* sa CCP.
Miho： Mula anong oras ang *concert*?
Ryan： Mula alas siyete ng gabi（ang *concert*）.
Miho： Hanggang anong oras kaya iyan?
Ryan： Mga dalawang oras siguro ito, kaya hanggang alas nuwebe（ito）.
Miho： O sige, salamat sa imbitasyon.
　　　 Saan tayo magkikita?
Ryan： Susunduin kita sa *dorm* mo bukas nang alas kuwatro ng hapon.

kailan	いつ	Martes	火曜日
dumating	完 到着した（dumating）	tiket	チケット
Sabado	土曜日	mula	〜から
namis	完 〜がいなくて寂しかった（mamis）	imbitasyon	招待
libre	時間がある、自由である	magkikita	未 会う（magkita）
hanggang	〜まで	susunduin	未 迎えに行く（sunduin）
tuwing	〜ごと	kita	私はあなたを

頻出表現

1.　Si + 人名 ito.　　　　　　　　　こちらは〜です（電話での表現）。
　　Si Ryan ito.　　　　　　　　　　こちらはライアンです。
　　Si Abby ito.　　　　　　　　　　こちらはアビーです。

124

第**13**課　コンサートへの招待

2. Kumusta ang 〜 ? 　　　　　　　〜はどうですか/どうでしたか？

　　Kumusta ang bakasyon mo sa *Japan*? 　日本での休暇はどうでしたか？

　　Kumusta ang trabaho mo? 　　　　仕事はどうですか？

3. Namis ko kayo. 　　　　　　　　（私は）あなたたちがいなくて寂しかったです。

　　Namis kita. 　　　　　　　　　（私は）あなたがいなくて寂しかったです。

4. Mula anong oras 〜 ? 　　　　　　〜は何時からですか？

　　Mula anong oras ang *concert*? 　　コンサートは何時からですか？

　　Mula anong oras ang klase ninyo? 　あなたたちの授業は何時からですか？

5. Hanggang anong oras 〜 ? 　　　　〜は何時までですか？

　　Hanggang anong oras kaya iyan? 　それは何時まででしょうか？

　　Hanggang anong oras ang palabas? 　ショーは何時までですか？

6. Susunduin kita. 　　　　　　　　（私は）あなたを迎えに行きます。

1　一般的な時・時間・曜日・月・日付をたずねる

　一般的な時をたずねる場合は、疑問詞kailan「いつ」で始まる文を使います。答えでは、すでに過ぎた時なのか、これからやって来る時なのか、それとも特定されていない時なのかをはっきりさせます。

Kailan ka dumating? 　　　　　　　いつ到着したのですか？

Noong Sabado lang. 　　　　　　　（この前の）土曜日です。

Kailan ang kasal nina Gary? 　　　　ガリーたちの結婚式はいつですか？

Sa Hunyo ang kasal nila. 　　　　　彼らの結婚式はこの6月です。

Noong Hunyo ang kasal nila. 　　　　彼らの結婚式は（この前の）6月でした。

Kailan ang tag-init sa Pilipinas? 　　フィリピンで夏はいつですか？

Mula Marso hanggang Mayo ang tag-init. 　夏は3月から5月までです。

Kailan ang Araw ng Kalayaan? 　　　独立記念日はいつですか？

A-dose ng Hunyo ang Araw ng Kalayaan. 　独立記念日は6月12日です。

　時間・曜日・月・日付をたずねるときは、〈anong + 名詞〉で始まる文を使います。このタイプの疑問文は、しばしば小辞のnaを伴います。答えは〈anong + 名詞〉の部分を適切な名詞（句）や副詞（句）で置きかえます。なお、anongはanoにリンカーがついた形です。

125

Anong oras na ngayon?	今何時ですか？
Alas onse na ngayon.	今は11時です。
Anong araw na ngayon?	今日は何曜日ですか？
Martes ngayon.	今日は火曜日です。
Anong buwan na ngayon?	今は何月ですか？
Mayo ngayon.	今は5月です。
Anong taon na ngayon?	今は何年ですか？
2021 ngayon.	今は2021年です。
Anong petsa na ngayon?	今日は何日ですか？
A-kinse ngayon.	今日は15日です。

2　時を表わす

時を表わす単語は名詞であったり、副詞（句）であったりします。

2.1　一般的な時

　一般的な時を表わす単語は副詞（句）です。過去を表わす副詞の多くは接辞ka-、未来を表わす副詞のいくつかは接辞sa-を伴っています。

最近	kamakailan		今日	ngayon
一昨日	kamakalawa		明日	bukas
昨日	kahapon		明後日	samakalawa
昨夜	kagabi		将来	sa kinabukasan
翌日	kinabukasan		いつの日か	balang araw

May lindol kagabi.	昨夜地震がありました。
May pag-asa pa sa kinabukasan.	まだ将来に希望があります。

2.2　1日の時間帯

　「朝」「昼」「夜」といった1日の具体的な時を表わす単語の多くは1課で学びましたが、もう一度見てみましょう。これらの単語は名詞です。

明け方	madaling-araw	昼間	araw
朝	umaga	たそがれ	takipsilim
昼	tanghali	夜	gabi
午後	hapon	真夜中	hatinggabi

　1日の時を表わす名詞は、主語のない文を形成できますが、通常、小辞や時を表わす副詞などを伴います。

Umaga pa.	まだ朝です。
Tanghali ngayon.	今は昼です。
Gabi na.	もう夜です。

2.3　より具体的な1日の時間帯

　1日のなかで、すでに過ぎた時であることをはっきりさせたい場合はkanina「さきほど」、まだ過ぎていない場合はmamaya「後で」で修飾します。kaninaやmamayaを使って修飾するときは、リンカーを忘れないようにしましょう。なお、kaninaとmamayaは単独でも使われます。

	過ぎ去っている場合	これからの場合
今朝	kaninang umaga	mamayang umaga
今日の昼	kaninang tanghali	mamayang tanghali
今日の午後	kaninang hapon	mamayang hapon
今晩	—	mamayang gabi
10時	kaninang alas diyes	mamayang alas diyes

Kanina pa ako rito.	私はさっきからここにいます。
Kaninang umaga pa ako rito.	私は今朝からここにいます。

Mamaya tayo magkita.	後で会いましょう。
Mamayang gabi tayo magkita.	今晩会いましょう。

　すでに過ぎたのか、まだ過ぎてないのかを明確にする必要がない場合は、ngayon「今日、今」を使ってngayong umaga「今朝」、ngayong gabi「今晩」のように表わします。

Magkita tayo ngayong gabi.	今晩会いましょう。
Nagkita sila ngayong gabi.	彼らは今晩会いました。

3 時間を表わす

　時間は〈ala/alas + スペイン語の基数詞〉を使って表わすのが一般的です。5時5分や5時15分という場合は、5時の後に5、15に相当する数字を付け加えます。30分を表わすときはy medya「それに半分」、30分を過ぎると、スペイン語のmenosを使って「～時までには…分足りない」という表現も使われます。

1時	Ala una.
2時	Alas dos.
5時	Alas singko.
5時5分	Alas singko singko.
5時15分	Alas singko kinse.
5時30分	Alas singko treynta./Alas singko y medya.
5時45分	Alas singko kuwarenta'y singko./Menos kinse para alas sais.

　より具体的な時刻を表わすときは、〈時刻 + ng + 1日の時を表わす名詞 〉となります。ng + 1日の時を表わす名詞 は副詞句で、「午前の」「午後の」といった意味になります。

午前7時	Alas siyete ng umaga.
昼の12時	Alas dose ng tanghali.
午後3時	Alas tres ng hapon.
午後7時	Alas siyete ng gabi.
夜中の12時	Alas dose ng hatinggabi.

　ng + 1日の時を表わす名詞 は、「明日の夜」「昨日の朝」といった表現でも使われます。

Libre ka ba bukas ng gabi?	明日の夜、あなたは空いていますか？
Nasa simbahan ako kahapon ng umaga.	昨日の朝、私は教会にいました。

　一方、「今日午前10時に」「今日午後2時に」「昨日昼の12時に」「明日午後6時に」といった表現は、以下のような語順になります。

Nagkita kami kaninang alas diyes ng umaga.	私たちは今日午前10時に会いました。
Magkita tayo mamayang alas dos ng hapon.	今日午後2時に会いましょう。
Nagkita kami kahapon nang alas dose ng tanghali.	
	私たちは昨日昼の12時に会いました。
Magkita tayo bukas nang alas sais ng gabi.	明日午後6時に会いましょう。

第**13**課 コンサートへの招待

4 曜日・月を表わす

曜日や月はスペイン語を使うのが一般的です。ただし、単語の綴りはフィリピノ語式になっています。

日曜日	Linggo	3月	Marso
月曜日	Lunes	4月	Abril
火曜日	Martes	5月	Mayo
水曜日	Miyerkoles	6月	Hunyo
木曜日	Huwebes	7月	Hulyo
金曜日	Biyernes	8月	Agosto
土曜日	Sabado	9月	Setyembre
		10月	Oktubre
1月	Enero	11月	Nobyembre
2月	Pebrero	12月	Disyembre

5 日付を表わす

日付はフィリピノ語の序数詞、あるいは〈a + スペイン語の基数詞〉で表わします。

	フィリピノ語式	スペイン語式
1日	unang araw	a-uno/a-primero
2日	ikalawa	a-dos
3日	ikatlo	a-tres
20日	ikadalawampu	a-beynte
28日	ikadalawampu't walo	a-beynte otso
30日	ikatatlumpu	a-treynta
31日	ikatatlumpu't isa	a-treynta'y uno

① フィリピノ語式の日付はika-序数詞（⇒16課）で表わしますが、「1日」は「第1」を意味するunaではなく、「最初の日」を意味するunang arawです。

② 「2日」のikalawa、「3日」のikatloは、dalawaとtatloにika-が添加され、dalawaのda、tatloのtaが落ちた形です。

A-beynte ng Pebrero ngayon. = Ikadalawampu ng Pebrero ngayon.

今日は2月20日です。

A-uno ng Enero ang Bagong Taon. = Unang araw ng Enero ang Bagong Taon.

新年は1月1日です。

129

6　過去・未来の時を表わす

フィリピノ語で日・曜日・月・年などを表わす場合、過去と未来で表現が異なります。

6.1　過去の時

すでに過ぎ去った時は、時を表わす単語の前にnoongをつけます。noongは、noon「以前、昔」にリンカーの-(n)g（⇒4課）がついた形です。

noong unang panahon	ずっと昔
noong araw	昔
noong isang araw	先日
noong Martes	（この前の）火曜日
noong Mayo	（この前の）5月
noong 1945	1945年
noong isang linggo/noong nakaraang linggo	先週
noong isang buwan/noong nakaraang buwan	先月
noong isang taon/noong nakaraang taon	去年

「～日前」「～か月前」といった表現は、「～日が過ぎました」「～か月が過ぎました」という表現で表わします。

3日前→すでに3日間が過ぎました	May tatlong araw na ang nakaraan/nakalipas.
3か月前→すでに3か月が過ぎました	May tatlong buwan na ang nakaraan/nakalipas.

6.2　未来の時

これからやってくる未来の時は、時を表わす単語の前にsaをつけて表わします。

sa isang araw	ある日
sa Miyerkoles	次の水曜日
sa Enero	次の1月
sa 2050	2050年
sa isang linggo /sa susunod na linggo	来週
sa isang buwan /sa susunod na buwan	来月
sa isang taon /sa susunod na taon	来年

May piyesta rito sa susunod na buwan.	来月ここでお祭りがあります。
May bakasyon ang mga estudyante sa Agosto.	学生たちは8月に休暇があります。

「〜日後」「〜か月後」といった表現は、〈pagkatapos ng + 時を表わす名詞句〉で
表わします。

3日後	pagkatapos ng tatlong araw
3週間後	pagkatapos ng tatlong linggo
3か月後	pagkatapos ng tatlong buwan

Pasko na pagkatapos ng dalawang linggo.　　2週間後にクリスマスです。

May halalan sa Pilipinas pagkatapos ng tatlong buwan.

フィリピンでは3か月後に選挙があります。

7　特定されていない時を表わす

　1日の時間帯のなかで、「昼間には」「夜には」といった**特定されていない時を表わすには、
1日の時を表わす名詞の前にsa**をつけます。

Estudyante si Lea sa araw at *call center agent* siya sa gabi.

レアは昼間は学生で、夜はコールセンターのオペレーターです。

Sa umaga ang trabaho ko at sa hapon ang tulog ko.

私の仕事は午前中で、昼寝は午後です。

一方、「9時には」といった時刻を表わす場合は、**時刻の前にnang**をつけます。

Nagkita kami nang alas nuwebe.　　　　　　私たちは9時に会いました。

Magkita tayo nang alas diyes.　　　　　　　10時に会いましょう。

「日曜日には」「6月12日には」「雨季には」といった曜日や日付、季節などに関する表現の場合、
時を表わす単語の前に接続詞のkungやkapag、あるいはkapagの省略形のpagを使います。

Nasa bahay lang ako kung/pag Linggo.　　　　私は日曜日には家にいます。

May *independence day celebration* sa Pilipinas kung/kapag a-dose ng Hunyo.

フィリピンでは6月12日には独立記念日のお祝いがあります。

Laging may baha sa Maynila kung/pag tag-ulan.

マニラでは雨季にはいつも洪水があります。

8 　繰り返される時を表わす

「毎朝」「毎土曜日」といった繰り返される時は、時を表わす名詞や副詞（句）の前にtuwing「〜ごと」をつけるか、語根の最初の2音節を重複して表わします。2通りの方法で表現できる場合と、1通りでしか表現できない場合があります。

	tuwingを使う	語根を重複する
毎朝	tuwing umaga	uma-umaga
昼ごとに	tuwing tanghali	tangha-tanghali
午後ごとに	tuwing hapon	hapun-hapon
毎晩	tuwing gabi	gabi-gabi
毎日	—	araw-araw
毎週	tuwing linggo	linggu-linggo
毎月	—	buwan-buwan
毎年	—	taun-taon
毎年新年に	tuwing Bagong Taon	—
毎週日曜日に	tuwing Linggo	—
毎年6月に	tuwing Hunyo	—
毎回12時に	tuwing alas dose	—
1時間ごとに	—	oras-oras
2時間ごとに	tuwing dalawang oras	—
1分ごとに	—	minu-minuto
10分ごとに	tuwing sampung minuto	—

May klase ako ng Filipino tuwing Martes at Huwebes.

　　　　　　　　　　　　　私はフィリピノ語の授業が毎火曜日と毎木曜日にあります。

Nilugaw ang almusal ko uma-umaga.　　　　毎朝、私の朝食はお粥です。

May piyesta sa bayan namin tuwing Mayo.　私たちの町では毎年5月に祭りがあります。

Nasa sabungan ang tatay ko linggu-linggo.　父は毎週闘鶏場にいます。

Maraming bisita tuwing Bagong Taon.　　　毎年新年には来客がたくさんあります。

第**13**課　コンサートへの招待

練習問題

1. フィリピノ語にしましょう。

    1) 明日の朝
    2) 昨日の昼
    3) 明日の午後 10 時
    4) 昨日の午後 3 時
    5) 毎週土曜日

2. 質問にカッコ内の表現を使って答えましょう。

    1) Kailan ang kasal nila?　　　　　　　（この前の 3 月）
    2) Kailan ang piyesta sa inyo?　　　　　（これからくる 5 月）
    3) Kailan ang tag-ulan sa Maynila?　　　（6 月から 10 月まで）
    4) Kailan ang iksam nila?　　　　　　　（2 週間後）
    5) Anong petsa ngayon?　　　　　　　　（8 日）
    6) Anong oras ang miting ninyo?　　　　（過ぎ去った午前 9 時）

3. カッコ内の日本語をフィリピノ語にして文を完成させましょう。空欄に入る単語はひとつ
   とは限りません。

    1) Maraming lamok _____ .　　　　　　　　　　（雨期には）
    2) _____ ang anibersaryo ng EDSA *Revolution*.　（毎年 2 月には）
    3) May klase ako _____ .　　　　　　　　　　　（あとで）
    4) Mayroon silang palabas _____ .　　　　　　　（過ぎ去った昼には）
    5) _____ ang *first semester* sa eskuwelahan namin.　（8 月から 12 月まで）
    6) Mayroong piyesta sa baryo namin _____ .　　（明後日に）
    7) Magkita tayo _____ .　　　　　　　　　　　（午後 7 時に）
    8) Bising-bisi ang nanay ko _____ .　　　　　　（毎朝）
    9) May himagsikan sa Pilipinas _____ .　　　　　（1898 年に）
    10) Mayroon kaming inuman _____ .　　　　　　（毎週）

133

第 **14** 課　　洪水

　マニラ首都圏が抱える大きな問題のひとつは交通渋滞です。ケソン市からCCPに向かっていた美帆とライアンは、洪水のためひどい交通渋滞に巻き込まれてしまいます。　Download ◀))

Miho : Baka mahuli tayo sa *concert*.

Ryan : Oo, ganito katindi ang trapik dito sa Espanya.

Miho : Gaano pa kaya katagal ang biyahe hanggang sa CCP?

Ryan : Hindi ko alam.

　　　　 Medyo mataas ang tubig kaya siguradong mas matagal pa.

Miho : Hanggang (sa) tuhod pala ang tubig.

　　　　 Ganyan ba kataas ang tubig tuwing tag-ulan?

Ryan : Oo, kung minsan, hanggang (sa) hita pa ang tubig.

Miho : Mas mabilis ba kung mag-MRT at mag-LRT tayo?

Ryan : Siyempre, pero malayo pa ang CCP mula sa istasyon.

Miho : Gaano pa kalayo ito mula sa istasyon?

Ryan : Kasinlayo ito ng *bus stop* mula sa *dorm* mo.

Miho : Ibig sabihin, mga dalawampung minuto pa ba kung lalakarin?

Ryan : Oo.

Miho : Ay, malayo nga!

baka	たぶん	ganyan	そのような、そのように、それくらい
mahuli	困 遅れる	kataas	mataas「高い」の派生語
ganito	このような、このように、これくらい	mag-MRT	困 MRTで行く
katindi	matindi「著しい」の派生語	mag-LRT	困 LRT（高架軽便鉄道）で行く
trapik	交通渋滞	siyempre	もちろん
Espanya	エスパーニャ通り	kalayo	malayo「遠い」の派生語
gaano	どのぐらい	kasinlayo	同じくらい遠い
katagal	matagal「時間がかかる」の派生語	lalakarin	困 歩く（lakarin）
biyahe	移動、旅行	Ay	ああ（失望や不満を表わす）

頻出表現

1. Kung minsan, 　　　　　　　　　　　　　　時々、

　　Kung minsan, hanggang hita pa ang tubig. 　時々、水は腿までになります。

　　Kung minsan, may bagyo rin sa Mindanao. 　時々、台風はミンダナオにも来ます。

2. Ibig sabihin, 　　　　　　　　　　　　　　つまり、

　　Ibig sabihin, mga dalawampung minuto pa ba kung lalakarin?

　　　　　　　　　　つまり、歩くと20分ほどかかるということですね？

　　Ibig sabihin, magpinsan ba sila? 　つまり、彼らはいとこ同士ですか？

134

第**14**課　洪水

1　gaanoを使って程度や頻度をたずねる

　人や物の性質や状態についてたずねるときは、疑問詞gaano「どのぐらい」と形容詞の語根にka-（古いタガログ語で使われていたリンカー）が添加された単語（　ka- + 形容詞語根　）を組み合わせた表現を使います。gaanoで始まる疑問文は、主語によって構文が異なります。また、答え方はさまざまです。

1）主語が〈ang + 名詞〉、〈si/sina + 人名〉、ang形の指示代名詞の場合

Gaano	+	ka- + 形容詞語根	+	ang + 名詞 si/sina + 人名 ang形の指示代名詞

Gaano katagal ang biyahe sa bus hanggang sa Maynila?

　　　　　　　　　　　　　　　　　　マニラまでバスでどのぐらいかかりますか？

Siguro mga dalawang oras.　　　　　たぶん2時間ほどです。

Gaano kalalim ang tubig sa ilog?　　　川の水はどのぐらい深いのですか？

Hanggang sa tuhod ang tubig.　　　　水は膝まであります。

Gaano kaputi ang buhangin sa Boracay?　ボラカイの砂はどのぐらい白いですか？

Puting-puti ang buhangin sa Boracay.　ボラカイの砂はとても白いです。

Gaano kabait si *Mister* Roxas?　　　　ロハス氏はどのぐらい親切ですか？

Hindi siya masyadong mabait.　　　　彼は余り親切ではありません。

Gaano katibay ito?　　　　　　　　　これはどのぐらい丈夫ですか？

Hindi ko alam.　　　　　　　　　　知りません。

2）　主語が人称代名詞の場合：gaano のすぐ後に主語がきます。指示代名詞の場合は、この構文でも構いません。

Gaano	+	ang形の人称代名詞 ang形の指示代名詞	+	ka- + 形容詞語根

Gaano siya katangkad?　　　　　　　彼はどのぐらい背が高いのですか？

Magkasintangkad sila ng kuya ko.　　彼と私の兄は同じぐらい背が高いです。

135

| Gaano ka kabigat? | あなたはどのぐらい重いですか？ |
| Kasimbigat mo ako. | あなたと同じぐらい重いです。 |

| Gaano ito katibay? | これはどのぐらい丈夫ですか？ |
| Hindi ito kasintibay niyon. | これはあれほど丈夫ではありません。 |

gaanoと ka- ＋形容詞語根 の間には、代名詞の他に小辞が入ることもあります。

Gaano pa kaya kalayo ang Baryo Santa Fe mula rito?	
	サンタフェ村はここからどのぐらい遠いのですか？
Mga isang oras sa dyipni iyon.	ジプニーで1時間ほどです。

| Gaano raw siya kaganda? | 彼女はどのぐらい美人なのですか？ |
| Hindi raw siya masyadong maganda. | 彼女はそれほど美人ではないそうです。 |

| Gaano kaya ito kaanghang? | これはどれぐらい辛いですか？ |
| Kasing-anghang iyan ng sili. | 唐辛子と同じぐらい辛いです。 |

2 比較を表わす指示代名詞

　指示代名詞にはang形、ng 形、sa形に加えて、人や物の性質・状態の度合いを表わす比較指示代名詞があります。比較指示代名詞は、小辞のnamanなどを伴って単独でも使われますが、名詞を修飾する形でもよく使われます。名詞を修飾するときはリンカーが必要です。

比較指示代名詞	
ganito	こんな、このような、こんなに、これくらい
ganyan	そんな、そのような、そんなに、それくらい
ganoon	あんな、あのような、あんなに、あれくらい

Ganito naman tayong mga Pilipino.	私たちフィリピン人はこんなです。
Ganyan naman talaga ang buhay ko.	私の人生はそんなです。
Ganoon ba?	そうなのですか？

Pambihira ang ganitong okasyon.	このような機会はまれです。
Pinakauso ang ganyang istayl ng buhok.	そのような髪形は最も流行っています。
Mali yata ang ganoong paraan.	あのような方法はたぶん間違っています。

第**14**課　洪水

　比較指示代名詞は　ka- ＋ 形容詞語根　と一緒になって、gaanoで始まる疑問文の答えとしてもよく使われます。〈比較指示代名詞＋　ka- ＋ 形容詞語根　〉が基本文①の述語にくる文では、主語によって構文が異なります。ただし、主語が指示代名詞の場合はどちらでもかまいません。

| ganito/ganyan/ganoon | ＋ | ka- ＋ 形容詞語根 | ＋ | ang ＋ 名詞
si/sina ＋ 人名
ang形の指示代名詞 |

| ganito/ganyan/ganoon | ＋ | ang形の人称代名詞
ang形の指示代名詞 | ＋ | ka- ＋ 形容詞語根 |

Ganito kalalim ang ilog doon.	あそこの川は、これくらい深いです。
Ganito kabilis ang takbo ng oras.	時間の流れはこれくらい早いです。
Ganyan katindi ang pag-ibig niya.	彼の愛はそれくらい深いのです。
Ganito kakapal iyon.	あれはこれくらい厚いです。
Ganito ka pala kabait.	あなたはこんなに親切なのですね。
Ganoon siya katangkad.	彼はあれくらい背が高いのです。
Ganito iyon kakapal.	あれはこれくらい厚いです。

　上記の文を疑問文にするときは、小辞のbaを比較指示代名詞と　ka- ＋ 形容詞語根　の間に入れます。主語が人称代名詞のときは、baの位置に留意しましょう。

Ganito ba kalalim ang ilog doon?	あそこの川は、こんなに深いのですか？
Ganito ba kabilis ang takbo ng oras?	時の流れとはこんなに早いのですか？
Ganyan ba katindi ang pag-ibig niya?	彼の愛はそんなに深いのですか？
Ganito ka ba kabait?	あなたはこんなに親切なのですか？
Ganoon ba siya katangkad?	彼はあんなに背が高いのですか？

3 程度・頻度などが同等であることを表わす

　2人の人物や2つの物の性質や状態の度合いが同等であるときは、**magkasing-形容詞**や**kasing-形容詞**で表わします。語根形容詞、あるいはma-形容詞の語根に接辞magkasing-が添加されるとmagkasing-形容詞、接辞kasing-が添加されるとkasing-形容詞となります。magkasing-とkasing-の-ngは、添加される語根の最初の音次第でmやnになったり、ngのままだったりします（⇒4課、10課）。

137

意味	語根	kasing-形容詞	magkasing-形容詞
同じぐらい重い	bigat	kasimbigat	magkasimbigat
同じぐらい痩せている	payat	kasimpayat	magkasimpayat
同じぐらい簡単な	dali	kasindali	magkasindali
同じぐらい強い	lakas	kasinlakas	magkasinlakas
同じぐらい利口な	talino	kasintalino	magkasintalino
同じぐらい大変な	hirap	kasinghirap	magkasinghirap
同じぐらい暑い/熱い	init	kasing-init	magkasing-init

　magkasing-形容詞が基本文①の述語にくる文では、主語は必ず複数になります。一方、kasing-形容詞が述語の部分にくる場合は、主語は単数、複数どちらでもかまいません。比較される人や物はng句で表わします。

Magkasinlakas ang Bagyong Pablo at Bagyong Ondoy.

　　　　　　　　　台風パブロと台風オンドイは同じ勢力でした。

Kasinlakas ng Bagyong Pablo ang Bagyong Ondoy.

　　　　　　　　　台風オンドイは台風パブロと同じ勢力でした。

Kasinlakas ng Bagyong Ondoy ang Bagyong Pablo.

　　　　　　　　　台風パブロは台風オンドイと同じ勢力でした。

Magkasingganda ang Mayon Volcano at Mt. Fuji.

　　　　　　　　　マヨン火山と富士山は同じぐらい美しいです。

Kasingganda ng Mt. Fuji ang Mayon Volcano.

　　　　　　　　　マヨン火山は富士山と同じぐらい美しいです。

Kasingganda ng Mayon Volcano ang Mt. Fuji.

　　　　　　　　　富士山はマヨン火山と同じぐらい美しいです。

　接辞kasing-と同じような比較機能を持っている接辞にka-があります。このka-は形容詞の語根や名詞に添加されて、2つの物や2人の人物が全く、あるいはほぼ同等であることを表わします。kapareho「同じです」やkatulad/kagaya/kamukha/kahawig「似ています」があります。このうちkamukhaは人物にのみ使われます。

Kapareho ng sapatos ko ang sapatos niya.　　　彼女の靴は私の靴と同じです。

Katulad ng sulat mo ang sulat ng kuya mo.　　君の兄さんの筆跡は君と同じです。

Kahawig ng Mt. Fuji ang Mayon Volcano.　　　マヨン火山は富士山と同じ姿をしています。

Kamukha ng nanay niya si Andre.　　　　　　アンドレは彼の母親と似ています。

138

第**14**課 洪水

練習問題

1. 枠内の形容詞を適切な形に変えて文を完成させましょう。

> maalat madali malakas mabilis malalim

1) Gaano _____ ang MRT?
2) Gaano _____ ang pag-ibig niya sa iyo?
3) Gaano _____ ang Bagyong Yolanda?
4) Gaano _____ ang tuyo?
5) Gaano _____ ang iksam ninyo?

2. 例にならって質問に答えましょう。

（例）Gaano kabait si Jose?（ako）　　Kasimbait ko si Jose.
　　　　　　　　　　　　　　　　　　Magkasimbait kami ni Jose.

1) Gaano kalaki ang Pilipinas?　　　　　　（*Italy*）
2) Gaano katapang si Rico?　　　　　　　　（Mario）
3) Gaano kamahal ang galunggong ngayon?　（karneng baboy）
4) Gaano kabango ang sampagita?　　　　　（ilang-ilang）
5) Gaano kalayo ang Maynila mula sa Tokyo?　（Hongkong）

3. 単語を並びかえてひとつの文にしましょう。

1) kagaling / siya / ganito / sa Filipino
2) ganyan / ang *Miss Philippines* / kaganda
3) si Pedro / kasaya / ganoon
4) kalaki / ganyan / ang bahay niya
5) ganoon / ang bayan namin / katahimik

4. 疑問文にしましょう。

1) Ganito katalino si Nelson.
2) Ganoon katangkad ang mga apo ko.
3) Ganyan siya kadaldal.
4) Ganoon ka kasipag.

139

第15課　ラブソングは嫌いです

　フィリピンでは、時代を問わずラブソングは人気があります。最近では環境保護などの大切さをフィリピノ語で歌う歌手も人気があります。

Download ◀))

Ryan：　Naintindihan mo ba ang mga kanta?

Miho：　Oo naman. Kabisado ko ang mga kanta ni Joey Ayala kasi gusto ko siya.

Ryan：　Bakit mo siya gusto?

Miho：　Kasi maganda ang boses niya at maganda ang mensahe ng mga kanta niya.
　　　　Mapangarapin din siya, katulad ko.

Ryan：　Ano ang gusto mong kanta niya?

Miho：　Gustung-gusto ko iyong kanta niya tungkol sa kalikasan.

Ryan：　Ganoon ba? Mahilig ka rin ba sa *love songs*?

Miho：　Hindi. Ayaw ko ng *love songs*. Nakakasawa na ang mga ito!
　　　　Kasi *love song* ang halos lahat ng kanta ngayon.

Ryan：　Sino pa ang gusto mong *singer* dito sa Pilipinas?

Miho：　Wala na. Kasi sa palagay ko, kailangan natin ng mga *singer* na kagaya niya,
　　　　na may mga kanta tungkol sa kagandahan at kahalagahan ng kalikasan.

Ryan：　Ayaw ko ng mga ganyang kanta!

naintindihan	完 理解した（maintindihan）	kalikasan	自然
kabisado	暗記している	ayaw	嫌だ、嫌いだ
gusto	好きだ、欲しい	nakakasawa	飽き飽きする
boses	声	halos	ほとんど
mensahe	メッセージ	kailangan	必要だ
mapangarapin	夢を持っている	kagandahan	美しさ
gustung-gusto	大好きだ、すごく欲しい	kahalagahan	大切さ

頻出表現

1. tungkol sa ～　　　　　　　　　　　　　～について、～に関する

　Gustung-gusto ko iyong kanta niya tungkol sa kalikasan.

　　　　　　　　　　　　　　　私は彼の自然についての歌が大好きです。

　Tungkol sa kulturang Pilipino ang librong ito.

　　　　　　　　　　　　　　　この本はフィリピン文化に関してです。

2. mahilig sa ～　　　　　　　　　　　　～が好きです。

　Mahilig ka rin ba sa *love songs*?　　ラブソングも好きですか？

　Mahilig si Andy sa damit na pula.　　アンディは赤い服が好きです。

140

第**15**課 ラブソングは嫌いです

1 擬似動詞を使って好き嫌いを表わす

　フィリピノ語では「〜は…が好きです、欲しいです」「〜は…が嫌いです」「〜は…が必要です」といった表現は、動詞そのものより、動詞の語根を使って表わすのが一般的です。「好きです、欲しいです」を表わす動詞の語根はgusto、「嫌いです」はayaw、「必要です」はkailanganです。gusto, ayaw, kailanganのように、動詞の語根でありながら動詞のような役割をする単語を**擬似動詞**と呼びます。

1.1　好き嫌いの対象が物の場合

　擬似動詞のgusto, ayaw, kailanganを使って「好きです、欲しいです」「嫌いです」「必要です」を表わす場合、**行為者はng句で表わされます。対象となる物が、特定されてなく一般的である場合はng句で表わされます。**このため、1つの文にng句が2つある文になります。

Gusto Ayaw Kailangan	+	ng句で表わされる 行為者	+	ng + (mga) + 普通名詞 ng形の指示代名詞

Gusto ng bata ng sorbetes.	子供はアイスクリームが好きです。
Gusto ni Ellen ng sine.	エレンは映画が好きです。
Gusto ko nito.	私はこれ（の一部）が好きです。
Ayaw ng mga bata ng gulay.	子供たちは野菜が嫌いです。
Ayaw ni Eddie ng matapang na alak.	エディは強いお酒が嫌いです。
Ayaw ko niyan./Ayoko niyan.	私はそれ（の一部）が嫌いです。
Kailangan ng mga *evacuee* ng pagkain at tubig.	避難民たちは食糧と水が必要です。
Kailangan nina Rey ng tirahan.	レイたちは住む所が必要です。
Kailangan nila ng doktor.	彼らは医者が必要です。

　対象となる物が特定されている場合はang句で表わされます。ang句があるため、このタイプの文は基本文①になります。

Gusto Ayaw Kailangan	+	ng句で表わされる 行為者	+	ang + (mga) + 普通名詞 ang形の指示代名詞

141

Gusto ni Ellen itong sine.	エレンはこの映画が好きです。
Gusto ko ang kanilang kanta.	私は彼らの歌が好きです。
Gusto ko ito.	私はこれ（全体）が好きです。
Ayaw ng pamangkin ko ang ganitong kulay.	私の姪はこのような色が嫌いです。
Ayaw ko ang ganitong gupit.	私はこのようなヘアカットが嫌いです。
Kailangan nina Lina ang gamot na ito.	リナたちはこの薬を必要としています。
Kailangan nila ang tulong mo.	彼らは君の助けを必要としています。

1.2　好き嫌いの対象が人の場合

「好きです」「嫌いです」「必要です」の対象が一般的な人であれば、ng句で表わします。

Gusto ni Lilia ng tahimik na lalaki.	リリアは静かな男性が好きです。
Ayaw ni Rey ng maarteng babae.	レイは気取った女性が嫌いです。
Kailangan namin ng masipag na tao.	私たちは真面目な人が必要です。

　対象が特定された人物の場合は、sa句かang句で表わしますが、ang句の方がより強い表現となります。kailanganを使う場合は、sa句を使わずang句のみで表わします。

Gusto Ayaw	+	ng句で表される行為者	+	ang形の人称代名詞 sa形の人称代名詞

Kailangan	+	ng句で表わされる行為者	+	ang形の人称代名詞

Gusto ng sambayanan kay Pangulong Quirino.	国民はキリノ大統領が好きです。
Gusto ng sambayanan si Pangulong Quirino.	国民はキリノ大統領が好きです。
Ayaw niya sa akin.	彼女は私が嫌いです。
Ayaw niya ako.	彼女は私が嫌いです。
Kailangan ng mga tagarito ang lider.	ここの人々たちはリーダーが必要です。
Kailangan kita.	私はあなたが必要です。

　行為者が〈ng + 普通名詞〉、〈ni/nina + 人名〉で、対象となる人物がang形の人称代名詞の場合、ang形の人称代名詞がgusto, ayaw, kailanganのすぐ後にきます。

Gusto siya ng sambayanan.	国民は彼が好きです。

142

Ayaw siya ni Carmen.	カルメンは彼を嫌っています。
Kailangan ka ni Eddie.	エディはあなたが必要です。

1.3 好き嫌いの対象が場所の場合

対象となる場所そのものが好きだったり、嫌いだったりする場合はng句、あるいはang句で表わします。一方、「～（にいるの）が好きです」「～（にいるの）が嫌いです」という表現はsa句で表わします。

Gusto ko ng ganitong lugar.	私はこのような土地が好きです。
Gusto ko rito.	私はここにいるのが好きです。
Gusto ni Miho ang Pilipinas.	美帆はフィリピンが好きです。
Gusto ni Miho sa Pilipinas.	美帆はフィリピンにいるのが好きです。
Gusto nila ang dagat dito.	彼らはここの海が好きです。
Gusto nila sa dagat.	彼らは海にいるのが好きです。
Ayaw namin ang lugar na may *snow*.	私たちは雪が降る場所は嫌いです。
Ayaw namin sa lugar na may *snow*.	私たちは雪が降る場所にいるのが嫌いです。

2 好き嫌いを表わす文を疑問文や否定文にする

gusto, ayaw, kailanganで始まる文を疑問文にする場合は、小辞のbaをgusto, ayaw, kailanganのすぐ後に入れます。ただし人称代名詞のka, ko, moが文中にある場合は、baはこれらの人称代名詞の後になります。

Gusto ba ni Ellen itong sine?	エレンはこの映画が好きですか？
Gusto ba nila sa dagat?	彼らは海にいるのが好きですか？
Gusto mo ba sa Pilipinas?	君はフィリピンにいるのが好きですか？
Ayaw ba niya sa akin?	彼女は私が嫌いですか？
Ayaw ba siya ni Carmen?	カルメンは彼が嫌いですか？
Kailangan ba ng mga *evacuee* ng pagkain?	避難民たちは食糧が必要ですか？
Kailangan ba nila ng katulong?	彼らはお手伝いさんが必要ですか？
Kailangan mo ba ng gunting?	君ははさみが必要ですか？

143

gusto, kailanganで始まる文の否定文はhindiが文頭にきます。**hindiが文頭にくることにより、小辞や人称代名詞の位置が平叙文の時とは違ってきます**。一方、ayawで始まる文を否定文にすることはほとんどありません。

Gusto ng mga bata ng sorbetes.	子供はアイスクリームが好きです。
Hindi gusto ng mga bata ng sorbetes.	子供はアイスクリームが好きではありません。
Gusto ko siya.	私は彼女が好きです。
Hindi ko siya gusto.	私は彼女が好きではありません。
Kailangan namin ng doktor.	私たちは医者を必要としています。
Hindi namin kailangan ng doktor.	私たちは医者を必要としていません。
Kailangan siya ni Carmen.	カルメンは彼を必要としています。
Hindi siya kailangan ni Carmen.	カルメンは彼を必要としていません。

3　好き嫌いの対象を問う

好き嫌いの対象を問いたいときは、gusto, ayaw, kailanganを疑問詞と組み合わせます。この場合、〈疑問詞 + ang + 擬似動詞〉の構文となります。答え方は、疑問詞の部分を答えで置きかえます。

Ano ang gusto ninyo?	あなたは何が好きですか/欲しいですか？
Tsaa ang gusto ko.	お茶が好きです/欲しいです。
Alin ang gusto mo?	君はどれが欲しいですか？
Ito ang gusto ko.	これが欲しいです。
Sino ang ayaw ni Carmen?	カルメンは誰が嫌いですか？
Si Jose ang ayaw niya.	ホセが嫌いです。
Ilang itlog ang kailangan nina Eddie?	エディたちはいくつ卵が必要なのですか？
Dalawampung itlog ang kailangan nila.	20個の卵が必要です。
Magkano ang kailangan nila?	彼らはいくら必要なのですか？
Limang libong piso ang kailangan nila.	5000ペソが必要です。

第 **15** 課　ラブソングは嫌いです

4　擬似動詞の形容詞的用法

　gusto, ayaw, kailanganは形容詞のような使われ方もします。masと一緒になって比較を表わしたり、接辞pinaka-に添加されて最上級を表わします。また、リンカーを伴って繰り返されると強意を表わします。リンカーが-ngのときはハイフンが続きます。

Mas gusto ko ng pagkaing Pilipino kaysa sa pagkaing *Thai*.

　　　　　　　　　　　　　　　　　私はタイ料理よりフィリピン料理が好きです。

Mas gusto ko sa Pilipinas kaysa sa *Japan*.

　　　　　　　　　　　　　　　　　私は日本よりフィリピンにいるのが好きです。

Mas ayaw ko ng tag-ulan kaysa sa tag-init.　　　私は夏より雨季が嫌いです。

Mas kailangan nila ng tirahan kaysa sa damit.　　彼らは服より住む場所が必要です。

Ito ang pinakagusto kong bulaklak.　　　　　これが私の最も好きな花です。

Si Senador Cruz ang pinakaayaw nilang politiko.

　　　　　　　　　　　　　クルース上院議員が彼らが最も嫌っている政治家です。

Ikaw ang pinakakailangan niya.　　　　　　君が彼女が最も必要としている人です。

Gustung-gusto ng mga estudyante ng bakasyon.　学生たちは休暇が大好きです。

Ayaw na ayaw nila sa akin.　　　　　　　　彼らは私が大嫌いです。

Kailangang-kailangan namin ng pera.　　　　私たちはお金がとても必要です。

5　人の性格・傾向を表わす形容詞

　人の性格や傾向、体質などを表す形容詞には、ma- -in形容詞、-in形容詞、mapag-形容詞などがあります。（　）内の単語はこれらの形容詞の語根、あるいは語幹です。

1) ma- -in形容詞：人の性格、それも語根が示すような傾向を持ち合わせていることを表します。matatakutinのように、語根の最初の子音と母音が重複されているものもあります。語根の多くは感情を表す動詞の語根（⇒27課）と重なります。

mahiyain（hiya）	恥ずかしがりやな	matiisin（tiis）	忍耐強い
magugulatin（gulat）	すぐに驚く	malungkutin（lungkot）	悲観的になりがちな
matulungin（tulong）	助けになる	matatakutin（takot）	こわがりな

145

2) -in 形容詞：語根が示すような傾向や体質を持ち合わせていることを表わします。語根は名詞、あるいは動詞の語根です。

| hikain（hika） | よく喘息の発作を起こす | iyakin（iyak） | 泣き虫な |
| sakitin（sakit） | 病気がちな | sumpungin（sumpong） | よく癇癪を起す |

3) mapag- 形容詞：語根、あるいは pa で始まる語幹が示すような性格や傾向を表わします。語根は名詞か形容詞、pa で始まる語幹は形容詞です。

| mapagmahal（mahal） | 愛情深い | mapagpakumbaba（pakumbaba） | 謙虚な |
| mapaghinala（hinala） | 疑い深い | mapagpabaya（pabaya） | 怠惰な |

乗り物

traysikel	トライシクル	taksi	タクシー
kalesa	馬車	MRT	首都圏鉄道
dyipni	ジプニー	LRT	高架軽便鉄道
FX	相乗りワゴン車	eroplano	飛行機
pedicab	自転車タクシー	bapor	船
motorsiklo	オートバイ	bangka	バンカ（舷外浮材付きの船）
bisikleta	自転車		

トライシクル　　　　　　　　　　ジプニー

馬車

第 **15** 課　ラブソングは嫌いです

練習問題

1. 適切な標識辞を選びましょう。

1) Gusto ko (sa, ng) kanta.
2) Ayaw nina Emily (sa, ng) lugar na ito.
3) Mas kailangan ko (ng, sa) trabaho kaysa sa bakasyon.
4) Bakit gusto mo (ng, ang) pelikulang iyan?
5) Ayaw nila (ang, kay) Edgar.

2. 否定文にしましょう。

1) Kailangan ng lolo ninyo ng gamot.
2) Kailangan kita.
3) Gusto ni Mario ang kanta mo.
4) Gusto ka niya.
5) Kailangan nila ng tulong.

3. 単語や句を並べかえてひとつの文にしましょう。

1) ko / ng malamig na tubig / gusto
2) sila / niya / ayaw
3) ayaw / iyang gulay / ni Carlos.
4) ito / mo / kailangan / ba
5) gusto / ng balot / ba / mo

4. フィリピノ語にしましょう。

1) 私はコーヒーが好きです。
2) 私はカリンガ・コーヒー (*Kalinga coffee*) が好きです。
3) 君はお金が必要です。
4) 君はこのお金が必要です。
5) 私は彼らが大嫌いです。
6) シャロン・クネータ (Sharon Cuneta) が私が一番好きな女優です。
7) あなたは日本よりフィリピンにいる方が好きですか？

147

第16課　2人の大統領

　美帆とアビーはフィリピンの大統領について話していますが、話題は日本占領下における２人の大統領に及びます。

Download ◀))

Miho：　Hindi ba si Heneral Aguinaldo ang naging kauna-unahang pangulo ninyo?

Abby：　Oo, noong 1898, na tinatawag na Panahon ng Unang Republika.

　　　　　Sinundan ito ng Panahon ng Komonwelt.

　　　　　Si Quezon naman ang unang presidente noong panahong iyon.

Miho：　Kailan dumating ang mga Hapon dito sa Pilipinas?

Abby：　Noong 1941, noong nagsimula ang Ikalawang Digmaang Pandaigdig.

Miho：　Ano ang ginawa ni Quezon noong dumating ang mga Hapon?

Abby：　Tumakas siya sa Amerika dahil sinakop ng mga Hapon ang Pilipinas.

Miho：　Sino ang naging presidente noong umalis siya?

Abby：　Si Osmeña, ang *vice president* ang pumalit sa kanya.

　　　　　Pero nagtayo ang mga Hapon ng ibang pamahalaan at si Laurel ang nahalal na presidente.

Miho：　Nakakalito pala ang kasaysayan ninyo!

heneral	将軍	dahil	なぜなら
naging	完 ～になった (maging)	sinakop	完 占領した (sakupin)
pangulo	大統領	umalis	完 去った (umalis)
sinundan	完 後に続いた (sundan)	pumalit	完 とって代わった (pumalit)
una	第1の、最初の	nagtayo	完 樹立した (magtayo)
presidente	大統領	iba	別の
nagsimula	完 始まった (magsimula)	pamahalaan	政府
ginawa	完 おこなった (gawin)	nahalal	完 選ばれた (mahalal)
tumakas	完 逃げた (tumakas)	nakakalito	混乱させる、ややこしい
Panahon ng Unang Republika	第1共和国時代	kasaysayan	歴史
Ikalawang Digmaang Pandaigdig	第2次世界大戦	Panahon ng Komonwelt	独立準備政府時代

頻出表現

1. kauna-unahan　　　　　　　　　（まさに）初めての

　　Si Heneral Aguinaldo ba ang kauna-unahang pangulo ninyo?

　　　　　　　　アギナルド将軍があなたたちの最初の大統領なのですか？

148

第16課 2人の大統領

Ito ang kauna-unahan naming bakasyon sa Bohol.

これが私たちのボホールでの初めての休暇です。

2. tinatawag na ~ 　　　　　　　　　～と呼ばれています。

Tinatawag na Rizal Park ang Luneta Park.

ルネタ公園はリサール公園と呼ばれています。

Tinatawag na perlas ng Silangan ang Pilipinas.

フィリピンは東洋の真珠と呼ばれています。

3. nahalal na ~ 　　　　　　　　　～に選ばれました。

Si Laurel ang nahalal na presidente. ラウレルが大統領に選ばれました。

Nahalal na *barangay captain* si Sammy. サミーは地区会長に選ばれました。

1 動詞文と補語

　主語と述語から構成されている基本文で、述語の位置に動詞がくる文が動詞文です。フィリピノ語の動詞文は、動詞と1つ、あるいは2つ以上の補語で成り立っています。フィリピノ語の補語とは、動詞文に現れる名詞句で主語になれるものです。動詞文に補語が1つしかないときは、この補語が自動的に主語になります。2つ以上のときは、1つのみが主語になります。補語には次のような種類があります。

　　　　行為者補語：行為を行う行為者（無生物も含む）を表わす名詞句
　　　　目的補語：　行為の対象となる人や物を表わす名詞句
　　　　方向補語：　行為が向けられる人・物・場所を表わす名詞句
　　　　場所補語：　行為がなされる人・物・場所を表わす名詞句
　　　　恩恵補語：　行為の受益者を表わす名詞句
　　　　道具補語：　行為の手段を表わす名詞句
　　　　理由補語：　行為の理由や原因を表わす名詞句
　　　　話題補語：　行為の話題を表わす名詞句

　基本文①の動詞文において、主語になる補語はang句、主語にならない補語はng句やsa句、para sa句などで表わされます。

Dumating　ang mga Amerikano.　　　アメリカ人は到着しました。
　動詞　　　　主語＝行為者補語

Tumakas　　si Quezon　　sa Amerika.　ケソンはアメリカに逃げました。
　動詞　　　主語＝行為者補語　　方向補語

Nagtayo　ang mga Hapon　ng ibang pamahalaan　sa Pilipinas.
　動詞　　　主語＝行為者補語　　　目的補語　　　　　場所補語

　　　　　　　　　　　　日本人はフィリピンに別の政府を樹立しました。

149

Lumaban ang mga sundalo para sa bansa natin. 兵士は私たちの国のために戦いました。
動詞　　主語＝行為者補語　　恩恵補語

Sinakop ng mga Hapon ang Pilipinas. 日本人はフィリピンを占領しました。
動詞　　行為者補語　　主語＝目的補語

Sinundan ito ng Panahon ng Komonwelt. これに独立準備政府時代が続きました。
動詞　　主語＝方向補語　　　行為者補語

2　動詞と接辞

　フィリピノ語の動詞は、語根あるいは語幹と動詞を形成する接辞から形成されています。語根や語幹がその行為の意味を表わすのに対し、接辞は機能、具体的にはフォーカス（焦点）、モード、相を表わします。

「料理する」
magluto = mag-（接辞）+ luto（語根）
lutuin = luto（語根）+ -in（接辞）
ipagluto = ipag-（接辞）+ luto（語根）

「買う」
bumili = bili（語根）+ -um-（接辞）
bilhin = bili（語根）+ -in（接辞）
bilhan = bili（語根）+ -an（接辞）

　「料理する」を意味する動詞は、語根はどれも luto ですが、接辞が違います。「買う」を意味する動詞も、語根はすべて bili ですが、接辞が違います。この接辞の違いがフォーカス（焦点）・モード・相の違いを表わしています。

1）フォーカス（焦点）
　接辞が表わす機能で最も重要なものです。動詞文において、フォーカスがどの補語を主語にするかを決定するからです。フォーカスには、次の種類があります。

行為者フォーカス：行為者補語に焦点を当て主語にする
目的フォーカス：　目的補語に焦点を当て主語にする
方向フォーカス：　方向補語に焦点を当て主語にする
場所フォーカス：　場所補語に焦点を当て主語にする
恩恵フォーカス：　恩恵補語に焦点を当て主語にする
道具フォーカス：　道具補語に焦点を当て主語にする
理由フォーカス：　理由補語に焦点を当て主語にする
話題フォーカス：　話題補語に焦点を当て主語にする

　前述の「料理する」を意味する動詞の場合、magluto の mag- は行為者フォーカス、lutuin の -in は目的フォーカス、ipagluto の ipag- は恩恵フォーカスを表わしています。これらフォーカスの違う3つの動詞を使って「（私たちは）パンシットを来客のために料理しましょう」を表わすと次のようになります。

150

① Magluto　　 tayo　　　 ng pansit　 para sa mga bisita.
　　　　主語＝行為者補語　　目的補語　　　　恩恵補語

② Lutuin　 natin　　 ang pansit　 para sa mga bisita.
　　　　行為者補語　主語＝目的補語　　　恩恵補語

③ Ipagluto　　natin　　 ng pansit　 ang mga bisita.
　　　　行為者補語　　目的補語　　主語＝恩恵補語

　フィリピノ語ではこのように意味は同じでもフォーカスが違う動詞を使って、主語が異なる動詞文を作ることができます。それぞれの動詞文における主語は、**話し手が焦点を当て、話題にしたい補語**です。話し手は、①では行為をする人、②では行為の対象、③では行為の恩恵を受ける人に焦点を当て話題にしています。

2）モード
　モードは行為の種類を特定します。次のように３つあります。モードについては30課で詳しく扱います。

中立モード：中立的な行為を表わします。
状況モード：能力・偶然・経験といった要素を伴う行為を表わします。「〜ができます」「たまたま〜します」「〜したことがあります」という意味で使われます。
参加モード：他者に働きかけて一緒に行う行為を表わします。「一緒に〜します」という意味で使われます。

3）相
　英語は行為の時間的位置関係を時制で表わしますが、フィリピノ語は相で表わします。相には**完了相・継続相・未然相があり、活用していない形が不定相**です。動詞は相にしたがって活用しますが、活用の仕方は接辞によって異なります。

完了相：行為がすでに始まり、完了しています。「〜しました」の意味です。
継続相：行為が始まってはいますが、まだ完了していません。「〜しています／〜していました」の意味です。
未然相：まだ行為は始まっていません。「（これから）〜します」の意味です。

下の表はmagluto, lutuin, ipaglutoの完了相、継続相、未然相を示しています。接辞によって活用の仕方が異なることに留意しましょう。

不定相	magluto	lutuin	ipagluto
完了相	nagluto	niluto	ipinagluto
継続相	nagluluto	niluluto	ipinapagluto/ipinagluluto
未然相	magluluto	lulutuin	ipapagluto/ipagluluto

3　行為者フォーカス動詞と非行為者フォーカス動詞

　フィリピノ語の動詞は接辞mag-を伴っていればmag-動詞、接辞-inを伴っていれば-in動詞と呼びます。ただこれだけでは、mag-動詞や-in動詞を使って動詞文をつくるとき、どの補語が主語になるのかはっきりしません。このため、フォーカスを使った名称も使われます。この場合、行為者フォーカスの接辞を持つ動詞を**行為者フォーカス動詞**、行為者フォーカス以外の接辞を持つ動詞を一括して**非行為者フォーカス動詞**と呼びます。非行為者フォーカス動詞は、具体的には目的フォーカスの接辞を持つ目的フォーカス動詞、方向フォーカスの接辞を持つ方向フォーカス動詞などです。

行為者フォーカス動詞	
mag-動詞, -um-動詞, mang-動詞, m-動詞, ma-動詞, ma- -an動詞, maka-動詞, maki-動詞	
非行為者フォーカス動詞	
目的フォーカス動詞	i-動詞, -in動詞, -an動詞, ipag-動詞, pag- -an動詞, ma-動詞, ma- -an動詞
方向フォーカス動詞	-an動詞, pag- -an動詞, -in動詞, ka- -an動詞
場所フォーカス動詞	-an動詞, pag- -an動詞
恩恵フォーカス動詞	i-動詞, -an動詞, ipag-動詞
道具フォーカス動詞	ipang-動詞, i-動詞
理由フォーカス動詞	ika-動詞
話題フォーカス動詞	pag- -an動詞, i-動詞

4　magingを使って「〜になります」を表わす

　フィリピノ語の動詞の中で〈接辞 ＋ 語根/語幹〉で形成されていない唯一の動詞が、「〜になります」を表わすmagingです。magingの活用ですが、完了相と継続相では、magingのmがnになります。さらに継続相と未然相では、第2音節の最初の子音と母音が重複します。**magingの後には、必ず名詞（句）か形容詞がきます。**

maging動詞の活用	
不定相	maging
完了相	naging
継続相	nagiging
未然相	magiging

Sino kaya ang magiging kasunod na presidente?　　誰が次期大統領になるでしょうか？

Nagiging kalbo na ba ang mga bundok sa Pilipinas?
　　　　　　　　　　　　フィリピンの山々ははげてきていますか？

5　序数詞

　フィリピノ語の序数詞は、「第1」を表わすuna以外は基数詞に序数詞を形成する接辞ika-、あるいはpang-が添加されて形成されています。ika-が添加された序数詞は、日付を表わす表現（⇒13課）として学びました。

　pang-が添加された序数詞は、pang-のngが基数詞の最初の音次第でmやnになったり、ngのままだったりします。ただし、「第2」「第3」を表わすpangalawa, pangatloは不規則です。

	ika-を使った序数詞	pang-を使った序数詞
第1	una	una
第2	ikalawa	pangalawa
第3	ikatlo	pangatlo
第4	ikaapat	pang-apat
第5	ikalima	panlima
第6	ikaanim	pang-anim
第7	ikapito	pampito
第8	ikawalo	pangwalo
第9	ikasiyam	pansiyam
第10	ikasampu	pansampu

1. カッコ内に適切な序数詞を入れて文を完成させましょう。必要に応じて、リンカーを補って下さい。

    1) (　　) si Aida sa interbyu.　　　　　　　　（3番目）
    2) (　　) kami sa pila.　　　　　　　　　　　（5番目）
    3) (　　) anak ba nina Aling Polen si Letty?　（2番目）
    4) (　　) bakasyon ko na ito sa Cebu.　　　　（4回目）
    5) (　　) pangulo si Rodrigo Duterte sa Panahon ng Republika ng Pilipinas.
    　　　　　　　　　　　　　　　　　　　　　　（12番目）

2. カッコ内に適切な相の maging 動詞を入れて文を完成させましょう。

    1) (　　) abogado na ang anak nila noong isang taon.
    2) (　　) malinis ang lugar namin ngayon.
    3) Bakit (　　) politiko si Leni noon?
    4) Mabuti at (　　) mabait sila sa amin ngayon.
    5) (　　) piyesta opisyal daw samakalawa.

3. 下線部がどの種類の補語であるか答えましょう。

    1) Dumating ang mga Amerikano.
    2) Tumakas si Quezon sa Amerika.
    3) Nagtayo ang mga Hapon ng ibang pamahalaan.
    4) Sinakop ng mga Hapon ang Pilipinas.
    5) Sinundan ito ng Panahon ng Komonwelt.
    6) Lumaban ang mga sundalo para sa bansa natin.

第16課 2人の大統領

コラム3　紙幣に登場する大統領

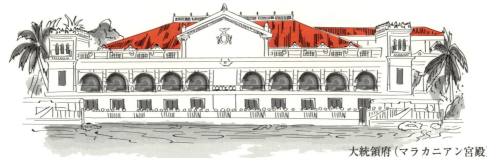

大統領府（マラカニアン宮殿）

　現在フィリピンで使われている紙幣は、2010年に発行された6種類です。このうち5種類の紙幣の表には、歴代の大統領が描かれています。20ペソ紙幣のケソン大統領、50ペソ紙幣のオスメーニャ大統領、100ペソ紙幣のロハス大統領、200ペソ紙幣のマカパガル大統領、500ペソ紙幣のコラソン・アキノ大統領です。なお、500ペソ紙幣にはアキノ大統領の夫で、1983年に暗殺されたベニグノ・アキノ氏も描かれています。

　ケソン大統領は、1935年に発足したフィリピン独立準備政府の初代大統領です。タガログ語を基盤とするピリピノ語を国語とすると定めたことから、「国語の父」と呼ばれています。1942年1月に日本軍がマニラに侵攻するとアメリカに亡命しましたが、1944年に死去しました。ケソン大統領の後を継いだのが、やはりアメリカに亡命していたセブ出身のオスメーニャ副大統領です。オスメーニャ大統領は、1944年10月に、マッカーサー将軍らと一緒にフィリピン中部のレイテ島に戻り、独立準備政府を復活させました。

　第2次大戦が終わり、フィリピンは1946年7月4日に独立、フィリピン共和国が誕生しました。初代大統領に選ばれたロハス氏は、自由党の創立者としても知られています。ロハス氏の孫のマー・ロハス氏は2016年の大統領選で自由党の公認候補として立候補しましたが、ドゥテルテ氏に敗れました。

　200ペソ紙幣のマカパガル大統領は、2001年から2010年まで大統領を務めたグロリア・マカパガル-アロヨ大統領の父親です。独立記念日を7月4日から1898年にアギナルド将軍が独立を宣言した6月12日に改めています。

　マカパガル父・娘に加えて、母・息子で大統領を務めたのがアキノ氏です。母親のコラソン・アキノ氏が、マルコス政権崩壊後の1986年から1992年まで、息子のノイノイ・アキノ氏が2010年から2016年まで大統領を務めました。

　紙幣には描かれていませんが、日本との関係が深かった大統領としては、日本軍政下に樹立された第2共和国のラウレル大統領、急逝したロハス大統領の後を継いだキリノ大統領がいます。ラウレル大統領は、日本の敗戦が濃くなる中で日本に亡命し、終戦直後に第2共和国の解散を宣言しました。一方、キリノ大統領は、戦争中に自身の妻と子供3人を日本軍に殺されましたが、1953年にマニラ近郊にあるモンテンルパ刑務所に収容されていた日本人戦犯105人を恩赦により釈放しました。キリノ大統領のこの行いは、1956年の日比国交正常化に大きく寄与し、2016年には東京の日比谷公園内にキリノ大統領の顕彰碑が建てられました。

第17課　祭り

　フィリピンは祭りの多い国です。宗教色の強い祭りと宗教色のない祭りがあります。祭りの日にはごちそうを用意し、親戚や友人を招待します。 Download ◀))

Miho: 　Napakasaya naman dito sa inyo!

Claire: 　Ganyan talaga rito kung malapit na ang piyesta.

Abby: 　Tingnan mo, nagsasabit ang mga kabataan ng mga banderitas sa poste.

Claire: 　Bukod diyan, nagtatayo rin sila ng arko roon sa kanto.

Miho: 　Ah, nagdedekorasyon pala sila ng kalye!

Claire: 　Oo. Bising-bisi ang lahat ng tao para sa piyesta sa Linggo.
　　　　Tayo na sa loob ng bahay!

Abby: 　Miho, magpahinga ka muna at dito ka magtanghalian, ha?
　　　　Okay lang ba na maghintay ka nang sandali?

Miho: 　Walang problema.
　　　　Huwag kayong mag-alala.

Claire: 　Sandali lang, ha?
　　　　Maglilinis at mag-aayos kami ni Abby ng bahay.
　　　　Nasa kusina sina *Mommy* at Tita Flora.
　　　　Nagluluto sila ng maraming putahe, e.

Abby: 　May mga bisitang balikbayan kaya naghahanda sila ng maraming pagkain.
　　　　Huwag kang mawawala sa Linggo, ha?

napakasaya	とても楽しい	huwag	〜しないように
nagsasabit	継 吊るしている (magsabit)	mag-alala	不 心配する
kabataan	子供たち、若者たち	maglilinis	未 掃除する (maglinis)
banderitas	小旗	mag-aayos	未 整理整頓する (mag-ayos)
poste	柱	putahe	（料理の）品
arko	アーチ	naghahanda	継 準備している (maghanda)
nagdedekorasyon	継 飾っている (magdekorasyon)	mawawala	未 いなくなる (mawala)
maghintay	不 待つ		

頻出表現

1. bukod sa 〜　　　　　　　　　〜の他に、〜に加えて

Bukod diyan, nagtatayo rin sila ng arko roon sa kanto.
　　　　　そのことの他に、彼らはアーチもコーナーに立てています。

Bukod sa kanyang kagandahan, matalino rin ang *Miss Philippines*.
　　　　　ミスフィリピンは美しさに加えて聡明です。

156

第**17**課　祭り

2. Okay lang ba na ～ ?　　　　　　　～は大丈夫ですか？、～はよいですか？

Okay lang ba na maghintay ka nang sandali?　ちょっと待つのは大丈夫ですか？

Okay lang ba na magkape tayo mamaya?　後でコーヒーを飲むのはよいですか？

1　行為者フォーカス動詞のmag-動詞

　mag-動詞は、最もよく使われる行為者フォーカス動詞のひとつです。mag-動詞が述語の位置にくる基本文①の動詞文では、各種補語は次のように表わされます。

行為者補語	「～は」「～が」	ang句
目的補語	「～を」	ng句、sa句
方向補語	「～に、～へ」	sa句、ng句
場所補語	「～で、～から」	sa句
恩恵補語	「～のために」	para sa句
道具補語	「～で、～を使って」	sa pamamagitan ng句、ng句
理由補語	「～の理由で、～が原因で」	dahil sa句
話題補語	「～について、～に関して」	tungkol sa句

　mag-動詞が他動詞である場合、述語にはng句やsa句で表わされる目的補語が必ずあります。**目的補語が特定の人物や人称代名詞の場合は、必ずsa形になります。**一方、mag-動詞が自動詞である場合、述語に目的補語はありませんが、おおかたの場合、sa句で表わされる方向補語や場所補語などがあります。

Nagsasabit　ang mga kabataan　ng mga banderitas　sa poste.
　　　　　　行為者補語　　　　　目的補語　　　　方向補語
　　　　　　　　　　　　　　　　　　　　若者たちは小旗を柱に取りつけています。

Nag-imbita　si Celina　sa amin　sa kanyang bahay.
　　　　　行為者補語　目的補語　　方向補語
　　　　　　　　　　　　　　セリーナは私たちを彼女の家に招待しました。

Nagtatayo　sila　ng arko　roon sa kanto,
　　　　行為者補語　目的補語　　場所補語
　　　　　　　　　　　　彼らはアーチをあそこのコーナーに立てています。

Nagluto　ang nanay　ng suman　para sa mga bata.
　　　　行為者補語　目的補語　　恩恵補語
　　　　　　　　　　　母親は子供たちのためにスーマンを作りました。

Naghahanda　sila　ng maraming pagkain　dahil sa piyesta.
　　　　　行為者補語　　目的補語　　　　理由補語
　　　　　　　　　祭りなので彼らはたくさんの食べ物を用意しています。

Nag-*email*　si Alma　kay Tony　sa pamamagitan ng bago niyang *cellphone*.
　　　　行為者補語　方向補語　　　　道具補語
　　　　　　　アルマはトニーに新しい携帯電話を使ってメールを送りました。

157

基本文②の動詞文では各種補語は基本文①と同じように表わされます。一方、基本文③では、行為者は特定されていないため、**主語となる補語は標識辞を伴わない名詞句で表されます**（⇒7課）。

<u>Ang mga kabataan</u> ang nagsasabit　<u>ng banderitas</u>　<u>sa poste.</u>
　　　行為者補語　　　　　　　　　　　　目的補語　　　　方向補語
　　　　　　　　　　　　　　　　　　若者たちが小旗を柱に取りつけています。

<u>Si Celina</u>　ang nag-imbita　<u>sa amin</u>　<u>sa kanyang bahay.</u>
　行為者補語　　　　　　　　　　目的補語　　　方向補語
　　　　　　　　　　　　セリーナが私たちを彼女の家に招待しました。

<u>Sila</u>　　　ang nagtatayo　<u>ng arko</u>　<u>doon sa kanto.</u>
　行為者補語　　　　　　　　　目的補語　　場所補語
　　　　　　　　　　　彼らがアーチをあそこのコーナーに立てています。

<u>Ang nanay</u>　ang nagluto　<u>ng suman</u>　<u>para sa mga bata.</u>
　行為者補語　　　　　　　　目的補語　　　恩恵補語
　　　　　　　　　　母親が子供たちのためにスーマンを作りました。

<u>Sila</u>　　　ang naghahanda　<u>ng maraming pagkain</u>　<u>dahil sa piyesta.</u>
　行為者補語　　　　　　　　　目的補語　　　　　　　　理由補語
　　　　　　　　　祭りなので彼らがたくさんの食べ物を用意しています。

<u>Mga bata</u>　ang nagbigay　<u>ng bulaklak</u>　<u>sa titser.</u>
　行為者補語　　　　　　　　目的補語　　　方向補語
　　　　　　　　　　　　　　　子供たちが花を先生にあげました。

<u>Mga evacuee</u> ang nagtutulungan　<u>sa *evacuation center*.</u>
　行為者補語　　　　　　　　　　　場所補語
　　　　　　　　　　避難民たちが避難センターで助け合っています。

2　mag-動詞の活用

フィリピノ語の動詞は相にしたがって活用します。下の表は、語根が子音の声門閉鎖音で始まるmag-動詞と、声門閉鎖音以外の子音で始まるmag-動詞の活用です。語根にある（・）は音節の区切りを表わします。

	母音文字で始まる語根 （第1音節がcv）	子音で始まる語根 （第1音節がcv）	2連続の子音で始まる語根 （第1音節がccv）
語根	a・lok ［ʔa・lok］ cv・cvc	ta・yo cv・cvc	pri・to ccv・cv
不定相	mag-alok　申し出る	magtayo　建てる	magprito　揚げる
完了相	nag-alok	nagtayo	nagprito
継続相	nag-aalok	nagtatayo	nagpiprito
未然相	mag-aalok	magtatayo	magpiprito

① 声門閉鎖音 [ʔ] で始まる語根は、声門閉鎖音がアルファベット文字で表記されないため、本書では母音文字で始まる語根として記載しています。接辞mag-やnag-と語根の間にある（-）は、この声門閉鎖音を表わしています。

② 接辞mag-は、完了・継続相ではnag-になります。

③ 継続・未然相では語根の重複が生じます。重複するのは語根の第1音節の最初の子音と母音です。語根が声門閉鎖音で始まる場合（母音文字で始まる場合）、声門閉鎖音と母音が重複していますが、一見、母音だけが重複しているように見えます。

④ 連続した子音文字で始まる語根では、通常2番目の子音は重複しません。

3　mag-動詞の分類

mag-動詞は、自動詞と比べ他動詞が圧倒的に多く、名詞が語根となっている動詞が多いことが特徴です。自動詞のmag-動詞には、「お互いに〜します」「一斉に〜します」といった相互動作や一斉動作を表わしたりするものもあります。mag-動詞をその特徴にしたがって分類すると次のようになります。

1) 他動詞：ng句やsa句で表わされる目的補語を伴います。

mag-aral	勉強する	magdala	持って行く／来る
magturo	教える	magmahal	愛する
magtapon	捨てる	maglaro	遊ぶ、プレーする
mag-ipon	集める	magtinda	売る

Huwag kayong magtapon ng basura rito.　　ここにゴミを捨てないように。
Nag-aaral si Josie ng math.　　ジョシーは数学を勉強しています。
Nagmamahal ako kay Annie.　　私はアニーを愛しています。

2) 自動詞

① sa句で表わされる方向補語や場所補語を伴う

magpunta	行く	magsimba	教会に行く
magtago	隠れる	mag-ingat	気をつける
maglakad	歩く		

Nagpunta kami sa Calamba.　　私たちはカランバに行きました。
Nagtago ang mga bata sa ilalim ng mesa.　　子供たちは机の下に隠れました。
Nagsisimba sila sa Quiapo.　　彼らはキアポで教会に行っています。

② 感情を表わす

mag-alala	心配する		magtaka	驚く
magdamdam	心が痛む		magtampo	すねる

Nagtataka ako sa ugali ng mga taong iyon.　　あの人たちの習慣に驚いています。
Huwag kang magtampo.　　　　　　　　　　すねないで。

③ 「お互いに〜する」「一斉に〜する」といった相互動作や一斉動作を表わす：この動詞が
　　述語にくるとき、**主語は必ず複数形になります。**

mag-away	喧嘩する		maghiwalay	別れる
magkamay	握手する		maglaban	戦う
magkita	会う		mag-usap	話し合う

　Nagkita kami ni Annie sa palengke.　　　　私とアニーは市場で会いました。
　Bakit sila nag-aaway?　　　　　　　　　　彼らはなぜ喧嘩しているのですか？

④ 形容詞や形容詞の語根が語根：語根は（　）内に示されています。

magbago（bago）	変わる		magmadali（madali）	急ぐ
magsawa（sawa）	飽きる		magmalaki（malaki）	自慢する

Huwag ka sanang magbago.　　　　　　　　あなたが変わらないといいのに。
Nagmamadali ako dahil *late* na ako.　　　　遅れているので急いでいます。

3）名詞が語根であり、語根によって他動詞であったり、自動詞であったりする：語根が示す
　　行為や状況を表わします。

① 旅行や旅行先、休暇に関する名詞が語根

magbiyahe	旅行する		magPasko	クリスマスを過ごす
magbakasyon	休暇を過ごす		magBagong-Taon	新年を迎える

Nagbiyahe ang pamilya ni Lito sa Davao.　リトの家族はダバオに旅行しました。
MagpaPasko ba kayo sa probinsya?　　　　故郷でクリスマスを過ごしますか？

② 食物や飲物を表わす名詞が語根

第**17**課　祭り

magbir/magserbesa	ビールを飲む	magpansit	パンシットを作る
magkape	コーヒーを飲む	mag-adobo	アドボを作る
mag*coke*	コーラを飲む	magsinangag	炒めご飯を作る

Magkape muna tayo. 　　　　　　　　とりあえずコーヒーを飲みましょう。

Nagpansit si Tina noong *birthday* niya. 　ティナは誕生日にパンシットを作りました。

③ 身に装着する物を表す名詞が語根

magpalda	スカートをはく	magrelo	時計をつける
magbarong-Tagalog	バロンタガログを着る	magsapatos	靴を履く
maghikaw	イヤリングをつける	magsombrero	帽子をかぶる

Nagpalda ka ba kahapon? 　　　　　　昨日あなたはスカートをはきましたか？

Nagsapatos sina Jean sa palabas. 　　　ジーンたちはショーで靴を履いた。

④ 手段や道具を表わす名詞が語根

magsipilyo	歯ブラシで歯をみがく	magkutsara	スプーンで食べる
magsuklay	くしで髪をとかす	maglampaso	モップで拭く
magtinidor	フォークで食べる	magbunot	ココヤシの殻で研く

Nagsipilyo ka na ba? 　　　　　　　　もう歯をみがきましたか？

Maglalampaso ba si Tessie ng sahig? 　テッシーはモップで床を拭きますか？

⑤ スポーツや娯楽を表す名詞が語根

mag*tennis*	テニスをする	magmadyong	麻雀をする
mag*judo*	柔道をする	mag*casino*	カジノで賭け事をする

Hindi nag*tennis* sina Leo kanina. 　　　レオたちはさっきテニスをしませんでした。

Nag*casino* ang mga turista sa *hotel* na iyon.

　　　　　　　　　　　　　　　　旅行者たちはあのホテルのカジノで賭け事をしました。

⑥ 言語を表わす名詞が語根

magFilipino	フィリピノ語を話す	mag-Ingles	英語を話す
magCebuano	セブアノ語を話す	magHapon	日本語を話す

MagFilipino tayo rito! ここではフィリピノ語を話しましょう。

Hindi ka pala naghaHapon. 君は日本語を話さないのですね。

⑦ 乗り物を表わす名詞が語根

magbus	バスで行く	magtaksi	タクシーで行く
magdyipni	ジプニーで行く	magbarko	船で行く
magtraysikel	トライシクルで行く	mag-eroplano	飛行機で行く

Magtraysikel tayo hanggang sa palengke. 市場までトライシクルで行きましょう。

Magbabarko si Tony papunta sa Iloilo. トニーはイロイロまで船で行きます。

⑧ 職業を表わす名詞が語根

magdoktor	医者になる勉強をする	mag-abogado	弁護士になる勉強をする
mag*volunteer*	ボランティアをする	mag-artista	俳優になる

Magdodoktor daw ang anak ni Helen. ヘレンの娘は医者になる勉強をするそうです。

Bakit hindi nag-artista si Jay? ジェイはなぜ俳優にならなかったのですか？

⑨ 時や季節を表わす名詞が語根：通常は主語がない文で使われます。

magtag-araw	乾季になる	magLunes	月曜日になる
magtag-ulan	雨期になる	magPebrero	2月になる

Magtatag-ulan na! もう雨季になります。

MagpePebrero na! もう2月になります。

⑩ 外来語である名詞が語根

mag-*exercise*	運動する	mag-*onsen*	温泉に入る
mag-*obento*	お弁当を持参する	mag-*email*	メールをする

Mag-*exercise* tayo mamaya. 後で運動しましょう。

Nag-*email* ka na ba kay Danny? ダニーにもうメールをしましたか？

第**17**課 祭り

練習問題

1. 以下の語根から mag- 動詞の不定相を作り、完了・継続・未然相の順に活用させましょう。

   1) ayos
   2) ingat
   3) trabaho
   4) hiwalay
   5) barko

2. カッコ内を適切な相の mag- 動詞に変えて文を完成させましょう。

   1) (simula) ang miting natin mamaya.
   2) (sipilyo) ka na ba?
   3) (laba) si Emily tuwing Sabado.
   4) (kita) kami ng pinsan ko samakalawa.
   5) Anong oras kayo (simba) kahapon?
   6) (Filipino) tayo sa loob ng *classroom*!
   7) Hindi (hintay) sina Mario sa amin kagabi.
   8) (bus) ang tatay ko uma-umaga.
   9) (linis) ang katulong nila ng mga kuwarto bukas.
   10) (dala) ako ng regalo sa lola ko kanina.

3. フィリピノ語にしましょう。

   1) どうして君は急いでいますか？
   2) 昨日子供たちは外で遊びませんでした。
   3) ジュン (Jun) は母親に花をあげました。
   4) ノルマおばさんは今、夕食を用意しています。
   5) あなたたちは明日何時にテニスをしますか？
   6) 私たち (排) は後でフィリピノ語を勉強します。
   7) 君の家族は君のことを心配しています。
   8) 彼女は小学校で英語を教えています。
   9) さっき私とアビーは喧嘩しました。
   10) あなたは毎日料理をしますか？

第18課　聖週間

　「枝の主日」と呼ばれる日曜日から復活祭の前日までの1週間は聖週間と呼ばれ、さまざまな宗教行事が行われます。ルソン島中部のパンパンガ州は宗教行事で有名です。　Download◀))

Miho： Claire, ano ang ginawa mo noong Mahal na Araw?

Claire： Sumama ako kay Kuya Ryan sa Pampanga.

　　　　Dumalaw kami sa kaibigan niyang si Cris na tagaroon.

Miho： Pampanga? Hindi ba kilala ang Pampanga sa senakulo at penitensya?

Claire： Iyon na nga.

　　　　Nanood kami ng penitensya sa kalye.

　　　　Kawawa naman ang mga taong nagpapalo sa sarili nila.

　　　　Talagang dumudugo ang mga likod nila.

Miho： May pabasa rin ba roon?

Claire： Mayroon nga, doon sa kapitbahay nila, kaya sumali kami ng nanay ni Cris.

Miho： Marunong ka bang bumasa ng pasyon?

Claire： Hindi nga, kaya tumigil ako pagkatapos ng isang oras.

　　　　Naghanda sila ng hapunan, kaya kumain na lang kaming lahat.

　　　　Mahusay bumasa ng pasyon ang nanay ni Cris!

Miho： Kailan kayo bumalik sa Maynila?

Claire： Noong Lunes lang.

　　　　Eto, bumili ako ng pasalubong para sa iyo.

Mahal na Araw	聖週間	dumudugo	継 出血している (dumugo)
sumama	完 同行した (sumama)	pabasa	パバサ (パションの詠唱)
dumalaw	完 訪れた (dumalaw)	sumali	完 参加した (sumali)
tagaroon	その土地出身	marunong	知っている、できる
senakulo	シナクロ (イエスの受難劇)	bumasa	不 読む
penitensya	ペニテンシャ (悔い改め)	pasyon	パション (イエス受難の叙事詩)
nanood	完 見た (manood)	tumigil	完 止めた (tumigil)
kawawa	かわいそうな	kumain	完 食べた (kumain)
nagpapalo	継 叩いている (magpalo)	mahusay	上手である
sarili	自身	bumalik	完 戻った (bumalik)

164

第**18**課　聖週間

頻出表現

1.　kilala sa 〜　　　　　　　　　　　〜で知られています。

　　Hindi ba kilala ang Pampanga sa senakulo at penitensya?

　　　　　　　　パンパンガ州はシナクロとペニテンシャで知られていませんか？

　　Kilala sa puti at pinong buhangin ang Boracay.

　　　　　　　　ボラカイは白くて細かい砂で知られています。

2.　Iyon na nga.　　　　　　　　　　その通りです。

1　行為者フォーカス動詞の-um-動詞

　-um-動詞は接辞-um-を伴う動詞で、行為者フォーカス動詞です。**-um-は接中辞ですから、語根の間、具体的には語根の最初の子音と母音の間に添加されます。**母音文字で始まっている語根の場合、接中辞ではなく、接頭辞のum-が添加されているように見えますが、母音文字で始まる語根の前には、アルファベット文字では表わされない子音の声門閉鎖音がありますので、実際には語根の最初の子音と母音の間に-um-が添加されています。

　　umalis（去る）：　　　　語根alis [ʔalis] の 声門閉鎖音 [ʔ] とaの間に-um-が添加
　　uminom（飲む）：　　　　語根inom [ʔinom] の声門閉鎖音 [ʔ] とiの間に-um-が添加
　　dumating（到着する）：　語根datingのdとaの間に-um-が添加
　　pumunta（行く）：　　　　語根puntaのpとuの間に-um-が添加

　-um-動詞はmag-動詞と並んで、行為者フォーカス動詞を代表する動詞です。-um-動詞が述語にくる基本文①の動詞文では、行為者補語はang句で表わされます。その他の補語はmag-動詞の場合と同じ形で表わされます。

Sumama　　ako　　kay Kuya Ryan　sa Pampanga.
　　　　　　行為者補語　　方向補語　　　方向補語

　　　　　　　　　　　　私はライアン兄さんについてパンパンガ州に行きました。

Dumalaw　kami　　sa kaibigan niyang si Cris.
　　　　　　行為者補語　　　　　目的補語

　　　　　　　　　　　　私たちは彼の友人のクリスを訪問しました。

Bumabasa　ng pasyon　ang nanay ni Cris.
　　　　　　目的補語　　　　行為者補語

　　　　　　　　　　　　クリスのお母さんはパションを読んでいます。

Bumili　　si Luz　　ng pasalubong　para sa iyo. ルスは君のためにお土産を買いました。
　　　　　　行為者補語　　　目的補語　　　恩恵補語

基本文②では、行為者補語は基本文①と同じang句で表わされます。一方、基本文③では行為者は特定されていないため、標識辞を伴わない名詞句で表わされます。

Ako　　ang sumama　kay Kuya Ryan　sa Pampanga.
行為者補語　　　　　　　方向補語　　　方向補語

　　　　　　　　　　私がライアン兄さんについてパンパンガ州に行きました。

Ang nanay ni Cris　ang bumabasa　ng pasyon.
　　行為者補語　　　　　　　目的補語

　　　　　　　　　　クリスのお母さんがパションを読んでいます。

Mga tutubi　ang lumilipad　sa bukid.　　トンボが野原で飛んでいます。
行為者補語　　　　　　場所補語

Mga dalagita ang sasali　sa prusisyon.　　少女たちが巡行に参加します。
行為者補語　　　　　　方向補語

2　-um-動詞の活用

　-um-動詞はmag-動詞のように相によって接辞が変わることはありませんが、**未然相では-um-がなくなります**。動詞の活用において接辞が消滅するのは-um-動詞の未然相だけです。語根にある（・）は音節の区切りを表わします。

	母音文字で始まる語根 （第1音節がcv）	子音で始まる語根 （第1音節がcv）	子音で始まる語根 （第1音節がcvc）
語根	a・lis ［ʔalis］ cv・cvc	da・ting cv・cvc	tug・tog cvc・cvc
不定相	umalis　出発する	dumating　到着する	tumugtog　演奏する
完了相	umalis	dumating	tumugtog
継続相	umaalis	dumarating	tumutugtog
未然相	aalis	darating	tutugtog

① 不定相と完了相は同じ形になりますが、これも-um-動詞だけの特徴です。
② 語根の重複はmag-動詞と同じで、継続・未然相で起こります。
③ 母音文字で始まる語根では、一見母音だけが、子音で始まる語根の場合、語根の第1音節の最初の子音と母音だけが重複します。
④ dumaratingやdaratingのようにdは母音と母音の間に挟まれるとrになる傾向がありますが（⇒5課）、必ずしもすべてのdがrになるわけではありません。dumaan「通過する」の継続相と未然相は、dumadaan, dadaanとなります。

166

第**18**課　聖週間

3　-um-動詞の分類

　mag-動詞は他動詞が多いのに比べ、-um-動詞は自動詞が比較的多いといえます。-um-動詞は次のように分類できます。

1) 他動詞：ng 句や sa 句で表わされる目的補語を伴います。

kumain	食べる	gumamit	使用する
uminom	飲む	sumulat	書く
tumulong	手伝う、助ける	humuli	捕える
gumawa	作る、する	humiram	借りる
kumuha	手に入れる、取る	kumanta	歌う

Kumakain ang mga manok ng mais.　　鶏はトウモロコシを食べています。
Gagamit sila ng pala.　　彼らはスコップを使います。
Humiram ng libro ko si Manny.　　マニーは私の本を借りました。
Tumutulong ako sa nanay ko.　　私は母を手伝っています。

2) 自動詞

① 場所の移動といった方向性のある行為を表わす：sa句、時にはng句で表わされる方向補語や場所補語を伴います。

pumunta	行く	sumakay	乗る
umuwi	家に帰る	bumaba	降りる
bumalik	戻る	pumasok	中に入る、学校などに行く
umalis	去る、出発する	lumabas	外に出る
dumating	到着する	tumayo	立つ
tumawid	渡る	umupo	座る
lumuwas	上京する	lumiko	曲がる

Pumunta tayo sa dagat sa Mindoro.　　ミンドロの海に行きましょう。
Uuwi sina Eva sa Pilipinas.　　エバたちはフィリピンに帰ります。
Hindi pa dumating ang tren sa istasyon.　　列車はまだ駅に到着していません。
Lumuwas sila ng Maynila para magtrabaho.　　彼らは働くためにマニラへ来ました。
Bababa kami sa kanto.　　私たちはコーナーで降ります。

167

② 無生物が起こす動きを表わす：行為者は無生物です。

pumutok	噴火する、爆発する	lumubog	沈む
tumulo	したたり落ちる	bumuhos	（液体などが）落ちる
pumatak	ポタポタ落ちる	umandar	（機械などが）動く

Kailan pumutok ang *Mt*. Pinatubo?　　ピナトゥボ山はいつ噴火しましたか？

Tumutulo ang tubig mula sa gripo.　　蛇口から水が漏れています。

Anong oras lumubog ang araw kanina?　太陽は何時に沈みましたか？

Hindi umaandar ang bentilador.　　　扇風機は動きません。

③ 語根が形容詞、あるいは形容詞の語根で、状態の変化を表わす：行為者は必ずしも生物
とは限りません。

語根	形容詞		-um-動詞	
taba	mataba	太っている	tumaba	太る
taas	mataas	高い	tumaas	高くなる
lakas	malakas	強い	lumakas	強くなる
payat	payat	痩せている	pumayat	痩せる
lamig	malamig	冷たい	lumamig	冷たくなる

このタイプの -um-動詞は、〈maging + 形容詞〉で書きかえることができます。

Lumakas ang apoy. = Naging malakas ang apoy.　　　　火が強くなりました。

Pumayat ang baboy niya. = Naging payat ang baboy niya.　彼の豚は痩せました。

Lumamig na ang kape. = Naging malamig na ang kape.　　コーヒーは冷めました。

④ 語根が天候や自然現象を表わす名詞である：このタイプの -um-動詞は次の19課で詳しく
扱います。

4　mag-動詞と-um-動詞

　mag-動詞と-um-動詞の語根が同じ場合、意味上の違いがある場合とほとんどない場合があ
ります。

第18課　聖週間

1）mag- 動詞では他動詞、-um- 動詞では自動詞になり意味が変わる

語根	mag-動詞（他動詞）		-um-動詞（自動詞）	
uwi	mag-uwi	家に持ち帰る	umuwi	家に帰る
baba	magbaba	下げる、降ろす	bumaba	下がる、降りる
sakay	magsakay	乗せる	sumakay	乗る
labas	maglabas	外に出す	lumabas	外に出る
taas	magtaas	上げる	tumaas	上がる

Nagtaas sila ng presyo ng mga bilihin.　　彼らは品物の値段を上げました。
Tumaas ang presyo ng mga bilihin.　　品物の値段が上がりました。

Maglalabas kami ng mga plato mula sa *shelf*.　私たちは食器棚から皿を出します。
Lalabas kami para mag*shopping*.　　　　私たちはショッピングのために出かけます。

2）mag- と -um- どちらの接辞でもほとんど意味が変わらない

mag-arkila/umarkila　　賃借りする
magbasa/bumasa　　　読む
magbilang/bumilang　　数える
magsayaw/sumayaw　　踊る

maghanap/humanap　　探す
maglakad/lumakad　　歩く
magpunta/pumunta　　行く
magsulat/sumulat　　書く

$\begin{cases} \text{Nagbabasa} \\ \text{Bumabasa} \end{cases}$ ka ba ng dyaryo araw-araw?　毎日あなたは新聞を読んでいますか？

$\begin{cases} \text{Maglalakad} \\ \text{Lalakad} \end{cases}$ daw si Carmen hanggang sa opisina.　カルメンはオフィスまで歩くそうです。

5　marunong・mahusay・magalingが動詞を修飾する

　フィリピノ語では、marunongやmahusay, magalingといった形容詞が動詞を修飾します。marunongの本来の意味は「技術を習得しています」ですが、「知っています、できます」の意味で使われます。一方、mahusay, magalingは「上手です」の意味で使われます。これらの形容詞が動詞の不定相を前から修飾すると、「～ができます」「～が上手にできます」という意味になります。形容詞と形容詞に修飾される動詞の間にはリンカーが必要ですが、ほとんどの場合、naは省略されます。

169

1) 主語が〈ang + 普通名詞〉、〈si/sina + 人名〉の場合：marunong, mahusay, magaling が子音で終わっているためリンカーの na は省略されます。

Marunong lumangoy sina Jun.　　　　　ジュンたちは泳げます。
Mahusay bumasa ng pasyon ang nanay ni Cris.
　　　　　　　　　　　　　　　　　　クリスのお母さんはパシオンを上手に読めます。
Magaling magsalita ng wikang Hapon si Lilia.　リリアは日本語を上手に話します。

これらの文を疑問文にするとき、baは形容詞のすぐ後に来ます。baは母音で終わっていますので、リンカーの-ngが現れ、bangとなります。

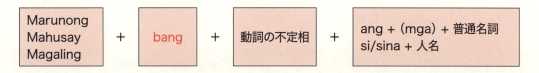

Marunong bang lumangoy sina Jun?　　　ジュンたちは泳げますか？
Mahusay bang bumasa ng pasyon ang nanay ni Cris?
　　　　　　　　　　　　　　　　　　クリスのお母さんはパシオンを上手に読めますか？
Magaling bang magsalita ng wikang Hapon si Lilia?
　　　　　　　　　　　　　　　　　　リリアは日本語を上手に話しますか？

2) 主語が人称代名詞の場合：人称代名詞が形容詞のすぐ後に来るため、リンカーは人称代名詞に移動し -ng になります。この -ng は省略されません。

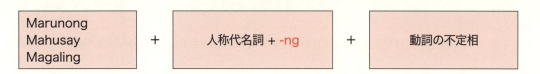

Marunong silang lumangoy.　　　　　　彼らは泳げます。
Mahusay siyang bumasa ng pasyon.　　　彼女はパシオンを上手に読めます。
Magaling siyang magsalita ng wikang Hapon.　彼女は日本語を上手に話します。
Mahusay kang magluto.　　　　　　　　あなたは料理が上手です。

第18課 聖週間

主語がka以外の人称代名詞である文を疑問文にするときは、baは形容詞のすぐ後にきます。ただしリンカーは人称代名詞に移動しますので、bangとはなりません。

Marunong ba silang lumangoy?	彼らは泳げますか？
Mahusay ba siyang bumasa ng pasyon?	彼女はパションを上手に読めますか？
Magaling ba siyang magsalita ng wikang Hapon?	彼女は日本語を上手に話しますか？

主語がkaの場合、以下のような語順になります。

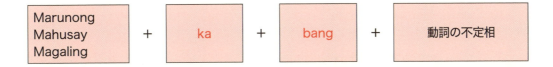

Marunong ka bang maggitara?	あなたはギターが弾けますか？
Mahusay ka bang magluto?	あなたは料理が上手ですか？
Magaling ka bang magtinikling?	あなたはティニクリンを上手に踊れますか？

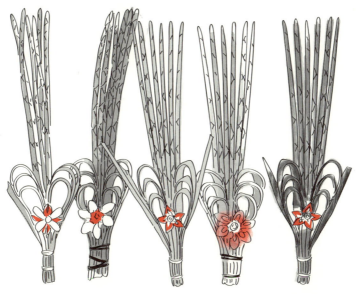

「枝の主日」に教会に持っていくパラスパスと呼ばれる枝葉

練習問題

1. 以下の語根から -um- 動詞の不定相を作り、完了・継続・未然相の順に活用させましょう。

   1) upo
   2) lubog
   3) arkila
   4) kuha
   5) buhos

2. カッコ内を適切な相の -um- 動詞に変えて文を完成させましょう。

   1) Saan ka (punta) sa Sabado?
   2) (kain) ang mga bata ng miryenda tuwing alas tres.
   3) Anong oras ka (alis) ng opisina kahapon?
   4) Hindi raw sila (inom) ng alak mamayang gabi.
   5) (sakay) ka ba ng bus araw-araw?
   6) (ganda) na ang panahon!
   7) (uwi) ba ang batang ito mamaya?
   8) Hindi (andar) ang kotse ngayon dahil sira ang makina.
   9) (kanan) ka sa kanto!
   10) Anong araw (dating) ang lolo ninyo noong isang linggo?

3. 適切な動詞を選びましょう。

   1) (Mag-akyat, Umakyat) tayo sa *Mt.* Banahaw sa Linggo.
   2) (Nagsasakay, Sumasakay) ang drayber ng mga pasahero sa dyipni.
   3) (Naglabas, Lumabas) siya ng kendi.
   4) (Nagtataas, Tumataas) ang presyo ng gasolina ngayon.
   5) (Magbaba, Bumaba) ka ng mga plato.

4. フィリピノ語にしましょう。

   1) あなたのいとこは歌が上手です。
   2) 彼女たちはティニクリンを踊るのが上手です。
   3) ライアンは泳げますか？
   4) 彼はギターが弾けますか？
   5) あなたたちはフィリピノ語を話すのが上手ですか？

第18課　聖週間

語彙力・表現力アップ

● よく使われる mag- 動詞

mag-alaga	世話をする	magmaneho	運転する
magreklamo	文句を言う	magpraktis	練習する
magtanong	質問する	mag-imbita	招待する
magsinungaling	嘘をつく	mag-isip	考える
magtiis	我慢する	magbuhat	運ぶ
magbayad	支払う	maghagis	投げる
magbantay	見張る	magsabay	一緒に～する
magbihis	身支度する	maghilamos	顔を洗う
maghubad	脱ぐ	magduda	疑う
magdasal	祈る	magplano	計画を立てる
magpakilala	自己紹介する	magbigay	与える
magsabi	言う	magklase	授業をする
magpalit	交換する	magsimula	始まる、始める
magbalita	知らせる	magtalo	議論し合う
magrekomenda	推薦する	magtsismis	噂をし合う
magsauli	返却する	magtanan	駆け落ちする

● よく使われる -um- 動詞

kumaliwa	左に曲がる	sumundo	迎えに行く/来る
kumanan	右に曲がる	sumuntok	(拳骨で)殴る
lumapit	近づく	tumalon	ジャンプする
lumayo	離れる	tumanggi	断る
gumising	目が覚める	humiga	横たわる
humawak	握る、つかむ	dumapa	うつ伏せになる
sumakit	痛む	sumuko	降参する
umiyak	泣く	lumipat	引っ越す
humabol	追いかける	lumipad	飛ぶ
tumawa	笑う	pumatay	殺す
kumita	稼ぐ	humarap	直面する
humingi	請う	tumalikod	背を向ける
tumanggap	受け取る	lumingon	振り向く
sumagot	答える	tumawad	値切る
sumipot	現れる	pumayag	同意する
tumakbo	走る	tumawag	呼ぶ、電話する

173

第**19**課　台風の接近

　　フィリピンの台風警報は警報１から４までありますが、４が出ることはまれです。警報２が出た地域では小学校と高校の授業は中止、警報３になると大学の授業もなくなります。

Download ◀))

Cris： Maliwanag kanina, pero dumidilim na nang husto, a.
　　　 Bubuhos na yata ang ulan!

Ryan： Oo nga! May bagyo raw, sabi sa radyo kanina. *Signal* 1 daw.

Cris： Umuwi na tayo.
　　　 Mababa ang lugar namin, kaya pag malakas ang ulan, bumabaha
　　　 agad sa amin, e.
　　　 Bukod diyan, laging puno ang mga sasakyan.

Ryan： Huwag ka munang lumabas kasi kumukulog at kumikidlat pa sa labas.
　　　 Delikado pa.
　　　 Balita ko, noong huling bumagyo, umapaw ang ilog na malapit sa inyo.

Cris： Oo, pero suwerte kami kasi kahit umapaw ang ilog noon, hindi umabot sa
　　　 amin ang tubig.
　　　 Kaya ngayon, bawal magtapon ng basura sa ilog.

Ryan： Mabuti naman.
　　　 Hindi na kumikidlat.
　　　 Umalis na tayo bago umulan at humangin nang malakas.

Cris： Gumanda sana ang panahon bukas.

dumidilim	継 暗くなっている (dumilim)	kumikidlat	継 稲妻が光っている(kumidlat)
husto	充分な	umapaw	完 氾濫した (umapaw)
ulan	雨	suwerte	幸運な
radyo	ラジオ	kahit	～にもかかわらず
signal	(台風)警報	umabot	完 達した (umabot)
lugar	場所	umulan	不 雨が降る
bumabaha	継 洪水になっている (bumaha)	bawal	～してはいけない
agad	すぐに	humangin	不 風が吹く
puno	混んでいる、いっぱいである	gumanda	不 良くなる、美しくなる
sasakyan	乗り物	kumukulog	継 雷が鳴っている (kumulog)

頻出表現

1.　～ nang husto　　　　　　　　　　充分に、かなり
　　Dumidilim na nang husto.　　　　かなり暗くなっています。

174

	Nag-*enjoy* kami nang husto sa Baguio.	私たちは充分にバギオで楽しみました。

2. **sabi sa 〜**　　　　　　　　　　　　　　〜によると、

Mag bagyo raw, sabi sa radyo.　　　　　ラジオによると、台風が来るそうです。

Sabi sa dyaryo, may *military operation* daw sa Jolo.

新聞によると、ホロ島で軍事作戦があったそうです。

3. **noong huling + 動詞の完了相**　　　　　この前〜したとき

Noong huling bumagyo, umapaw ang ilog.　この前台風が来たとき、川は氾濫しました。

Noong huli kaming nagkita, nagkuwentuhan kami nang tatlong oras.

この前会ったとき、私たちは3時間語り合いました。

4. **行為者フォーカス動詞の不定相 + tayo**　　〜しましょう。

Umuwi na tayo.　　　　　　　　　　　もう家に帰りましょう。

Mag-aral tayo ng Filipino.　　　　　　フィリピノ語を勉強しましょう。

5. **Baka + 動詞の不定相**　　　　　　　　〜かもしれません。

Baka gumanda agad ang panahon.　　　天気はすぐ回復するかもしれません。

Baka tumaba ako.　　　　　　　　　　私は太るかもしれません。

1 天候や自然現象を表わす-um-動詞

　-um-動詞の中には、天候や自然現象を表わす名詞を語根とする動詞があります。このタイプの-um-動詞は、**語根そのものが行為者とみなされるため、無主語の文を形成します。**主語はありませんが、通常、時や場所、頻度を表わす副詞句や小辞を伴います。

kulog「雷」：　　　Kumukulog nang malakas.　　雷が激しく鳴っています。

ambon「小雨」：　　Umaambon na.　　　　　　　小雨が降っています。

baha「洪水」：　　　Bumabaha agad sa amin.　　　私たちの所はすぐ洪水になります。

lindol「地震」：　　Lumindol kanina.　　　　　　先ほど地震がありました。

　天候や自然現象を表わす名詞は、-um-動詞だけでなく、形容詞の語根としても使われています。このタイプの形容詞も無主語の文を形成できます。

語根		形容詞		動詞	
ulan	雨	maulan	雨降りの	umulan	雨が降る
hangin	風	mahangin	風のある	humangin	風が吹く
dilim	暗闇	madilim	暗い	dumilim	暗くなる
liwanag	明るさ	maliwanag	明るい	lumiwanag	明るくなる
araw	太陽	maaraw	日の照る	umaraw	日が照る

| Madilim na. | すでに暗いです。 |
| Biglang dumilim. | 突然暗くなりました。 |

| Maulan ngayong araw. | 今日は雨降りです。 |
| Umuulan ngayong araw. | 今日は雨が降っています。 |

| Maaraw sana bukas. | 明日晴れだとよいのですが。 |
| Umaraw sana bukas. | 明日晴れるとよいのですが。 |

2 magka-動詞とmagkaroon

〈magka- ＋ 語根〉で形成されているmagka-動詞は、語根が示す物をたまたま所有することになったり、語根が示す状態になったりすることを表わす行為者フォーカス動詞です。magka-動詞は、同じく行為者フォーカス動詞であるmagkaroon「たまたま～を持つようになる/かかえる」を使い〈magkaroon ＋ ng ＋ 名詞〉で置きかえることができます。この場合、**magka-動詞を形成している語根**と**magkaroon**を使った動詞文に現れる名詞は同じです。

Nagka*anak* sina Maria at Jose. = Nagkaroon ng *anak* sina Maria at Jose.
マリアとホセは子供ができました。

Baka magka*brown-out* tayo. = Baka magkaroon tayo ng *brown-out*.
私たちは停電をかかえるかもしれません。

Nagka*giyera* sila noon. = Nagkaroon sila ng *giyera* noon.
彼らは以前、戦争をかかえました。

magka-動詞 や **magkaroon**は、主語 (行為者補語) のない文も形成します。

Baka magka*brown-out*. = Baka magkaroon ng *brown-out*.
停電があるかもしれません。

Nagka*giyera* rito noon = Nagkaroon ng giyera rito noon.
以前ここで戦争がありました。

magka-動詞とmagkaroonの活用は次のようになります。共に完了相と継続相では接辞magka-のmがnになります。また、継続相と未然相では接辞の一部であるkaが重複します。

	magka-動詞	magkaroon
不定相	magkasipon 風邪をひく	magkaroon ng sipon 風邪をひく
完了相	nagkasipon	nagkaroon ng sipon
継続相	nagkakasipon	nagkakaroon ng sipon
未然相	magkakasipon	magkakaroon ng sipon

3 禁止表現

「〜してはいけない」といった禁止表現は、huwagかbawalを動詞と組み合わせて表わします。**huwagが修飾するのは動詞の不定相、あるいは未然相ですが、bawalは不定相のみを修飾**します。また、huwagが修飾している動詞が行為者フォーカス動詞の場合、huwagの後に行為者のka/kayoが必ずきますが、bawalは行為者を必要としません。

| Huwag   kang/kayong | + | 行為者フォーカス動詞の不定相/未然相 |

| Bawal | + | 行為者フォーカス動詞の不定相 |

Huwag kayong magtapon/magtatapon ng basura rito.
Bawal magtapon ng basura rito.　　　　ここにゴミを捨ててはいけません。

Huwag kang umalis/aalis ngayon.
Bawal umalis ngayon.　　　　今、立ち去ってはいけません。

4 接続詞

接続詞には等位接続詞と従属接続詞があります。等位接続詞にはat「そして」、o「または」、pero「しかし」などがあります。一方、従属接続詞には次の種類があります。

1) kung と (ka)pag

① 一般的な事実（中立的な時を表わす）の「〜とき、〜するとき」を表わします。**従属節に動詞文が現れる場合、動詞は不定相か継続相です。**

Kung/Pag Sabado, nasa bahay lang ako.　　　　　　土曜日は、私は家にいます。
Maasim ang mangga pag/kung hilaw pa.　　マンゴは熟れていないと酸っぱいです。
Kung/Pag umuulan nang malakas, bumabaha agad sa amin.
　　　　　　　　　大雨が降ると私たちの所はすぐ洪水になります。
Kung/Pag nagsasalita ng Filipino si Miho, para siyang Pilipina .
　　　　　　　美帆はフィリピノ語を話すと、フィリピン人のようです。

②「もし〜なら」という条件を表わします。**(ka)pagで始まる従属節に動詞文が現れる場合、動詞は完了相、kungの場合は未然相となります。**

Kung/Pag malakas ang hangin, baka gumanda agad ang panahon.

　　　　　　　　　　　　　　風が強いと、天気はすぐ良くなるでしょう。

Bumili ka ng bigas { kung pupunta } ka sa palengke.
　　　　　　　　　　 { pag pumunta }　 市場に行くのなら、お米を買ってきて。

{ Kung babagsak } ako sa eksam, magtatrabaho muna ako.
{ Pag bumagsak }　　 試験に落ちたら、とりあえず働きます。

{ Kung maglalaro kayo, } lumabas kayo ng bahay.　遊ぶなら、家の外に出なさい。
{ Pag naglaro kayo, }

kungに加え、**kung sakaling「万が一」もよく使われます。従属節に現れる動詞は不定相と
なります。**

Kung sakaling dumating dito ang bagyo, walang klase.

　　　　　　　　　　　万が一ここに台風がやって来たら、授業はありません。

Kung sakaling mag-asawa kayo ni Rene, masuwerte si Rene.

　　　　　　　　　　　万が一、あなたとレネが結婚したら、レネは幸せ者です。

2) nang と noong：過去における「〜したとき」を表わします。**nang で始まる従属節に動詞
　 文が現れる場合、動詞は不定相、noong の場合は完了相です。**

Mahirap ang pamilya ni Carlo nang/noong maliit pa siya.

　　　　　　　　　　　　小さいとき、カルロの家族は貧乏でした。

{ Nang magdeklara } ng batas militar si Marcos, nahuli ang mga aktibista.
{ Noong nagdeklara }　　 マルコスが戒厳令を布告したとき、活動家は逮捕されました。

「〜して以来」を表わすmula nang, mula noongもよく使われます。

May tatlong taon ang nakalipas { mula nang magsimula } ang *conflict*.
　　　　　　　　　　　　　　 { mula noong nagsimula }

　　　　　　　　　　　　紛争が始まって以来、3年が過ぎました。

3) habang と samantalang：「〜している間」の意で使われます。**従属節に動詞文が現れる場合、
　 動詞は継続相です。**

Habang/Samantalang narito kayo, sumunod kayo sa mga regulasyon dito.

　　　　　　　　　　　　ここにいる間は、ここの規則に従ってください。

178

第**19**課　台風の接近

Habang/Samantalang kumikidlat, dito muna kayo sa loob ng bahay.

稲妻が光っている間は、家の中にいてください。

4）bago：「～前に、～する前に」の意で使われます。**従属節に動詞文が現れる場合、動詞は不定相が一般的です。**

Mag-aral ka muna **bago maglaro**.　遊ぶ前にまず勉強しなさい。

Maraming lindol **bago pumutok** ang *Mt.* Pinatubo.

ピナトゥボ山が噴火する前は地震がたくさんありました。

5）matapos と pagkatapos：「～の後、～した後」の意で使われます。**従属節に現れる動詞は、matapos, pagkatapos どちらの場合も不定相ですが、pagkatapos に続く従属節は名詞節になりますので、行為者はすべて ng 句で表わされます。**

Naglalaro ulit ang mga bata ⎰ **matapos silang mag-away.**
　　　　　　　　　　　　　　 ⎱ **pagkatapos nilang mag-away.**

喧嘩した後、子供たちは再び遊んでいます。

Nagkaroon ng baha ⎰ **matapos dumaan ang bagyo.**
　　　　　　　　　⎱ **pagkatapos dumaan ng bagyo.**

台風が通過した後、洪水が発生しました。

「～した後」という表現は、〈│pagka- ＋ 動詞の語根│＋ ng句〉でも表わせます。

Pagkalubog ng araw, biglang dumilim.　太陽が沈んだ後、急に暗くなりました。

Pagkakain ng tanghalian, nagpahinga ang mga trabahador.

昼食を食べた後、労働者たちは休憩しました。

Pagkaalis ni Fe, dumating ang nanay niya.

フェが去った後、彼女の母親が到着しました。

6）dahil と kasi：「なぜなら」の意で使われます。

Baka pumutok ulit ang bulkan **dahil/kasi umuusok** iyon.

噴煙が出ているので火山は再び噴火するでしょう。

Tataas daw ang pamasahe sa dyipni **dahil/kasi tataas** ang presyo ng gasolina.

ガソリン価格が上がるので、ジプニーの運賃も値上がるとのことです。

179

7) para と upang:「〜するために」の意で使われます。**従属節に動詞文が現れる場合、動詞は不定相です。**

Nagbunot sila ng lahat ng tanim para/upang hindi kumalat ang sakit.
　　　　　病気が広がらないように、彼らはすべての作物を抜いてしまいました。

Bumisita kami sa alkalde para/upang magpahayag ng suporta sa kanya.
　　　　　私たちは支持を表明するために町長を訪れました。

8) kahit と maski:「〜にもかかわらず」の意で使われます。

Bakit kaya bumabaha rito kahit/maski kakaunti lang ang ulan?
　　　　　雨が少し降っただけで、どうしてここでは洪水が発生するのでしょうか？
Kahit/maski naghihigpit ang awtoridad, laganap pa rin ang katiwalian.
　　　　　当局が厳しくしても、不正はいまだ横行しています。

ココヤシに関する単語

ココヤシは様々な用途に使われており、
捨てるところがないと言われています。

niyog：ココヤシの木と実、果肉は硬い。
buko：若いココヤシの実、果肉は柔らかく
　　　食べることができます。
gata：ココナツミルク、硬い果肉を削り取り
　　　絞りこんで作ります。
sabaw ng buko：ブコジュース、ブコの殻の中にある甘い水。
langis ng niyog：ココナツオイル
kopra：コプラ、硬い果肉を乾かして作ります。
tuba：ココヤシの樹液から作られるお酒。
bunot：ココナツの殻、および殻で作られた床磨き。
ubod：幹の上の方にできる芯、生春巻きなどの具になります。
tingting：葉の芯で、ほうきなどの材料になります。
　　　　　ほうきは walis tingting と呼ばれます。

ブコジュースを飲んでいる子供たち

180

第19課　台風の接近

1. カッコ内の語根を適切な相の動詞に変えましょう。

   1) （hangin）na naman ngayon.
   2) Biglang（liwanag）kanina.
   3) Umiinom ng kape ang tatay ko habang（basa）siya ng dyaryo.
   4) Maghugas muna kayo ng kamay bago kayo（kain）ng tanghalian.
   5) （ipon）siya ng maraming pera noong nagtrabaho siya sa Dubai.
   6) Kahit na（baha）, lumabas pa rin sina Venus.
   7) Umiyak ang mga bata noong（kulog）nang malakas.
   8) Bakit kaya umuulan samantalang（araw）ngayon?
   9) Pumunta sina Aida sa Cebu para（bakasyon）.
   10) Pagkababa ng MRT,（lakad）ka hanggang sa opisina namin!

2. magkaroon を使った文に変えましょう。

   1) Nagkaapo na sina Sammy at Letty noong isang taon.
   2) Nagkaka*dengue* ang mga kaibigan niya sa *dorm*.
   3) Nagkalindol sa Bohol noong 2013.

3. 枠の中から適切な接続詞を選んで文を完成させましょう。

   | maski　pag　habang　noong　dahil　pagkatapos　bago　matapos |

   1) (　　) niyang kumain ng hapunan, uminom siya ng gamot.
   2) (　　) nagkaroon sila ng malaking pera, simple pa rin ang buhay nila.
   3) (　　) nagsimba ka, magsapatos ka nga!
   4) (　　) pumutok ang *Mt*. Bulusan, umusok iyon.
   5) (　　) nag-aral si Mike sa UP, sumali siya sa *basketball club*.
   6) Masaya si Emma (　　) nagkanobya na ang anak niya.
   7) Pumasok ako sa eskuwelahan (　　) akong magbihis.
   8) Huwag kayong lumabas (　　) bumubuhos ang ulan.

第20課　サンゴ礁の海

　フィリピンは世界でも有数の美しいサンゴ礁に恵まれています。フィリピン南西部にあるパラワン島周辺の海にも素晴らしいサンゴ礁が広がっています。

Download ◀))

Miho： Ryan, nangitim ka yata!

Ryan： Oo, nag*snorkeling* kami at namangka sa Palawan ng mga kaopisina ko noong *weekend*.

　　　Nanghiram nga kami ng mga gamit na pang-*snorkeling*.

Miho： Siyanga ba?

　　　Kanino kayo nanghiram?

Ryan： Sa *hotel* namin.

　　　Nakakatuwa dahil napakalinaw ng dagat doon at maganda rin ang mga *coral* sa dagat.

Miho： Totoo?

　　　Kasi noon, may balitang kaunti na raw ang mga *coral* dahil madalas gumagamit ng dinamita ang mga mangingisda.

Ryan： Hindi roon.

　　　Nangangalaga ang mga mangingisda ng dagat at *coral* doon, kaya marami pa ring isda at *coral*.

Miho： Magandang balita iyan.

　　　Saan pa kayo namasyal sa Palawan?

Ryan： Sa *underground river*.

　　　Sumakay kami ng bangka at pumasok sa loob ng kuweba.

　　　Maraming iba't ibang itsura ng *stalactite* doon at talagang napakaganda!

Miho： Mabuti naman at nag-*enjoy* kayo.

　　　Sa susunod, mangumbida ka naman sa amin.

nangitim	完 黒くなった (mangitim)	madalas	頻繁に
namangka	完 バンカに乗った (mamangka)	dinamita	ダイナマイト
nanghiram	完 借りた (manghiram)	nangangalaga	継 大切にしている (mangalaga)
pang-*snorkeling*	スノーケリング用	namasyal	完 散策した (mamasyal)
nakakatuwa	楽しい	kuweba	洞窟
napakalinaw	とても透明な	*stalactite*	鍾乳石
nag*snorkeling*	完 スノーケリングをした (mag*snorkeling*)	napakaganda	とても美しい
		mangumbida	不 招待する

第**20**課　サンゴ礁の海

頻出表現

1.	Siyanga ba?	そうなのですか？
2.	May balitang 〜	〜とのニュースがあります。

　　May balitang sira na raw ang mga *coral*.

　　　　　　　　　　　　　　　サンゴが破壊されたとのニュースがあります。

　　May balitang nagkaroon daw ng *rally* kahapon sa UP.

　　　　　　　　　　　昨日フィリピン大学で抗議集会があったとのニュースがあります。

3.　　sa susunod,　　　　　　　　　次は、

　　Sa susunod, mangumbida ka naman.　次はあなたが招待して。

　　Mamasyal tayo sa Vigan sa susunod.　次はビガンを散策しましょう。

1 行為者フォーカス動詞のmang-動詞

　接辞mang-を持つmang-動詞も行為者フォーカス動詞です。mang-動詞は①複数の対象を伴う行為、②習慣的に繰り返されたり何回も行われる行為、③一時的な変化などを表わすときに使われます。基底となるmag-動詞や-um-動詞からの派生語と、派生語ではないmang-動詞があります。派生語のmang-動詞では、mag-動詞や-um-動詞との違いに留意しましょう。

1）派生語であり、複数の対象を伴う行為や何回も行われる行為を表わす

語根	基底となる動詞		mang-動詞	
bili	bumili	買う	mamili	買い物をする
bigay	magbigay	与える	mamigay	分配する
kuha	kumuha	取る	manguha	集める、採集する
pasyal	pumasyal	訪問する	mamasyal	散策する
pitas	pumitas	摘む	mamitas	（いくつも）摘む
sipa	sumipa	蹴る	manipa	（何回も）蹴る
suntok	sumuntok	（拳骨で）殴る	manuntok	（拳骨で何回も）殴る

　　Mamimili ba kayo ng mga regalo mamaya?　後でプレゼントの買い物をしますか？

　　Namigay ang mga *volunteer* ng gamot sa mga maysakit.

　　　　　　　　　　　　　　　ボランティアたちは薬を病人に配りました。

　　Namamasyal ang lolo ko sa tabing-dagat tuwing hapon.

　　　　　　　　　　　　　　　私の祖父は毎日午後、海岸を散策します。

　　Mamitas tayo ng bulaklak doon.　あそこで花を摘みましょう。

183

2) 派生語であり、習慣的に繰り返される行為を表わす

語根	基底となる動詞		mang-動詞	
kagat	kumagat	噛む	mangagat	（頻繁に）噛む
hiram	humiram	借りる	manghiram	（頻繁に）借りる
sigarilyo	magsigarilyo	喫煙する	manigarilyo	（習慣的に）喫煙する
dukot	dumukot	取り出す	mandukot	掏る
tukso	tumukso	からかう	manukso	（習慣的に）からかう

Mag-ingat kayo! Nangangagat ang asong iyan.　気をつけて。その犬はよく噛みます。

Laging nanghihiram si Jun ng diksyunaryo kay Ronnie.

　　　　　　　　　　　ジュンはロニーから辞書を頻繁に借りています。

Bawal manigarilyo sa loob ng kuwarto.　　　部屋の中での喫煙は禁じられています。

3) 派生語であり、一時的な変化を表わす

語根	基底となる動詞		mang-動詞	
kupas	kumupas	色あせる	mangupas	（一時的に）色あせる
itim	umitim	黒くなる	mangitim	（一時的に）黒くなる
pula	pumula	赤くなる	mamula	（一時的に）赤くなる
puti	pumuti	白くなる	mamuti	（一時的に）白くなる
tigas	tumigas	固くなる	manigas	（一時的に）固くなる

Nangitim ka yata.　　　　　　　　　あなたは黒くなりましたね。

Bakit namumula ang mata mo?　　　　どうして目は赤いのですか？

Naninigas na ang binti ko.　　　　　私のふくらはぎは固くなっています。

4) 派生語ではなく、複数の対象を伴う行為や習慣的に繰り返される行為

語根		mang-動詞	
bangka	バンカ	mamangka	バンカに乗る
bunga	実	mamunga	実をつける
bulaklak	花	mamulaklak	花が咲く
bundok	山	mamundok	山にこもる
kahoy	木、板	mangahoy	薪を集める
isda	魚	mangisda	漁をする
palengke	市場	mamalengke	（市場で）買い物をする

Kailan mamumunga ang punong-manggang iyan?

　　　　　　　　　　　そのマンゴの木はいつ実をつけますか？

Nangingisda sina Ernie gabi-gabi.　　アーニーたちは毎晩漁をします。

Anong oras kayo mamamalengke?　　何時に市場で買い物をしますか？

184

第20課　サンゴ礁の海

2　接辞mang-の添加による音の変化

　接辞mang-が語根に添加されると、同化に加えて、語根の最初の子音が消失することが
あります。同化は、基数詞の11 〜 19を形成するlabing（⇒4課）などでも起きていますが、
mang-の場合も、b, pで始まる語根に添加されるとmang-のngがmに、d, l, r, s, tで始まる
語根に添加されるとngがnに、b, p, d, l, r, s, t以外の音で始まる語根に添加されると、ngは
そのままとなります。また、**mang-の添加によって、語根の最初の子音であるbやp, sやt, k
や声門閉鎖音は、通常、消失しますが、たまに消失しない場合があります。**

① 同化に加え、語根の最初の子音が消失する場合

b : mang- + bunga → mambunga → mamunga　　　　　実をつける
　　mang- + bili → mambili → mamili　　　　　　　　買い物をする

p : mang- + pasyal → mampasyal → mamasyal　　　　散策する
　　mang- + pitas → mampitas → mamitas　　　　　　（いくつも）摘む

s : mang- + sakit → mansakit → manakit　　　　　　傷つける
　　mang- + sipa → mansipa → manipa　　　　　　　（何回も）蹴る

t : mang- + tukso → mantukso → manukso　　　　　　（習慣的に）からかう
　　mang- + takot → mantakot → manakot　　　　　　脅す

k : mang- + kailangan → mangkailangan → mangailangan　必要とする
　　mang- + kahoy → mangkahoy → mangahoy　　　　薪を集める

[?] : mang- + isda → mang-isda → mangisda　　　　　漁をする
　　　mang- + itim → mang-itim → mangitim　　　　　（一時的に）黒くなる

② 同化のみが起きる場合

b : mang- + babae → mambabae　　　　　　　　　　（男性が）浮気する

d : mang- + daya → mandaya　　　　　　　　　　　　だます
　　mang- + dukot → mandukot　　　　　　　　　　　掏る

l : mang- + ligaw → manligaw　　　　　　　　　　　求愛する
　　mang- + loko → manloko　　　　　　　　　　　　だます、からかう

185

g: mang- + gulo → manggulo　　　　　　問題を起こす

　　mang- + gupit → manggupit　　　　　髪を切る

3　mang-動詞の活用

mang-動詞の活用を見てみましょう。語根にある（・）は音節の区切りを表わします。

語根	語根の最初の子音が消失している場合	語根の最初の子音が消失していない場合
語根	pa・syal	li・gaw
不定相	ma・ma・syal　　散策する	man・li・gaw　　求愛する
完了相	namasyal	nanligaw
継続相	namamasyal	nanliligaw
未然相	mamamasyal	manliligaw

① 完了・継続相では、接辞mang-のm がnになります。

② 継続・未然相では重複があります。**mang-**の添加により語根の最初の子音が消失している場合は、不定相の第2音節の最初の子音と母音が、語根の最初の子音が消失していない場合は、語根の第1音節の最初の子音と母音が重複します。

4　形容詞が動詞を修飾する

　フィリピノ語では一部の形容詞は動詞を修飾します。18課では形容詞marunong, mahusay, magalingが動詞を修飾する文を学びましたが、この課では、形容詞を使って行為の様態（あり方）を表わす文を学びます。

1) 動作を修飾する：動詞の前後から、動詞の完了・継続・未然相を修飾します。**前から修飾するときはリンカーが必要です。後ろから修飾するときは、〈nang + 形容詞〉の形を取ります**。nang は副詞的標識辞です。

Malakas na humahangin. = Humahangin nang malakas.　風が強く吹いています。

Maaga akong gumising kanina. = Gumising ako nang maaga kanina.

　　　　　　　　　　　　　　　　　　　　私はさっき早く起きました。

Masayang naglalaro ang mga bata. = Naglalaro ang mga bata nang masaya.

　　　　　　　　　　　　　　　　　　　　子供達は楽しく遊んでいます

2) 一般的な事実を表わす：動詞の不定相を前から修飾します。リンカーの na は省略されます。

Madaling tumaas ang tubig dito.　　　　ここではすぐに水位が上昇します。

Mabilis lumakad ang tatay ko.　　　　　私の父は歩くのが速いです。

186

このタイプの文は、主語がない場合もあります。主語がない文では、形容詞と動詞を繋いでいたリンカーの代わりにangが使われることがしばしばあります。

Madaling magsalita ng Filipino. = Madali ang magsalita ng Filipino.
　　　　　　　　　　　　　　　　　　　　フィリピノ語を話すのは簡単です。
Masayang mag-aral ng Filipino. = Masaya ang mag-aral ng Filipino.
　　　　　　　　　　　　　　　　　　　　フィリピノ語を勉強するのは楽しいです。

5　kaninoを使って所有者以外を問う

所有者を問うときのkanino、「誰々に対して」を問うときのkaninoの使い方は10課で学びましたが、kaninoは「誰を」「誰に」「誰から」を問うときにも使われます。

Kanino naghihintay si Rey?　　　　レイは誰を待っているのですか？
Kay Cherry siya naghihintay.　　　彼はチェリーを待っています。

Kanino nanalo si Elorde ?　　　　　エロルデは誰に勝ちましたか？
Kay Ramirez siya nanalo.　　　　　彼はラミレスに勝ちました。

Kanino umaasa ang mga magulang mo?　あなたの両親は誰に期待していますか？
Sa kuya ko sila umaasa.　　　　　　彼らは私の兄に期待しています。

Kanino ka humiram ng pera?　　　　あなたは誰からお金を借りましたか？
Kay Jose ako humiram ng pera.　　　私はホセからお金を借りました。

パラワン島周辺の海

練習問題

1. 以下の mang- 動詞の語根を答えましょう。また、完了・継続・未然相の順に活用させて下さい。

   1) manguha
   2) manuntok
   3) mandukot
   4) mangisda
   5) mamitas

2. カッコ内を適切な相の mang- 動詞に変えて文を完成させましょう。

   1) (palengke) si Aling Polen uma-umaga.
   2) (daya) ang mga politiko tuwing halalan.
   3) Mahirap (ligaw) kay Erica.
   4) (bili) sina Jacqui sa Makati noong Sabado.
   5) Noong (babae) si Tomas, galit na galit ang asawa niya.
   6) (bigay) tayo ng lumang damit sa mga *evacuee*.
   7) Huwag kayong (sigarilyo) sa loob ng kuwarto.
   8) (pasyal) kami sa *park* na iyon bukas.
   9) (hiram) si Mila ng mga libro sa *library* linggu-linggo.
   10) Tingnan mo! (bunga) na ang mga mangga!

3. 指示された形容詞を使って、1 ～ 3 は動詞を前から、4 ～ 6 は動詞を後ろから修飾しましょう。

   1) Nag-iisip siya. (malalim)
   2) Tumakbo ang mga bata. (mabilis)
   3) Nagkuwentuhan kami ni Abby. (masaya)
   4) Umuwi siya. (maaga)
   5) Umulan noong isang linggo. (malakas)
   6) Naghintay ako sa kanya. (matagal)

4. フィリピノ語にしましょう。

   1) この本を読むのは大変です。
   2) 詩 (tula) を書くのは簡単です。
   3) 田舎で生活するのは楽しいです。

コラム4　世界遺産

パナイ島のミヤガオ教会

　2010年に発行された新紙幣の裏には、ユネスコに登録されている6件の世界遺産のうち、3件が描かれています。最高額紙幣の1000ペソ札には、パラワン島東方のスルー海に浮かぶトゥバタハ岩礁自然公園、500ペソ札には、この課で取り上げられているパラワン島のプエルト・プリンセサ地底河川国立公園、20ペソ札には、ルソン島北部イフガオ州のバナウエ町にある棚田が描かれています。このパラワン島とその周辺にある2件の自然遺産は、フィリピンの多様性に富む豊かな自然を、ルソン島にある棚田は、先住民が自らの創意工夫とたゆまぬ努力によりつくり上げ、維持してきた文化を象徴しています。

　トゥバタハ岩礁自然公園は、2つの岩礁とサンゴ礁で成り立っています。東南アジア最大といわれるサンゴ礁には、300種類余りのサンゴ、ウミガメの一種で絶滅危惧種に指定されているタイマイやマンタなど、海洋生物の宝庫となっています。

　一方、パラワン州の州都プエルト・プリンセサの北東およそ50キロにある地底河川国立公園は、鍾乳洞内を流れる全長8キロ余りの地底河川で知られています。河口部が海中にあることから、潮の満ち干きの影響を受けて汽水域となり、洞窟周辺には多様な生物が生息しています。

　3件目の自然遺産は、ミンダナオ島南東部にあるハミギタン山地野生生物保護区です。ここには1400種近くの野生生物が生息しており、このうち340種余りがフィリピンの固有種です。国鳥のフィリピン・ワシ、フィリピン・オウム、食虫植物のウツボカズラや大木に成長するレッドラワンなどです。

　文化遺産として最もよく知られているのは、旧紙幣の1000ペソ札や新紙幣の20ペソ札に描かれているルソン島のコルディリエラ山岳地帯にある棚田です。中でもイフガオ州のバナウエ町やバタッド村の棚田が特に有名です。山の斜面を階段状に造成し、稲を植えるという棚田耕作はアジア各地に見られますが、コルディリエラ山岳地帯の棚田ほど規模と傾斜の大きいものはありません。

　歴史文化遺産としては、スペイン統治時代の面影を残すルソン島南イロコス州の州都であるビガン市の街並み、スペイン統治時代に建てられたルソン島とフィリピン中部のパナイ島にあるバロック様式の教会群などが登録されています。教会群とは、具体的にはマニラ市にあるサン・アグスティン教会、ルソン島北部にあるサン・アグスティン教会とアスンシオン教会、パナイ島にあるミヤガオ教会をさします。すべて、16世紀から18世紀にかけて建設された教会です。

第21課 ラマダン明け

　イスラム教徒はラマダン明けを祝いますが、フィリピンでも現在はラマダン明けは休日となっています。年によって日は変わります。 Download◀))

Miho： Wala daw pasok ngayon. Bakit?

Claire： Pagtatapos ng Ramadan.
　　　　Naging piyesta opisyal na iyan sa Pilipinas.

Miho： Hindi ba mga *Muslim* lang ang nagraRamadan?

Claire： Oo. Pero ginawang piyesta opisyal ito para kilalanin ang *Islam* bilang isa
　　　　sa mga pangunahing relihiyon sa Pilipinas.
　　　　Alam mo ba kung ano ang Ramadan?

Miho： Ang alam ko, kung panahon ng Ramadan, hindi kumakain ang mga
　　　　Muslim habang may araw.
　　　　Inoobserba nila ito nang isang buwan.

Claire： Alam mo pala e!
　　　　Tinatawag itong "pag-aayuno" sa Filipino.

Miho： Binasa ko ang isang *article* sa dyaryo tungkol dito at ginamit ko iyon para sa
　　　　isang *paper* sa *Sociology* noong isang *semester*.

Claire： Hihiramin ko ang *paper* mo, ha?
　　　　Nakakahiya, dahil baka mas marami ka pang alam kaysa sa akin tungkol
　　　　dito.

Miho： Sige, dadalhin ko iyon bukas.

pagtatapos	終了	binasa	完 読んだ (basahin)
piyesta opisyal	祝日	ginamit	完 使用した (gamitin)
kilalanin	不 認識する	hihiramin	未 借りる (hiramin)
pangunahin	主要な	nakakahiya	恥ずかしい
relihiyon	宗教	dadalhin	未 持って行く/来る (dalhin)
inoobserba	継 実践している (obserbahin)	nagraRamadan	継 ラマダンを実践する
pag-aayuno	断食		（magRamadan）

頻出表現

1. bilang 　　　　　　　　　　　～として

Kinikilala ang *Islam* bilang isa sa mga pangunahing relihiyon.
　　　　　　イスラム教は主要な宗教のひとつとして認められています。

Nagtatrabaho si Mario bilang *engineer* sa Dubai.
　　　　　　マリオはドバイでエンジニアとして働いています。

190

第**21**課 ラマダン明け

2.　Ang alam ko,　　　　　　　　　　　　　私が知っていることとは、

Ang alam ko, hindi kumakain ang mga *Muslim* ng baboy.

　　　　　　　私が知っていることとは、イスラム教徒は豚肉を食べません。

Ang alam ko, masaya ang mga tagarito.

　　　　　　　私が知っていることとは、ここの人たちは幸福です。

1 目的フォーカス動詞

　非行為者フォーカス動詞の中で、目的補語を主語にする動詞が目的フォーカス動詞です。目的フォーカス動詞には、動詞を形成する接尾辞-inを伴う-in動詞、-anを伴う-an動詞、接頭辞i-を伴うi-動詞やipag-を伴うipag-動詞などがあります。目的フォーカス動詞が使われている基本文①の動詞文では、主語となる目的補語がang句で表わされます。目的フォーカス動詞はすべて他動詞です。

Lulutuin　　　　　　nila　　　　ang puto　　para sa mga bisita.
目的フォーカス動詞　行為者補語　主語＝目的補語　　恩恵補語

　　　　　　　　　　　　　　　　彼らは来客のためにプトを作ります。

Ihahatid　　　　　ko　　　　si Raul　　sa ospital　mamaya.
目的フォーカス動詞　行為者補語　主語＝目的補語　方向補語

　　　　　　　　　　　　　　　後で、私はラウルを病院まで送って行きます。

Tutulungan　　　ng mga estudyante　　ang mga biktima ng lindol.
目的フォーカス動詞　　　行為者補語　　　　主語＝目的補語

　　　　　　　　　　　　　　　学生たちは地震の被災者たちを支援します。

Ipagdiriwang　　　nila　　ang Araw ng Kalayaan　bukas.
目的フォーカス動詞　行為者補語　　主語＝目的補語

　　　　　　　　　　　　　　　明日、彼らは独立記念日を祝います。

　基本文②の主語はang句ですが、基本文③の主語は標識辞を伴わない名詞（句）です。

Si Raul　　　ang　　ihahatid　　　ko　　sa ospital　mamaya.
主語＝目的補語　　　目的フォーカス動詞　行為者補語　方向補語

　　　　　　　　　　　　　　　後で、ラウルを私は病院まで送って行きます。

Ang Araw ng Kalayaan　　ang　　ipagdiriwang　　nila　bukas.
　　主語＝目的補語　　　　　　目的フォーカス動詞　行為者補語

　　　　　　　　　　　　　　　明日、独立記念日を彼らは祝います。

Puto　　　　　ang　　lulutuin　　nila　para sa mga bisita.
主語＝目的補語　　　　目的フォーカス動詞　行為者補語　　恩恵補語

　　　　　　　　　　　　　　　プトを彼らは来客のために作ります。

191

<u>Mga biktima ng lindol</u>　ang　<u>tutulungan</u>　<u>ng mga estudyante.</u>
主語＝目的補語　　　　　　　　目的フォーカス動詞　　行為者補語

地震の被災者たちを学生たちは支援します。

　目的フォーカス動詞が使われている動詞文は、行為者フォーカス動詞が使われている動詞文と同じように訳すことができます。ただし、ng句の行為者が省略されている場合は受け身文のように訳す方が良いでしょう。

Inoobserba　<u>nila</u>　<u>ang pag-aayuno</u>　nang isang buwan.
　　　　　　行為者補語　　主語＝目的補語

彼らは一か月間断食を実践しています。

Inoobserba　<u>ang pag-aayuno</u>　nang isang buwan.
　　　　　　主語＝目的補語

断食は一か月間実践されています。

2　目的フォーカス動詞の-in動詞

　目的フォーカス動詞の代表的なものが-in動詞です。

2.1　接辞 -in の添加によるアクセントと音の変化

　接辞-inが語根に添加されることにより、アクセントの位置が移動したり、音の変化が生じたりします。

1）アクセントの位置が1音節、後ろにずれます。

| káin | + | -in | → | kaínin | 食べる |
| ísip | + | -in | → | isípin | 考える |

2）母音で終わる語根ではhが現れますが、母音の後に声門閉鎖音がある場合は現れません。

basa	+	-in	→	basahin	読む
sabi	+	-in	→	sabihin	言う
pili	+	-in	→	piliin	選ぶ
sipa	+	-in	→	sipain	蹴る

192

第21課　ラマダン明け

3) 語根の最後の音節にある o は u に、d は r に変わります。

bago	+	-in	→	baguhin	変える
tapos	+	-in	→	tapusin	終える
hangad	+	-in	→	hangarin	熱望する
tupad	+	-in	→	tuparin	実施する

4) 語根の最後の音節にある母音が消失する場合があります。

bili	+	-in	→	bilhin	買う
dala	+	-in	→	dalhin	持って行く / 来る
gawa	+	-in	→	gawin	する、作る
hingi	+	-in	→	hingin	請う
sunod	+	-in	→	sundin	従う

5) 数は少ないが不規則に変化する場合があります。

kuha	+	-in	→	kunin	手に入れる、取る
alaala	+	-in	→	alalahanin	覚えておく、記憶する
dinig	+	-in	→	dinggin	聞く
talo	+	-in	→	talunin	負かす

2.2 -in 動詞の活用

　下の表で、母音文字で始まる語根とは、子音の声門閉鎖音で始まっている語根のことです（⇒17課）。-in 動詞の活用を見てみましょう。

	母音文字で始まる語根	l, r, y で始まる語根	l, r, y 以外の子音で始まる語根
語根	inom	luto	hanap
不定相	inumin　飲む	lutuin　料理する	hanapin　探す
完了相	ininom	niluto	hinanap
継続相	iniinom	niluluto	hinahanap
未然相	iinumin	lulutuin	hahanapin

① 完了・継続相では、語根が母音文字で始まっている場合は -in- が語根の前に、l, r, y で始まっている場合は ni- が語根の前に、l, r, y 以外の子音で始まっている場合は、語根の最初の子音と母音の間に -in- が添加されます。

② 継続・未然相では語根の一部が重複します。mag- 動詞、-um- 動詞と同じで、語根が母音文字で始まる場合は母音が、子音で始まる場合は語根の最初の子音と母音が重複します。

2.3 活用に注意すべき -in 動詞

語根に-inが添加されることで、音に変化が生じたり、語根の一部が消えてしまったりする動詞、語根が2連続の子音で始まる動詞などの活用には注意してください。

語根	不定相		完了相	継続相	未然相
kuha	kunin	手に入れる	kinuha	kinukuha	kukunin
gawa	gawin	する	ginawa	ginagawa	gagawin
hingi	hingin	請う	hiningi	hinihingi	hihingin
sunod	sundin	従う	sinunod	sinusunod	susundin
dala	dalhin	持って行く/来る	dinala	dinadala	dadalhin
bago	baguhin	変える	binago	binabago	babaguhin
talo	talunin	負かす	tinalo	tinatalo	tatalunin
prito	prituhin	揚げる	pin(i)rito	piniprito	piprituhin
plantsa	plantsahin	アイロンをかける	pin(a)lantsa	pinaplantsa	paplantsahin
trato	tratuhin	扱う	tin(a)rato	tinatrato	tatratuhin

① kunin, gawin, hingin, sundin, dalhin, baguhin, talunin の完了・継続相では、不定相では変わったり、消えたりしていた語根の一部の音が元に戻ります。

② prituhin, plantsahin, tratuhin のように**語根が2連続の子音で始まる動詞**は、完了・継続相では、接中辞の-in-は語根の最初の子音と母音の間に添加されます。継続・未然相では、重複するのは語根の最初の子音と母音だけです。

3 行為者フォーカス動詞との対応

目的フォーカス動詞はすべて他動詞で、そのほとんどが語根を共通する行為者フォーカス動詞と対応しています。どのように対応しているか見てみましょう。

1) -um- 動詞と対応：一番多いタイプです。

kumain/kainin	食べる	sumulat/sulatin	書く
uminom/inumin	飲む	gumawa/gawin	作る、する
bumasa/basahin	読む	tumanggap/tanggapin	受け取る

Umiinom <u>siya</u> <u>nitong gamot</u> uma-umaga.　彼は毎朝この薬を飲んでいます。
　　　　　主語=行為者補語　目的補語

Iniinom <u>niya</u> <u>itong gamot</u> uma-umaga　　　彼は毎朝この薬を飲んでいます。
　　　　行為者補語　主語=目的補語

第 **21** 課　ラマダン明け

Bumasa <u>ako</u>　　nitong *article*　sa *dyaryo*.　　私はこの記事を新聞で読みました。
　　　主語＝行為者補語　　　目的補語　　　場所補語

Binasa　<u>ko</u>　　<u>itong *article*</u>　sa dyaryo.　　私はこの記事を新聞で読みました。
　　　行為者補語　　　主語＝目的補語　　　場所補語

-um-動詞と対応している-in動詞の完了・継続相は、-um- を -in-で置きかえるだけです。

	-um-動詞		-in動詞	
不定相	gumawa	する、作る	gawin	する、作る
完了相	gumawa		ginawa	
継続相	gumagawa		ginagawa	
未然相	gagawa		gagawin	

2) mag-動詞と対応：数はそれほど多くはありません。

mag-ayos/ayusin　　整理整頓する　　　maghintay/hintayin　　待つ
magbago/baguhin　　変える　　　　　　magdala/dalhin　　　　持って行く/来る
maglinis/linisin　　掃除する　　　　　magtapos/tapusin　　　終える

Magdadala　<u>ako</u>　　ng payong.　　私は傘を持って行きます。
　　　主語＝行為者補語　　目的補語

Dadalhin　<u>ko</u>　　<u>ang payong</u>.　　私は傘を持って行きます。
　　　行為者補語　　主語＝目的補語

Maglinis　<u>tayo</u>　　ng garahe.　　（私たちは）ガレージを掃除しましょう。
　　　主語＝行為者補語　　目的補語

Linisin　<u>natin</u>　　<u>ang garahe</u>.　　（私たちは）ガレージを掃除しましょう。
　　　行為者補語　　主語＝目的補語

祈りを捧げるイスラム教徒

195

練習問題

1. 以下の語根から -in 動詞の不定相を作り、完了・継続・未然相の順に活用させましょう。

1) inom
2) dala
3) prito
4) bago
5) gawa

2. 対応している mag- 動詞、または -um- 動詞を答えましょう。

1) kainin
2) tanggapin
3) hintayin
4) linisin
5) kunin

3. -in 動詞を使った文に変えましょう。

1) Bumili sila ng lupa.
2) Hihiram ako ng libro.
3) Bumuhat ka ng karton!
4) Nagpaplantsa si Carmen ng mga damit.
5) Humingi kami ng tubig.
6) Nagluluto ng sinigang ang katulong namin.
7) Magtatapos muna kami ng *assignment* namin.
8) Magsabi ka sa amin ng gusto mo!
9) Naghahanap ang pulis sa magnanakaw.
10) Sumusulat sina Len ng kuwento.

4. カッコ内を適切な相の -in 動詞に変えて文を完成させましょう。

1) （dala）niya ang suklay bukas sa eskuwelahan.
2) （sundo）ko si Janet kanina.
3) Si Malu ang （imbita）namin sa *party* namin kagabi.
4) Ito ang （basa）ng lolo ko uma-umaga.
5) Relo ang （bili）nila mamaya.

コラム5　フィリピンの祝日

アンドレス・ボニファシオの像

　フィリピンの祝日は、新年、旧正月、メーデー以外は、キリスト教とイスラム教、歴史的な出来事や英雄に関連しています。

　キリスト教関連では本書18課で取り上げられている聖週間期間中のHuwebes Santo「聖なる木曜日」とBiyernes Santo「聖なる金曜日」、30課と31課で取り上げられているPasko「クリスマス」に加えて、11月1日のTodos los Santos/Undas「万聖節」があります。万聖節は聖人や殉教者を称える日ですが、フィリピンではお墓参りの日となっています。

　イスラム教関連の祝日は、21世紀に入ってから大統領令によって定められました。2002年に断食明けを祝うイード・アル＝フィトルが、2009年にはメッカ大巡礼の終わりを告げるイード・アル＝アドハーが祝日に指定されました。断食明けの祭りはフィリピノ語ではWakas ng Ramadan、イード・アル＝アドハーは神に家畜を捧げて感謝することからAraw ng Pag-aalayです。

　歴史的な出来事を祝う日としては、6月12日のAraw ng Kalayaan「独立記念日」と2月25日のAraw ng People Power「ピープルパワー革命記念日」があります。前者は1898年のこの日、アギナルド将軍によって独立が宣言されたこと、後者は1986年のこの日、マルコス独裁政権がピープルパワーと国軍改革運動の若手将校の蜂起によって崩壊し、コラソン・アキノ政権が樹立したことを祝うものです。

　一方、歴史的な出来事を悼む祝日は4月9日のAraw ng Kagitingan「勇者の日」です。第2次大戦中、日本軍が捕虜をルソン島のバターン半島からパンパンガ州の収容施設まで、夏の炎天下を歩かせたことで多くの犠牲者が出た「死の行進」を悼むものです。

　フィリピンの人にとって英雄とは、フィリピンの独立や自由のために闘った人たちです。ホセ・リサールは生誕日ではなく処刑された12月30日が、アンドレス・ボニファシオは生誕日の11月30日が祝日になっています。ホセ・リサールやアンドレス・ボニファシオといった、19世紀末にスペイン植民地政府に対して闘った人だけではありません。16世紀に来航したマゼランと戦って勝利したラプラプや（戦闘でマゼランは死亡し、世界一周は部下のエルカーノが達成）、植民地化される前にスペイン人と戦ったラジャ・ソリマンなどの英雄たちを称えるために、8月最後の月曜日はAraw ng mga Bayani「英雄の日」と定められています。また、マルコス政権下でアメリカに亡命しながら、1983年8月21日にフィリピンに到着後、空港で暗殺されたニノイ・アキノ氏を悼んで、この日はAraw ng Kabayanihan ni Ninoy Aquino「ニノイ・アキノ記念日」と呼ばれる祝日になっています。

第22課　デング熱の流行

　雨季に入ると蚊が増えるため、毎年デング熱が流行します。デング熱に感染すると初期の段階は風邪に似た症状ですが、数日すると高熱が出ます。

Download ◀))

Miho: Aba John, mukhang tinanghali ka ng gising!

John: Oo. Hindi ako gaanong nakatulog kagabi.
Magdamag akong gininaw at nilalagnat din ako ngayon.
Sinisipon yata ako.

Miho: Baka may trangkaso ka!
Inuubo ka ba?

John: Hindi naman.
Pero masakit na masakit ang buong katawan ko, at tumaas nang bigla ang lagnat ko.
Anong gamot kaya ang iinumin ko?

Miho: Mas mabuting pumunta ka sa doktor.
Uso dito sa *dorm* ang *dengue* dahil tatlong estudyante na ang dinala sa ospital dahil diyan.

John: Sino ang dinala sa ospital?

Miho: Iyong mga estudyanteng dumating lang noong Agosto.

John: Sana hindi naman *dengue* ito.
Pero noong isang araw, talagang nilamok ako nang buong gabi!

Miho: Kaya pumunta ka na agad sa doktor.
Sino ang sasama sa iyo?
Puwede akong sumama kung gusto mo.

---

tinanghali	完 朝遅くになった（tanghaliin）	sinisipon	継 風邪をひいている（sipunin）
gising	根 目が覚めること	trangkaso	インフルエンザ
nakatulog	完 眠れた（makatulog）	inuubo	継 咳をしている（ubuhin）
magdamag	一晩中	lagnat	熱
gininaw	完 寒いと感じた（ginawin）	nilamok	完 蚊に刺された（lamukin）
nilalagnat	継 熱が出ている（lagnatin）		

頻出表現

1.　Hindi gaanong ～ 　　　　　　　　それほど～ではありません。
　　Hindi ako gaanong nakatulog kagabi.　昨夜はよく眠れませんでした。
　　Hindi gaanong mainit ang sabaw.　　スープはそれほど熱くありません。

198

第**22**課　デング熱の流行

2.　Mas mabuting + 動詞の不定相　　　　〜した方が良い。

　　　Mas mabuting pumunta ka sa doktor.　君は医者に行った方が良い。

　　　Mas mabuting maghintay ka rito.　　あなたはここで待った方が良い。

1 特別な-in動詞

　-in動詞の一部は、ng句で表わされる行為者を伴わないで使われます。このような-in動詞は語根が示す病気や害虫などによる被害を表わしたり、語根が示す状態に陥ったりすることを表わします。このような-in動詞を使った文は、〈-in動詞 + 主語〉で形成されています。**主語は、語根が示すものによって被害を受けたり、語根が示す状態になったりする生物や無生物です。**このタイプの-in動詞には対応する行為者フォーカス動詞はありません。

1）病気にかかる：語根は病気などを表わす名詞です。

語根		-in動詞	
sipon	風邪	sipunin	風邪に襲われる → 風邪をひく
trangkaso	インフルエンザ	trangkasuhin	インフルエンザに襲われる → インフルエンザにかかる
lagnat	熱	lagnatin	熱が襲う → 熱を出す
ubo	咳	ubuhin	咳が襲う → 咳をする
tagiyawat	ニキビ	tagiyawatin	ニキビが襲う → ニキビが出る
hika	喘息	hikain	喘息に襲われる → 喘息にかかる

　　Nilalagnat ang anak ni Tina.　　　ティナの子供は熱を出しています。

　　Sinisipon yata ako.　　　　　　　私はたぶん風邪をひいています。

　　Inuubo ka pa ba?　　　　　　　　君はまだ咳をしていますか？

　　Hinika ako noong bata ako.　　　　子供の頃、私は喘息にかかっていました。

2）害虫やカビなどの被害を受ける：語根は害虫などを表わす名詞です。

語根		-in動詞	
amag	カビ	amagin	カビが襲う → カビが生える
lamok	蚊	lamukin	蚊が刺す → 蚊に刺される
langgam	蟻	langgamin	蟻がたかる → 蟻にたかられる
anay	白蟻	anayin	白蟻が襲う → 白蟻にやられる
kuto	シラミ	kutuhin	シラミが襲う → シラミにたかられる
kalawang	錆	kalawangin	錆が襲う → 錆びつく

　　Inaamag ang tinapay na ito.　　　このパンはカビが生えています。

　　Nilamok ako nang buong gabi.　　私は一晩中蚊に刺されました。

199

Nilalanggam ang pagkain sa mesa. テーブルの食べ物は蟻にたかられています。
Kinakalawang ang bubong na yero. トタン屋根は錆びています。

3) ある状態に陥る：語根は名詞だったり形容詞だったりします。

語根		-in動詞	
antok	眠い	antukin	眠気が襲う → 眠い
ginaw	寒い	ginawin	寒さが襲う → 寒いと感じる
tamad	怠惰な	tamarin	怠惰さが襲う → だるいと感じる、〜する気がしない
suwerte	幸運な	suwertehin	幸運が捕える → 運が良い
malas	不運な	malasin	不運が捕える → 運が悪い、ついてない
gabi	夜	gabihin	夜が追いつく → 夜遅くになる
tanghali	昼	tanghaliin	昼が追いつく → 朝遅くになる

Inaantok pa ako at tinatamad. 私はまだ眠いし、だるいです。
Magdamag akong gininaw. 一晩中寒かったです。
Minamalas si Jun sa pag-ibig. ジュンは愛にはついていません。
Tinanghali ka ba ng gising? 朝寝坊したのですか？

2 特定の行為者・行為の対象を問う

　特定の行為者、行為の対象を問う場合は、疑問詞のsinoやanoを行為者フォーカス動詞、あるいは目的フォーカス動詞と一緒に使います。動詞の相は文によってさまざまです。

1) 行為者を問う（人間の場合）

Sino	+	ang	+	行為者フォーカス動詞

Sino ang sasama sa iyo? 誰があなたに同行するのですか？
Si Rudy ang sasama sa akin. ルーディが私に同行します。

Sino ang sasalubong sa akin sa *airport*? 誰が私を空港で迎えてくれるのですか？
Kami ang sasalubong sa iyo sa *airport*. 私たちがあなたを空港で迎えます。

2) 行為者を問う（無生物の場合）

Ano	+	ang	+	行為者フォーカス動詞

第**22**課　デング熱の流行

| Ano ang lumubog sa dagat? | 何が海に沈んだのですか？ |
| Barko ang lumubog sa dagat. | 船が海に沈みました。 |

| Ano ang sumabog sa bangko? | 何が銀行で爆発しましたか？ |
| Granada ang sumabog sa bangko. | 手投げ弾が銀行で爆発しました。 |

3）行為の対象を問う（物の場合）

| Ano | ＋ | ang | ＋ | 目的フォーカス動詞 | ＋ | ng句の行為者 |

| Ano ang hinahanap ninyo? | 何をお探しですか？ |
| Mga pasalubong ang hinahanap ko. | お土産を探しています。 |

| Ano ang ginagawa ng ate mo? | 君の姉さんは何をしているのですか？ |
| Naglilinis siya ng kuwarto niya. | 彼女の部屋を掃除しています。 |

Ano ang sinabi ni Carmen sa iyo?	カルメンは君に何と言ったのですか？
Sinabi niya sa akin, uuwi raw siya sa probinsya bukas.	
	彼女は故郷に明日帰ると私に言いました。

4）行為の対象を問う（人の場合）

| Sino | ＋ | ang | ＋ | 目的フォーカス動詞 | ＋ | ng句の行為者 |

| Sino ang hinihintay mo? | 誰を待っているのですか？ |
| Sina Irma ang hinihintay ko. | イルマたちを待っています。 |

| Sino ang dinalaw ninyo sa ospital? | 病院に誰を見舞ったのですか？ |
| Si Carmen ang dinalaw namin. | カルメンを私たちは見舞いました。 |

3　副詞（句）が動詞を修飾する

　副詞や副詞句は、本書ですでに学んだ時や場所を表わす以外に、頻度を表わすものがよく使われます。lagi「いつも」、kaagad/agad「すぐに」、limang beses「5回」といった副詞や副詞句です。

201

agad/kaagad	すぐに	bihira	まれに
paminsan-minsan	ときどき	bigla	急に
minsan	一回	ulit/uli/muli	再び
lagi/palagi	いつも	ilang beses	数回

　これらの副詞（句）が動詞を修飾する場合、動詞の前からでも後ろからでも修飾できます。前から動詞を修飾するときはリンカーが必要ですが、naはほとんど省略されます。後ろから修飾するときは、副詞的標識辞のnangが必要な場合があります。

Laging hinihingi ni Andoy ang pera. = Hinihingi ni Andoy lagi ang pera.
　　　　　　　　　　　　　　　　　　アンドイはいつもお金を請うています。
Kaagad umalis ang mga sundalo. = Umalis kaagad ang mga sundalo.
　　　　　　　　　　　　　　　　　　兵士たちはすぐに立ち去りました。
Limang beses pumunta sa Palawan si Cris. = Pumunta sa Palawan si Cris nang limang beses.
　　　　　　　　　　　　　　　　　　クリスはパラワン島に5回行きました。

　行為者が人称代名詞で、副詞（句）が前から動詞を修飾する場合、副詞（句）と動詞をつないでいたリンカーは人称代名詞に移動します。

Lagi niyang hinihingi ang pera. = Hinihingi niya lagi ang pera.
　　　　　　　　　　　　　　　　　　彼はいつもお金を請うています。
Kaagad silang umalis. = Umalis sila kaagad.　彼らはすぐに立ち去りました。
Limang beses siyang pumunta sa Palawan. = Pumunta siya sa Palawan nang limang beses.
　　　　　　　　　　　　　　　　　　彼はパラワン島に5回行きました。

デング熱撲滅キャンペーンのポスター

第**22**課　デング熱の流行

練習問題

1．カッコ内の語根を適切な相の動詞に変えましょう。

　　1）　Ano ang（basa）ninyo ngayon?

　　2）　Sino ang（tawag）sa iyo kanina?

　　3）　Sino ang（sayaw）ng tinikling sa Sabado?

　　4）　Ano ang（kuha）nila noong isang linggo?

　　5）　Sino ang（bisita）nila kanina?

　　6）　Sino ang（imbita）ninyo sa *party* bukas?

　　7）　Sino ang（kanta）ng Bahay-Kubo mamayang hapon?

　　8）　Ano ang（inom）ng mga lalaki gabi-gabi?

　　9）　Sino ang（gamit）ng pera ko noong Linggo?

　　10）Ano ang（gawa）nina Aling Flora mamaya?

2．副詞（句）に注意して、カッコ内の語根を適切な相の動詞に変えましょう。

　　1）　Laging（bigay）si Tess ng kendi sa mga bata.

　　2）　（punta）kami sa Boracay nang dalawang beses noong isang taon.

　　3）　Paminsan-minsan,（laba）sina Rose ng mga damit sa ilog.

　　4）　Biglang（lagnat）ang anak ko kagabi.

　　5）　（bakasyon）uli sila sa Palawan sa isang buwan.

3．カッコ内の語根を適切な相の -in 動詞に変えましょう。

　　1）　Bakit ka（tagiyawat）ngayon?

　　2）　Baka（langgam）ang keyk sa ibabaw ng mesa.

　　3）　Kanina pa ako（tamad）.

　　4）　（sipon）ba siya ngayon?

　　5）　（hika）si Joy noong bata siya.

203

第23課 海外からの送金

海外で働くフィリピン人はOFW（Overseas Filipino Worker）と呼ばれています。OFWからの送金は、フィリピンにいる家族にとっては大きな助けとなっています。

Download ◀))

Abby：	Inay, nag-*email* si Kuya.
	Ipinadala na raw niya ang pera para sa kasal nila ni Diana.
Aling Flora：	Kailan daw niya ito ipinadala?
Abby：	Kamakalawa po.
	Baka nasa bangko na po ang pera.
Aling Flora：	Pakitsek mo ito sa bangko para siguradong naroon na ang pera.
	Ibalita mo rin ito kay Diana.
	Gusto mo bang sumama kay Diana para i-*withdraw* ang pera?
Abby：	Opo! Tamang-tama po dahil magkikita po kami mamaya.
	Gusto na po niyang magreserba ng *hotel* para sa *wedding reception* nila.
Aling Flora：	Mabuti naman at inaasikaso na ni Diana ang mga ito.
	Sino pala ang tatahi ng isusuot niyang *wedding gown*?
Abby：	Isang kaibigan daw niyang *designer*.
	Mahusay daw po siya.
	Kaya din daw pong gawin ng *designer* na ito ang *gown* ng mga abay.
Aling Flora：	Ay salamat!
	Dapat na talaga tayong kumilos para sa kasalang ito!

ipinadala	完 送った (ipadala)	inaasikaso	継 手配している (asikasuhin)
kasalan	結婚式	tatahi	未 縫う (tumahi)
ibalita	不 知らせる	isusuot	未 着る (isuot)
i-*withdraw*	不 （お金を）引き出す	abay	介添え人
magreserba	不 予約する	kumilos	不 行動する

頻出表現

1. Pakitsek mo/ninyo ang 〜 　　　〜を確認してください。
   Pakitsek mo ito sa bangko. 　　　これを銀行で確認してください。
   Pakitsek ninyo ang laman ng *bag*. 　　バッグの中身を確認してください。
2. tamang-tama 　　　　　　　　ちょうど良いです。
   Tamang-tama ang laki ng kahong ito. 　この箱の大きさはちょうど良いです。
   Tamang-tama ito para sa pamilya ko. 　これは私の家族にちょうど良いです。

204

第23課　海外からの送金

1　目的フォーカス動詞のi-動詞

　i-動詞とは、語根に動詞を形成する接頭辞i-が添加されて形成されている動詞です。目的フォーカス動詞のi-動詞はかなりありますが、恩恵フォーカス動詞や道具フォーカス動詞のi-動詞もあります。この課では、目的フォーカス動詞のi-動詞について学びます。

Ilabas　　　　　natin　　ang mga silya　　sa labas.　　椅子を外に出しましょう。
目的フォーカス動詞　行為者補語　主語＝目的補語　　方向補語

Isara　　　　　　mo　　nga　　ang pinto.　　　　　　　ドアを閉めて。
目的フォーカス動詞　行為者補語　　　主語＝目的補語

Ibibili　　　　　niya　　si Ren　　ng sapatos.　　彼はレンのために靴を買います。
恩恵フォーカス動詞　行為者補語　主語＝恩恵補語　目的補語

Ikukuha　　　　　ko　　si Nene　　ng keyk.　ネネのためにケーキを取って来ます。
恩恵フォーカス動詞　行為者補語　主語＝恩恵補語　目的補語

Huwag　mong　　　ibayad　　　itong sanlibong piso.　この1000ペソで支払わないで。
　　　　行為者補語　道具フォーカス動詞　　　主語＝道具補語

1.1　i- 動詞の活用

　i-動詞は-in動詞のようにi-が語根に添加されることによって生じるアクセントや音の変化はありません。母音文字で始まる語根とは、子音の声門閉鎖音で始まる語根のことです。

	母音文字で始まる語根	h, l, r, yで始まる語根	h, l, r, y以外の子音で始まる語根	2連続の子音で始まる語根
語根	abot	lagay	sara	prito
不定相	iabot　渡す	ilagay　置く	isara　閉じる	iprito　揚げる
完了相	iniabot	inilagay	isinara	ipinrito
継続相	iniaabot	inilalagay	isinasara	ipiniprito
未然相	iaabot	ilalagay	isasara	ipiprito

① 語根が母音文字と子音のh, l, r, yで始まっている場合、完了・継続相は、i-に接中辞の-ni-が加わったini-が語根の前に添加されます。

② 語根がh, l, r, y以外の子音で始まっている場合、完了・継続相は-in-が語根の最初の子音と母音の間に添加されます。語根が2連続の子音で始まる場合も同じです。

③ 継続・未然相では、語根の一部が重複します。語根が母音文字で始まる場合は母音、子音で始まる場合は語根の最初の子音と母音が重複します。語根が2連続の子音で始まる場合も重複するのは最初の子音と母音だけです。

④ i-動詞の完了・継続相では、i-が消滅することがあります。

205

1.2　行為者フォーカス動詞との対応

　目的フォーカス動詞のi-動詞の多くは、行為者フォーカス動詞のmag-動詞と対応していま
す。-um-動詞と対応しているものはほとんどありません。

mag-abot/iabot	渡す	magturo/ituro	教える
magpadala/ipadala	送る	maglagay/ilagay	置く
maghanda/ihanda	用意する	maghinto/ihinto	やめる、中止する
maghatid/ihatid	送って行く	maglabas/ilabas	外に出す
magsara/isara	閉じる、閉める	magpasok/ipasok	中に入れる
magsuot/isuot	着る	magreserba/ireserba	予約する

Mag-abot 　ka 　ng asin 　sa kanya. 　（君は）塩を彼女に渡して。
　　　　　主語＝行為者補語　目的補語　方向補語

Iabot 　mo 　ang asin 　sa kanya. 　（君は）塩を彼女に渡して。
　　　行為者補語　主語＝目的補語　方向補語

Maghahatid 　ako 　kay Cesar 　sa piyer. 私はセサールを桟橋に送って行きます。
　　　　　主語＝行為者補語　目的補語　方向補語

Ihahatid 　ko 　si Cesar 　sa piyer. 　私はセサールを桟橋に送って行きます。
　　　行為者補語　主語＝目的補語　方向補語

Naglagay 　sila 　ng mga ilaw 　sa labas. 　彼らは明かりを外に置きました。
　　　　主語＝行為者補語　目的補語　方向補語

Inilagay 　nila 　ang mga ilaw 　sa labas. 　彼らは明かりを外に置きました。
　　　行為者補語　主語＝目的補語　方向補語

1.3　目的フォーカス動詞の -in 動詞と i- 動詞

　数は多くありませんが、-in動詞、i-動詞、どちらを使ってもよい場合があります。料理に関
する動詞が多いといえます。

magluto/lutuin 〜 iluto	料理する	magprito/prituhin 〜 iprito	揚げる
maggisa/gisahin 〜 igisa	炒める	magsangag/sangagin 〜 isangag	炒める
maglaga/lagain 〜 ilaga	ゆでる	sumulat/sulatin 〜 isulat	書く

Ano ang lulutuin/iluluto mo para sa hapunan?　　夕食に何を料理しますか？
Susulatin/Isusulat ni Rene ang mga bilin ninyo.　　レネはあなたの指示を書きます。

206

2 擬似動詞が動詞を修飾する

擬似動詞には15課で学んだgusto, ayaw, kailanganの他にも、**能力を表わすkaya**「〜できます」、**許可・能力を表わすmaaari/puwede**「〜してよろしい、〜することができます」、**義務を表わすdapat**「〜すべきです」などがあります。これらの擬似動詞は、動詞を修飾するのによく使われます。

1) gusto, ayaw, kailangan, kaya が修飾する場合：修飾される動詞が行為者フォーカス動詞であれ、非行為者フォーカス動詞であれ、**行為者はすべてng句で表わされます**。ng句の行為者が擬似動詞のすぐ後に続く構文が一般的です。

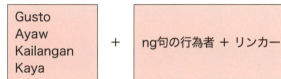

Gusto ng Nanay na magkabit ng kurtina.	母はカーテンを取りつけたいのです。
Ayaw ng mga batang matulog nang maaga.	子供たちは早く寝たがりません。
Kailangan niyang magreserba ng hotel.	彼はホテルを予約する必要があります。
Kaya kong gumising nang maaga.	私は朝早く起きることができます。

Gusto ng Nanay na asikasuhin ang mga apo niya.	母は孫たちの面倒を見たがります。
Ayaw ni Nene na isuot ang palda.	ネネはスカートをはきたがりません。
Kailangan niyang ihatid ang bisita.	彼は来客を送って行く必要があります。
Kaya ni Ryang sunduin si Miho.	ライアンは美帆を迎えに行くことができます。

行為者が人称代名詞でない場合は、**修飾される動詞が擬似動詞のすぐ後に続く構文**も使われます。この場合、リンカーのnaは省略されます。

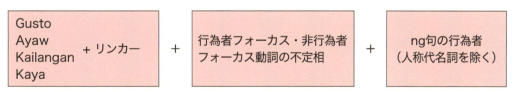

Gustong magkabit ng Nanay ng kurtina.	母はカーテンを取りつけたいのです。
Ayaw matulog ng mga bata nang maaga.	子供たちは早く寝たがりません。
Kailangang ihatid ni Andre ang bisita.	アンドレは来客を送って行く必要があります。
Kayang sunduin ni Ryan si Miho.	ライアンは美帆を迎えに行くことができます。

2) maaari, puwede, dapat が修飾する場合：**修飾される動詞が行為者フォーカス動詞の場合、行為者は ang 句、非行為者フォーカス動詞の場合は ng 句になります**。行為者が人称代名詞以外では、語順は次のようになります。リンカーの na は省略されます。

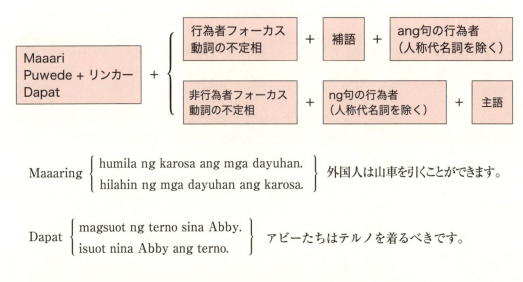

Maaaring { humila ng karosa ang mga dayuhan.　　　外国人は山車を引くことができます。
　　　　　 hilahin ng mga dayuhan ang karosa. }

Dapat { magsuot ng terno sina Abby.　　　アビーたちはテルノを着るべきです。
　　　　 isuot nina Abby ang terno. }

行為者が人称代名詞の場合は、行為者が擬似動詞のすぐ後にきます。

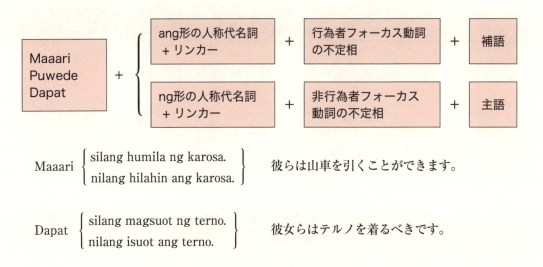

Maaari { silang humila ng karosa.　　　彼らは山車を引くことができます。
　　　　 nilang hilahin ang karosa. }

Dapat { silang magsuot ng terno.　　　彼女らはテルノを着るべきです。
　　　　 nilang isuot ang terno. }

3) 疑問文にする場合：擬似動詞の後に行為者が続く構文では ba が、擬似動詞の後に動詞の不定相が続く構文では bang が擬似動詞の後にきます。

Gusto ba ng nanay na magkabit ng *painting* ?　　母は絵を取りつけたいのですか？
Ayaw ba ng mga batang matulog?　　　　　　　子供たちは寝たがらないのですか？
Puwede ba niyang ihatid si Gina ?　　　　　　　彼はジーナを送って行けますか？
Dapat ba siyang magsuot ng terno?　　　　　　　彼女はテルノを着るべきですか？

第23課　海外からの送金

Gusto **bang** sumama sa iyo ni Cris?	クリスはあなたに同行したいのですか？
Ayaw **bang** uminom ng gamot ni Pia?	ピアは薬を飲みたがらないのですか？
Puwede **bang** ihatid ni Joy si Gina?	ジョイはジーナを送って行けますか？
Dapat **bang** isuot nina Malu ang terno?	マルーたちはテルノを着るべきですか？

豆情報

伝統的な衣服

　　バロンタガログ　　テルノ　　マラナオのマロン　　イフガオのタピス　　イフガオのバハッグ

- キリスト教徒：伝統的な正装として、男性はバロンタガログ barong Tagalog と呼ばれるシャツ、女性はテルノ terno を着ます。
- マラナオ族：ミンダナオ島のラナオ湖周辺に住むイスラム教徒であるマラナオの人々は、筒型になっているマロン malong と呼ばれる布を、男女を問わず腰に巻きます。
- イフガオ族：ルソン島山岳地帯に住むイフガオの男性はバハッグ bahag と呼ばれるふんどし、女性はタピス tapis と呼ばれる布を腰に巻きます。

練習問題

1. 以下の i- 動詞を完了・継続・未然相の順に活用させましょう。

1) ihanda
2) ireserba
3) ipadala
4) isuot
5) ialok

2. i- 動詞を使った文に変えましょう。

1) Magbibigay ako ng donasyon sa isang *NGO*.
2) Nagtapon ng basura ang mga bata riyan.
3) Magtanim tayo ng pakwan sa bukid.
4) Laging naghahatid si Ryan kay Miho sa *dorm*.
5) Maglabas kayo ng mesa!

3. カッコ内の語根を適切な動詞に変えて文を完成させましょう。

1) Kailangan ninyong (lagay) ang asukal diyan.
2) Gusto kong (basa) ng librong ito mamaya.
3) Ayaw nilang (balik) dito.
4) Kaya kong (tulong) sa kanya.
5) Kailangan na ba nating (alis)?
6) Kaya mo bang (tapos) ang trabahong ito?
7) Gusto ba niyang (maneho) ng kotse ko bukas?
8) Ayaw ba nilang (sama) sa amin?

4. リンカーを補い、単語や句を並べかえてひとつの文にしましょう。

1) sila / mag-asikaso / dapat / sa mga bisita
2) tayo / puwede / magPasko / sa Puerto Galera
3) maaari / kumuha / dito / ka / ng retrato

210

第**23**課　海外からの送金

語彙力・表現力アップ

● 目的フォーカスの -in 動詞

basagin	割る	ulitin	繰り返す
patayin	殺す、電源を切る	hubarin	脱ぐ
gisingin	目を覚まさせる	tapusin	終える
sirain	壊す	hulihin	捕まえる
sanayin	練習する	sayawin	踊る
bisitahin	訪問する	mahalin/ibigin	愛する
bilangin	数える	amuyin	嗅ぐ
bunutin	抜く	tawagin	呼ぶ
isipin	考える	bawiin	取り戻す
bitbitin	（ぶらさげて）持つ	ubusin	食べつくす、使い果たす
pulutin	拾う	hilahin	引く
sisihin	責める	imbitahin	招待する
habulin	追いかける	buhatin	運ぶ
kantahin	歌う	lokohin	騙す
unahin	優先する	nakawin	盗む
aminin	認める	putulin	切る

● 目的フォーカスの i- 動詞

ikabit	取りつける	itago	保管する、しまう
isumbong	告げ口する、報告する	iutos	命令する
ipaliwanag	説明する	ilayo	遠ざける
ipahiram	貸す	ilapit	近づける
ibagsak	（ものを）落とす	ipasyal	案内する
isampay	（洗濯物を）干す	ibalita	知らせる
isangla	質に入れる	ikarga	（荷物などを）積む
ihalo	混ぜる	itali	（紐で）縛る
itulak	押す	igiit	主張する
iparada	駐車する	ipakita	見せる
isauli/ibalik	返却する	ihagis	投げる
iuwi	持ち帰る	isagot	答える
itanim	植える	itinda	売る
ikuwento	語る	irekomenda	推薦する
itabi	取っておく	ialok	提供する
ipakilala	紹介する	ituloy	続ける

211

第**24**課　アドボを料理する

　美帆はアビーの家で、アビーの母親のフローラさんからフィリピン料理の代表ともいえるアドボの作り方を習います。　　　　　　　　　　　　　　　　　　　　　　Download◀))

Aling Flora:	Abby, Miho, puwede ba ninyo akong tulungan dito sa kusina?
	Darating ang Tita Norma ni Abby mamayang gabi.
Miho:	Talaga po?
	Ano po ang lulutuin ninyo?
Aling Flora:	Adobong baboy.
Abby:	Ay, ang paborito ko!
Miho:	Talagang masarap ang pagluluto ninyo ng adobo, e.
Aling Flora:	Salamat naman.
	Miho, nariyan ang karneng baboy.
	Pakihugasan mo muna iyan, ha?
Abby:	Hihiwain ko na rin po ba ang karne pagkatapos hugasan ni Miho?
Aling Flora:	Oo, huwag mong masyadong lakihan ang hiwa para madaling lumambot.
Miho:	Ano po ang mga ilalagay na pampalasa?
Abby:	Lagyan natin ng toyo at suka ang karne.
Aling Flora:	Ilagay din ninyo ang bawang, paminta at *laurel*, ha?
Abby:	Pakukuluan ko na po ito para lumambot agad.
Aling Flora:	Sige. Pagkatapos, dapat ninyong tikman, ha?
	Baka kailangan ninyong dagdagan ng toyo o suka.
Abby:	Kayo na po.
	Mas masarap ang pagtitimpla ninyo, e.
	Kaya gustung-gusto namin ni Tita Norma ang adobo ninyo.

tulungan	围 手伝う	pampalasa	味付けするもの、調味料
adobong baboy	豚肉のアドボ	lagyan	围 置く、入れる
pagluluto	料理、料理すること	toyo	醤油
karneng baboy	豚肉	suka	酢
pakihugasan	洗ってください	bawang	ニンニク
hihiwain	未 切り分ける (hiwain)	paminta	胡椒
hugasan	围 洗う	pakukuluan	未 ゆでる、ゆがく (pakuluan)
lakihan	围 大きくする	tikman	围 味見する
hiwa	一切れ	dagdagan	围 加える
lumambot	围 柔らかくなる	pagtitimpla	味付けの仕方、味付けすること

212

第**24**課　アドボを料理する

頻出表現

1. Puwede mo ba akong + 目的フォーカス動詞の不定相？　　〜してもらえますか？

   Puwede mo ba akong tulungan sa kusina?　台所で手伝ってもらえますか？

   Puwede mo ba akong sunduin mamaya?　後で迎えに来てもらえますか？

2. Kayo na po.　　　　　　　　　　　　　あなたにお任せします。

1　目的フォーカス動詞の-an動詞

　動詞を形成する接尾辞-anを伴う動詞が-an動詞です。目的フォーカス動詞の-an動詞は、-in動詞やi-動詞ほど多くはありません。-an動詞の多くは方向フォーカス動詞や場所フォーカス動詞だからです。また数は少ないですが、恩恵フォーカス動詞もあります。この課では、目的フォーカス動詞の-an動詞を学びます。

<u>Hugasan</u>　　　<u>mo</u>　　muna　　<u>iyan</u>.　　　　それをまず洗って。
目的フォーカス動詞　行為者補語　　　主語＝目的補語

<u>Tulungan</u>　　　<u>mo</u>　　　<u>ako</u>　　<u>sa kusina</u>.　台所で私を手伝って。
目的フォーカス動詞　行為者補語　主語＝目的補語　　場所補語

<u>Lalagyan</u>　　　<u>ko</u>　　ba　<u>ng toyo at suka</u>　<u>ang karne</u>?
方向フォーカス動詞　行為者補語　　　　目的補語　　　　主語＝方向補語

　　　　　　　　　　　　　　　　　　　肉に醤油と酢を入れましょうか？

<u>Bilhan</u>　　　　<u>natin</u>　<u>si Aling Sepa</u>　<u>ng mga prutas</u>.
場所フォーカス動詞　行為者補語　主語＝場所補語　　　目的補語

　　　　　　　　　　　　　　　セパさんの所で果物を買いましょう。

<u>Kakantahan</u>　　<u>ko</u>　<u>ng *Christmas songs*</u>　<u>ang mga matatanda</u>.
恩恵フォーカス動詞　行為者補語　　　目的補語　　　　　主語＝恩恵補語

　　　　　　　　　お年寄りたちのためにクリスマスソングを歌います。

1.1 接辞 -an の添加によるアクセントと音の変化

　目的フォーカス動詞であれ、方向フォーカス動詞であれ、接尾辞-anが語根に添加されると、-in動詞の場合と同じようにアクセントの移動や音の変化が生じます。

213

1) アクセントの位置が1音節、後ろにずれます。

| lápit | + | -an | → | lapítan | 近づく |
| púnas | + | -an | → | punásan | 拭く |

2) 母音で終わっている語根では h が現れますが、母音の後に声門閉鎖音がある場合、h は現れません。

asa	+	-an	→	asahan	期待する
punta	+	-an	→	puntahan	行く
alaga	+	-an	→	alagaan	世話をする
hina	+	-an	→	hinaan	弱くする

3) 語根の最後の音節にある o は u に、d は r に変わります。

| tulong | + | -an | → | tulungan | 助ける |
| bayad | + | -an | → | bayaran | 払う |

4) 語根の最後の音節にある母音が消失する場合があります。

bigay	+	-an	→	bigyan	与える
bukas	+	-an	→	buksan	開ける
hingi	+	-an	→	hingan	請う
laba	+	-an	→	labhan	洗濯する
lagay	+	-an	→	lagyan	置く
sakay	+	-an	→	sakyan	乗る
simula	+	-an	→	simulan	始める
sunod	+	-an	→	sundan	後を追う
tikim	+	-an	→	tikman	味見する
tingin	+	-an	→	tingnan	見る

5) 数は少ないが、不規則に変化する場合があります。

kuha	+	-an	→	kunan	取ってくる
tawa	+	-an	→	tawanan	笑う
tanim	+	-an	→	tamnan	植える
ganap	+	-an	→	gampanan	遂行する
iwan	+	-an	→	iwan（an）	置いていく
pakinig	+	-an	→	pakinggan	聞く

1.2   -an 動詞の活用

　-an 動詞の活用は-in 動詞と似ていますが、**完了・継続相で接尾辞の-an がなくなることはあ**りません。母音文字で始まる語根とは、子音の声門閉鎖音で始まる語根のことです。

第**24**課　アドボを料理する

	母音文字で始まる語根	l, r, yで始まる語根	l, r, y以外の子音で始まる語根
語根	asa	lapit	punta
不定相	asahan　期待する	lapitan　近づく	puntahan　行く
完了相	inasahan	nilapitan	pinuntahan
継続相	inaasahan	nilalapitan	pinupuntahan
未然相	aasahan	lalapitan	pupuntahan

① 完了・継続相では、語根が母音文字で始まる場合は-in-、子音のl, r, yで始まる場合は
ni-が語根の前に添加されます。一方、l, r, y以外の子音で始まる場合は、-in-が語根の最
初の子音と母音の間に添加されます。

② 継続・未然相では、語根の一部が重複します。母音文字で始まる語根では母音、子音で
始まる語根では、語根の最初の子音と母音が重複します。

1.3　行為者フォーカス動詞との対応

目的フォーカス動詞の-an動詞の多くは、行為者フォーカス動詞のmag-動詞や-um-動詞と
対応していますが、対応していない-an動詞もあります。

1）mag-動詞と対応

mag-alaga/alagaan	世話をする	magbukas/buksan	開ける
maghugas/hugasan	洗う	magsimula/simulan	始める
maglaba/labhan	洗濯する	mag-iwan/iwanan	置いていく、残す

Nag-aalaga　<u>ako</u>　ng mga halaman　sa bakuran.　私は裏庭の植物を世話しています。
　　　　　主語＝行為者補語　　目的補語　　　　場所補語

Inaalagaan　<u>ko</u>　<u>ang mga halaman</u>　sa bakuran.　私は裏庭の植物を世話しています。
　　　　　行為者補語　　主語＝目的補語　　　場所補語

Naglalaba　<u>ang mga babae</u>　ng mga damit　sa ilog.　女性らは川で服を洗濯しています。
　　　　　主語＝行為者補語　　　目的補語　　　場所補語

Nilalabhan　<u>ng mga babae</u>　<u>ang mga damit</u>　sa ilog.　女性らは川で服を洗濯しています。
　　　　　行為者補語　　　主語＝目的補語　　場所補語

2）-um-動詞と対応

tumulong/tulungan	助ける	umasa/asahan	期待する
tumingin/tingnan	見る	sumubok/subukan	試す
tumikim/tikman	味見する	gumanap/gampanan	遂行する

215

| Titingin | tayo | ng bagong *hotel*. | 私たちは新しいホテルを見てみます。 |
| 主語＝行為者補語 | | 目的補語 | |

| Titingnan | natin | ang bagong *hotel*. | 私たちは新しいホテルを見てみます。 |
| | 行為者補語 | 主語＝目的補語 | |

| Gumanap | ng tungkulin niya | si Manny. | マニーは義務を遂行しました。 |
| | 目的補語 | 主語＝行為者補語 | |

| Ginampanan | ni Manny | ang tungkulin niya. | マニーは義務を遂行しました。 |
| | 行為者補語 | 主語＝目的補語 | |

3) 行為者フォーカス動詞と対応していない：語根は ma- 形容詞の語根と共通です。

語根	形容詞		-an動詞	
alat	maalat	塩辛い	alatan	塩辛くする
tamis	matamis	甘い	tamisan	甘くする
bilis	mabilis	速い	bilisan	速くする
lakas	malakas	強い	lakasan	大きくする/強くする
haba	mahaba	長い	habaan	長くする

Huwag nating masyadong alatan ang ulam.

おかずをあまり塩辛くしないでおきましょう。

Tinamisan niya ng maraming asukal ang kape.

彼女はたくさんの砂糖を使ってコーヒーを甘くしました。

Habaan ninyo itong palda nang kaunti.　このスカートを少し長くしてください。

2　依頼表現

　フィリピノ語で何かを依頼する場合、動詞の不定相を使って命令形で表わすこともできますが、よりていねいな表現「〜してください」は、**非行為者フォーカス動詞の語根、あるいは不定相に接辞のpaki-が添加された形**で表わします。

非行為者フォーカス動詞	paki-表現
-in動詞	paki- + 語根
i-動詞	paki- + 語根
-an動詞	paki- + 不定相

　命令形を使った文と〈paki- + 語根/不定相〉を使った文を比較してみます。どちらの文も小辞のngaを伴ってよく使われます。

216

第**24**課　アドボを料理する

Alisin mo nga ang mga plato sa mesa.	テーブルからお皿を取り除いて。
Pakialis mo nga ang mga plato sa mesa.	テーブルからお皿を取り除いてください。
Isara mo nga ang pinto.	ドアを閉めて。
Pakisara mo nga ang pinto.	ドアを閉めてください。
Samahan mo nga ako sa *bus terminal*.	バスターミナルに一緒に来て。
Pakisamahan mo nga ako sa *bus terminal*.	バスターミナルに一緒に来てください。

　行為者フォーカス動詞を使った依頼表現もありますが、〈paki- ＋ 語根／不定相〉ほど頻繁には使われません。ただし、次のようなmaki-動詞（⇒30課）の未然相を使った文は、日常生活でよく使われますので、覚えておくと便利です。

Makikiraan nga ho.	通らせてください。
Makikisingit nga ho.	（席などを）詰めてください。
Makikisindi nga ho.	（タバコの）火をください。

3　動詞を名詞化する

　フィリピノ語では、行為者フォーカス動詞、非行為者フォーカス動詞、共に名詞化することができます。**名詞化された行為者フォーカス動詞は「ある行為をなすこと」**、一方、**名詞化された非行為者フォーカス動詞は「ある行為のなされ方」**を表わします。

1）-um- 動詞の場合：語根に接辞 pag- を添加します。

pumunta	→	pagpunta	行くこと、行き方
dumating	→	pagdating	到着すること、到着

Paano ang pagpunta sa Cubao?	クバオへの行き方はどんなですか？
Hindi ko alam ang pagdating nila.	私は彼らの到着を知りませんでした。

2）mag- 動詞の場合：語根に接辞 pag- を添加し、語根の最初の子音と母音を重複します。

mag-ayos	→	pag-aayos	整理整頓すること
mag-usap	→	pag-uusap	話し合うこと、会話
magluto	→	pagluluto	料理すること、料理
magsara	→	pagsasara	閉めること

Pakinggan natin ang kanilang pag-uusap.　彼らの会話を聞いてみましょう。

Masarap ang pagtitimpla ninyo ng adobo.　あなたのアドボの味付けはおいしいです。

3）mang-動詞の場合：接辞 mang- の m を p にし、語幹の第2音節の最初の子音と母音を重
　複します。語幹にある（・）は音節の区切りを表わします。

mangisda	→	pa·ngis·da	→	pangingisda	漁をすること
mamili	→	pa·mi·li	→	pamimili	買い物をすること

Pangingisda ang hanapbuhay nila.　　漁が彼らの仕事です。

Mahirap ang pamimili kung Pasko.　　クリスマスの時期に買い物をするのは大変です。

4）-in 動詞 /i- 動詞 /-an 動詞の場合：語根に接辞 pagkaka- あるいは省略形の pagka- を添加
　します。

ayusin	→	pagkakaayos	整理整頓されること
gawin	→	pagkakagawa	作られること
ihanda	→	pagkakahanda	準備されること
isara	→	pagkakasara	閉鎖されること
alagaan	→	pagkakaalaga	世話をされること
timplahan	→	pagkakatimpla	混ぜ合わせられること

Matibay ang pagkakagawa ng *bag* mo.　　君のバッグの作りは丈夫です。

Mabuti ang pagkakaalaga ng mga baboy.　　豚の世話はきちんとなされています。

名詞化された行為者フォーカス動詞と非行為者フォーカス動詞の違いを見てみましょう。

Bigla ang pagsasara nila ng pabrika.　　彼らによる工場の閉鎖は突然でした。

Bigla ang pagkakasara ng pabrika.　　工場の閉鎖は突然でした。

4 　pampa-名詞を使って「～するためのもの」を表わす

　「～のためのもの」を表わす表現として、10課で名詞や動詞の語根に接辞pang-が添加され
たpang-名詞を学びましたが、「～するためのもの」を表わすにはpampa-名詞を使います。接
辞pampa-は、名詞や形容詞の語根に添加されます。

pampalasa	味付けするためのもの、調味料	pampaasim	酸っぱくするためのもの
pampaligo	水浴び／シャワーのためのもの	pampataba	太らせるためのもの
pampaganda	美しくするためのもの	pampatamis	甘くするためのもの

Ano ang ilalagay nating pampalasa?　　　　　　　どの調味料を入れましょうか？
Pampaasim ng sinigang ang sampalok.
　　　　　　　　　　　　　　タマリンドはシニガンスープを酸っぱくするためのものです。

 豆情報

フィリピン料理

フィリピン料理はスペイン料理や中国料理の影響を強く受けています。香味野菜としてニンニクや玉ねぎ、トマトなどを使い、調味料としては酢や醤油、魚醤やアミの塩辛などがよく使われます。辛い料理はほとんどありません。次のような料理に関する単語は覚えておくと便利です。

bawang	にんにく	mani	ピーナッツ
sibuyas	玉ねぎ	ulam	おかず
kamatis	トマト	sabaw	スープ
luya	生姜	sawsawan	つけソース
kalamansi	カラマンシー（柑橘類）	pulutan	（酒の）つまみ
sampalok	タマリンドの実	paksiw	酢で煮た料理（一般）
sili	唐辛子	paksiw na isda	魚のパクシウ
kintsay	中国セロリ	lumpiang sariwa	生春巻き
asin	塩	lumpiang shanghai	揚げた春巻き
asukal	砂糖	sinigang na hipon	海老のシニガンスープ
patis	魚醤	tinola	鶏肉のスープ
bagoong	アミの塩辛	pinakbet	バゴオンを使った野菜料理
betsin	味の素	kare-kare	ピーナッツソースを使った料理
gata	ココナツミルク	haluhalo	ハロハロ

　　海老のシニガンスープ　　　　　　ハロハロ　　　　　　　　生春巻き

練習問題

1. 以下の語根から -an 動詞の不定相を作り、完了・継続・未然相の順に活用させましょう。

   1) alaga
   2) tingin
   3) bukas
   4) haba
   5) laba

2. -an 動詞を使った文に変えましょう。

   1) Naghuhugas din si Tessie ng mga plato.
   2) Mag-iiwan ako ng keyk para sa iyo.
   3) Nagbayad na ako ng utang ko kay Diana.
   4) Tumulong ka kina Doris!
   5) Umasa tayo sa kanila!

3. 以下の動詞を名詞化しましょう。

   1) mag-aral
   2) bumili
   3) manigarilyo
   4) hulihin
   5) ihanda
   6) punasan

4. paki- を使った依頼表現に変えましょう。

   1) Sagutin mo nga ang mga tanong ko.
   2) Linisin mo nga ang kusina.
   3) Itago mo nga iyan sa *bag* mo.
   4) Tawagan mo siya mamaya.
   5) Tikman mo nga ito.

第 **24** 課　アドボを料理する

語彙力・表現力アップ

● 家の作り

sala	居間	silong	床下
komedor	ダイニングルーム	bakod	囲い
banyo	水浴び場	geyt	門
garahe	ガレージ	balkon/balkonahe	ベランダ
dingding	壁	hagdan	階段
bubong	屋根	kisame	天井

● 家事をする

magwalis/walisin	（ほうきで）掃く	magsaing/isaing	（米を）炊く
magpunas/punasan	拭く	maglaga/ilaga	ゆでる
magkuskos/kuskusin	磨く	magsala/salain	濾す
magtiklop/tiklupin	畳む	maggisa/igisa	炒める
magbalat/balatan	皮をむく	mag-ihaw/ihawin	グリルする
magdikdik/dikdikin	つぶす	magprito/prituhin	揚げる
magbabad/ibabad	浸す	maghain/ihain	（料理を）食卓に並べる
magtadtad/tadtarin	細かく切る	magligpit/iligpit	後片づけをする

● 目的フォーカスの -an 動詞

saktan	傷つける	titigan	じっと見る
iwasan	避ける	sulyapan	ちらりと見る
tanggihan	断る	masdan	観察する
palitan	交換する	umpisahan	始める
hawakan	握る、つかむ	wakasan	終わらせる
daanan	通る	bantayan	見守る、見張る
pabayaan	放っておく	saksihan	目撃する
bitiwan	放す	tustusan	（経済的に）援助する
parusahan	罰する	tagalan	長引かせる
lampasan	通り過ぎる	apakan	踏む
takpan	蓋をする	hulaan	予測する、占う
tandaan	覚えておく	abangan	期待して待つ

第25課 選挙運動

　フィリピンでは６年おきに正副大統領選を含む統一選挙、３年おきに上下両院選を始めとする中間選挙が５月に行われ、一度に50人余りの候補者に票を投じます。　**Download**◀))

Tita Norma： Nagpunta ka ba sa "miting *de avance*" ng Partido Demokratiko kagabi?
Aling Flora： Hindi. Hindi ko na pinaniniwalaan ang mga politiko natin.
Tita Norma： Bakit naman?
Aling Flora： Kapag panahon ng kampanya, ngingitian ka nila, kakamayan at
　　　　　　kakawayan.
　　　　　　Pagkatapos ng halalan, kakalimutan ka na nila at ang mga pangako nila.
Tita Norma： Talaga! Sa miting kagabi, binigyan daw ng mga kandidato ng tig-iisang
　　　　　　libong piso ang mga dumalo sa miting. Inabutan din daw nila ng
　　　　　　malalaking supot ang mga *barangay captain*.
Aling Flora： Kapag nasa kapangyarihan sila, pinagsisilbihan ba nila ang mga tao?
Tita Norma： Ito nga ang problema.
　　　　　　Dapat nilang paglingkuran ang taumbayan, pero kadalasan, hindi ganito
　　　　　　ang nangyayari.
Aling Flora： Nagiging masyadong makasarili ang mga lider natin.
　　　　　　Ito ang pinagmumulan ng pangungurakot.
Tita Norma： Kaya dapat nating siguraduhin ang rekord ng bawat kandidato.
Aling Flora： Tingnan natin ang mga mapagkakatiwalaang kandidato at sila ang
　　　　　　iboto natin.

miting *de avance*	選挙運動中、最後の決起集会	*barangay captain*	地区会長
Partido Demokratiko	民主党	pinagsisilbihan	継 仕えている (pagsilbihan)
pinaniniwalaan	継 信じている (paniwalaan)	paglingkuran	不 奉仕する
kampanya	選挙運動	taumbayan	市民
ngingitian	末 ほほえむ (ngitian)	nangyayari	継 起きている(mangyari)
kakamayan	末 握手する (kamayan)	makasarili	自分勝手な
kakawayan	末 手を振る (kawayan)	pinagmumulan	継 源になっている (pagmulan)
kakalimutan	末 忘れる (kalimutan)	pangungurakot	汚職
pangako	約束	siguraduhin	不 確認する
mga dumalo	出席者たち	bawat	それぞれの
tig-iisa	1人につき1つずつ	mapagkakatiwalaan	信頼できる
inabutan	完 渡した (abutan)	iboto	不 投票する

第25課 選挙運動

頻出表現

1. Kadalasan, たいてい、

   Kadalasan, hindi ganito ang trapik sa EDSA.

   たいてい、エドサ大通りの交通渋滞はこんなではありません。

   Kadalasan, nagsisimba ako kung Linggo. たいてい、私は日曜日に教会へ行きます。

2. Ito ang pinagmumulan ng 〜. これが〜の源になっています。

   Ito ang pinagmumulan ng pangungurakot. これが汚職の源になっています。

   Ito ang pinagmumulan ng impormasyon namin. これが私たちの情報源です。

1 配分数詞

「1人につき〜ずつ」「1か所につき〜ずつ」といった表現は、以下のようになります。

接辞tig-	+	基数詞の最初の子音と母音を重複 + 基数詞

「1人につき2つずつ」と「1人につき3つずつ」は、tig-が添加されることでdalawaのdが落ちたtigalawa、tatloのtが落ちたtigatloもよく使われます。

tig-iisa	1人につき1つずつ	tig-aanim	1人につき6つずつ
tigdadalawa/tigalawa	1人につき2つずつ	tigpipito	1人につき7つずつ
tigtatatlo/tigatlo	1人につき3つずつ	tigwawalo	1人につき8つずつ
tig-aapat	1人につき4つずつ	tigsisiyam	1人につき9つずつ
tiglilima	1人につき5つずつ	tigsasampu	1人につき10ずつ

Tig-iisang sakong bigas ang bawat tao. すべての人は1人につき1袋のお米です。

Tigalawang supot ng kendi ang mga bata. 子供たちは1人につき2袋の飴です。

Tig-aapat na babae ang puwede sa isang kuwarto. 女性4人ずつが1部屋に可能です。

Tiglilimang tao ang sakay ng traysikel. 5人ずつがトライシクルに乗れます。

2 方向・場所フォーカス動詞

　非行為者フォーカス動詞の中で、行為が向けられる人・物・場所を表わす方向補語（〜に、〜へ）を主語にする動詞が方向フォーカス動詞です。方向フォーカス動詞の多くは-an動詞ですが、pag- -an動詞や -in動詞もあります。方向フォーカス動詞が使われている基本文①の動詞文では、方向補語がang句で表わされます。

223

Sasamahan	**ka**	ni Corazon.	コラソンがあなたに同行します。
方向フォーカス動詞	方向補語	行為者補語	

Turuan	ninyo	**ako**	ng Filipino.	私にフィリピノ語を教えて下さい。
方向フォーカス動詞	行為者補語	方向補語	目的補語	

Paglingkuran	natin	**si Mister Gomez.**	ゴメス氏にお仕えしましょう。
方向フォーカス動詞	行為者補語	方向補語	

Tatanungin	ko	**si Aling Irma.**	イルマさんに聞いてみます。
方向フォーカス動詞	行為者補語	方向補語	

　行為がなされる人・物・場所を表わす場所補語(〜で、〜から)を主語にする動詞が、場所フォーカス動詞です。場所フォーカス動詞には、-an動詞やpag- -an動詞があります。場所フォーカス動詞が使われている基本文①の動詞文では、場所補語がang句で表わされます。

Bilhan	natin	**si Aling Letty.**	レティさんから買いましょう。
場所フォーカス動詞	行為者補語	場所補語	

Ahitan	mo	**siya.**	(彼の所で)髭をそってあげて。
場所フォーカス動詞	行為者補語	場所補語	

2.1　方向フォーカス動詞の -an 動詞

　方向フォーカス動詞で最も多いのが-an動詞です。この-an動詞が行為者フォーカス動詞や目的フォーカス動詞とどのように対応しているか見てみましょう。

1) 自動詞の -um- 動詞と対応

kumaway/kawayan	手を振る	pumalakpak/palakpakan	拍手する
lumapit/lapitan	近づく	sumakay/sakyan	乗る
ngumiti/ngitian	ほほ笑む	sumama/samahan	同行する
humalik/halikan	キスをする	sumigaw/sigawan	叫ぶ
pumunta/puntahan	行く	umuwi/uwian	家に帰る

Ngingiti	**ang mga kandidato**	sa inyo.	候補者達はあなたたちに微笑みかけます。
	行為者補語	方向補語	

Ngingitian	**kayo**	ng mga kandidato.	候補者達はあなたたちに微笑みかけます。
	方向補語	行為者補語	

Sumakay	**tayo**	ng dyipni.	(私たちは)ジプニーに乗りましょう。
	行為者補語	方向補語	

Sakyan	natin	**ang dyipni.**	(私たちは)ジプニーに乗りましょう。
	行為者補語	方向補語	

第25課　選挙運動

2) 他動詞の -um- 動詞、目的フォーカス動詞の -in 動詞と対応

humingi/hingin/hingan　請う　　　　humiling/hilingin/hilingan　懇願する
sumulat/sulatin/sulatan　書く

Humingi　siya　ng tubig　sa amin.　彼は私たちに水を請いました。
　　　　行為者補語　目的補語　方向補語

Hiningi　niya　ang tubig　sa amin.　彼は私たちに水を請いました。
　　　　行為者補語　目的補語　方向補語

Hiningan　niya　kami　ng tubig.　彼は私たちに水を請いました。
　　　　行為者補語　方向補語　目的補語

3) 他動詞の -um- 動詞、目的フォーカス動詞の i- 動詞と対応

gumuhit/iguhit/guhitan　描く　　　　pumusta/ipusta/pustahan　賭ける

Gumuguhit　siya　ng mga tanawin　sa buhangin.　彼は砂に景色を描いています。
　　　　行為者補語　目的補語　方向補語

Iginuguhit　niya　ang mga tanawin　sa buhangin.　彼は砂に景色を描いています。
　　　　行為者補語　目的補語　方向補語

Ginuguhitan　niya　ang buhangin　ng mga tanawin.　彼は砂に景色を描いています。
　　　　行為者補語　方向補語　目的補語

4) 他動詞の mag- 動詞、目的フォーカス動詞の i- 動詞と対応

mag-abot/iabot/abutan　　手渡す　　magdagdag/idagdag/dagdagan 加える
magbigay/ibigay/bigyan 与える　　maglagay/ilagay/lagyan　　置く、入れる
magkabit/ikabit/kabitan 取りつける　magtanim/itanim/tamnan　　植える

Nagbigay　si Fe　ng regalo　sa bata.　フェはプレゼントを子供にあげました。
　　　　行為者補語　目的補語　方向補語

Ibinigay　ni Fe　ang regalo　sa bata.　フェはプレゼントを子供にあげました。
　　　　行為者補語　目的補語　方向補語

Binigyan　ni Fe　ang bata　ng regalo.　フェはプレゼントを子供にあげました。
　　　　行為者補語　方向補語　目的補語

5) 他動詞の mag- 動詞、目的フォーカス動詞の -in 動詞と対応

magbutas/butasin/butasan　穴を開ける　　magsabi/sabihin/sabihan　言う
magdala/dalhin/dalhan　　持って行く / 来る

225

Magdala	kayo	ng tubig	sa akin.	（あなたは）私に水を持って来てください。
	行為者補語	目的補語	方向補語	

Dalhin	ninyo	ang tubig	sa akin.	（あなたは）私に水を持って来てください。
	行為者補語	目的補語	方向補語	

Dalhan	ninyo	ako	ng tubig.	（あなたは）私に水を持って来てください。
	行為者補語	方向補語	目的補語	

2.2　場所フォーカス動詞の -an 動詞

　場所フォーカス動詞の -an 動詞は、一部を除いて行為者フォーカス動詞や目的フォーカス動詞と対応しています。どのように対応しているか見てみましょう。

1)　自動詞の -um- 動詞と対応

lumabas/labasan	外に出る	tumakas/takasan		逃げる
lumusot/lusutan	切り抜ける	tumakbo/takbuhan		走る

Tumakas	ang buwaya	mula	sa kulungan.	ワニは檻から逃げ出しました。
	行為者補語		場所補語	

Tinakasan	ng buwaya	ang kulungan.	ワニは檻から逃げ出しました。
	行為者補語	場所補語	

2)　他動詞の -um- 動詞、目的フォーカス動詞の -in 動詞と対応

bumili/bilhin/bilhan	買う	pumutol/putulin/putulan	切り取る
kumuha/kunin/kunan	取る	uminom/inumin/inuman	飲む
humiram/hiramin/hiraman	借りる	umutang/utangin/utangan	借金する

Humiram	si Rita	ng libro	sa *library*.	リタは本を図書館から借りました。
	行為者補語	目的補語	場所補語	

Hiniram	ni Rita	ang libro	sa *library*.	リタは本を図書館から借りました。
	行為者補語	目的補語	場所補語	

Hiniraman	ni Rita	ng libro	ang *library*.	リタは本を図書館から借りました。
	行為者補語	目的補語	場所補語	

3)　他動詞の mag- 動詞、目的フォーカス動詞の -in 動詞と対応

mag-alis/alisin/alisan	取り去る、取り除く
magbawas/bawasin/bawasan	減らす
magkuskos/kuskusin/kuskusan	こする

magdiskarga/diskargahin/diskargahan	荷を降ろす
magnakaw/nakawin/nakawan	盗む
magtanggal/tanggalin/tanggalan	取り去る、取り外す

Nag-alis　si Eva　　ng *painting*　　sa dingding.　　エバは壁から絵を取り外しました。
　　　　行為者補語　　目的補語　　　場所補語

Inalis　ni Eva　　*ang painting*　sa dingding.　　エバは壁から絵を取り外しました。
　　　　行為者補語　　目的補語　　　場所補語

Inalisan　ni Eva　　ang dingding　　ng *painting*.　　エバは壁から絵を取り外しました。
　　　　　行為者補語　　場所補語　　　目的補語

4）対応する行為者フォーカス動詞はなく、体に出る症状や体になされる行為を表わす：**主語は症状が出たり、行為がなされる人間などの生物です。**

Kinilabutan ako sa palabas sa *TV*.	私はテレビのショーに鳥肌が立ちました。
Laging pinapawisan si Raul.	ラウルはいつも汗をかいています。
Ginupitan ako.	私は（私の所で）髪を切ってもらいました。
Inahitan si Tatay.	父は（父の所で）髭を剃ってもらいました。

3　方向・場所フォーカス動詞のpag- -an動詞

　方向・場所フォーカス動詞には、-an動詞に加えてpag- -an動詞もあります。pag- -an動詞には話題フォーカス動詞や目的フォーカス動詞もありますので留意しましょう。

Pinaglilingkuran　　nila　　ang mga taumbayan.　　彼らは市民に奉仕しています。
方向フォーカス動詞　行為者補語　　方向補語

Pinagmumulan　　ito　　ng pangungurakot.　　不正はここから出ています。
場所フォーカス動詞　場所補語　　行為者補語

Pinag-uusapan　　nila　ang darating na halalan.
話題フォーカス動詞　行為者補語　　話題補語
　　　　　　　彼らは（これから行われる）選挙について話しています。

Pinag-aaralan　ng mga estudyante　　ang Filipino.
目的フォーカス動詞　　行為者補語　　　目的補語
　　　　　　　学生たちはフィリピノ語を勉強しています。

3.1　pag- -an 動詞の活用

pag- -an動詞の活用		
語根	simula	trabaho
不定相	pagsimulan　始める	pagtrabahuhan　働く
完了相	pinagsimulan	pinagtrabahuhan
継続相	pinagsisimulan/pinapagsimulan	pinagtatrabahuhan/pinapagtrabahuhan
未然相	pagsisimulan/papagsimulan	pagtatrabahuhan/papagtrabahuhan

① 完了・継続相では、**接辞pag-のpとaの間に-in-が添加されます。**

② 継続相では、pとaの間に-in-が添加されることに加えて、pag-のpa、あるいは語根の第1音節の子音と母音が重複します。

③ 未然相ではpag-のpa、あるいは語根の第1音節の子音と母音が重複します。

3.2　方向フォーカス動詞の pag- -an 動詞

方向フォーカス動詞の中で、-an動詞の次に多いのがpag- -an動詞です。行為者フォーカス動詞や目的フォーカス動詞とどのように対応しているか見てみましょう。

1) 自動詞の mag- 動詞と対応

mag-ingat/pag-ingatan	注意する		magselos/pagselosan	嫉妬する
maglingkod/paglingkuran	奉仕する		magsilbi/pagsilbihan	サービスする

Dapat maglingkod　ang mga *civil servant*　sa mga mamamayan.
　　　　　　　　　　行為者補語　　　　　　　　方向補語

　　　　　　　　　　　　　　　公務員は市民に奉仕すべきです。

Dapat paglingkuran　ng mga *civil servant*　ang mga mamamayan.
　　　　　　　　　　行為者補語　　　　　　　　方向補語

　　　　　　　　　　　　　　　公務員は市民に奉仕すべきです。

2) 他動詞の mag- 動詞、加えて目的フォーカス動詞の ipag- 動詞（⇒ 26 課）と対応

magtapat/ipagtapat/pagtapatan	告白する	magbili/ipagbili/pagbilhan　売る
magbawal/ipagbawal/pagbawalan	禁止する	

Nagtapat　si Rolly　ng damdamin niya　kay Annie.
　　　　　行為者補語　　目的補語　　　　方向補語

　　　　　　　　　　　ロリーは気持ちをアニーに告白しました。

Ipinagtapat　ni Rolly　ang damdamin niya　kay Annie.
　　　　　　　行為者補語　　　目的補語　　　　方向補語

　　　　　　　　　　　　　　　　ロリーは気持ちをアニーに告白しました。

Pinagtapatan　ni Rolly　si Annie　ng damdamin niya.
　　　　　　　　行為者補語　方向補語　　目的補語

　　　　　　　　　　　　　　　　ロリーは気持ちをアニーに告白しました。

方向フォーカス動詞のpag- -an動詞は、基本文②でもよく使われます。

Si Annie ang pinagtapatan ni Rolly ng damdamin niya.
　　　　　　　　　　　アニーにロリーが自分の気持ちを告白しました。

3.3　場所フォーカス動詞の pag- -an 動詞

　場所フォーカス動詞のpag- -an動詞は、行為者フォーカス動詞に加え、目的フォーカス動詞や方向フォーカス動詞と対応しているものもあります。

1) 自動詞の mag- 動詞や -um- 動詞と対応

lumaban/paglabanan	戦う	magtago/pagtaguan	隠れる
magsimula/pagsimulan	始まる	magtrabaho/pagtrabahuhan	働く

Nagtago　ang mga Katipunero　sa bundok.　カティプーナンの闘士は山に隠れました。
　　　　　　行為者補語　　　　　場所補語

Pinagtaguan　ng mga Katipunero　ang bundok.　カティプーナンの闘士は山に隠れました。
　　　　　　　行為者補語　　　　　場所補語

2) 他動詞の mag- 動詞や -um- 動詞、目的フォーカス動詞の i- 動詞や -in 動詞、加えて方向フォーカス動詞の -an 動詞と対応。

magbatay/ibatay/pagbatayan　　　　　　　基盤（根拠）とする
maglaro/laruin/paglaruan　　　　　　　　遊ぶ
sumulat/sulatin ～ isulat/sulatan/pagsulatan　書く
magturo/ituro/turuan/pagturuan　　　　　教える

Naglalaro　ang mga bata　ng computer game　sa sala.
　　　　　　行為者補語　　　目的補語　　　　場所補語
　　　　　　　　　　子供たちは居間でコンピューターゲームをしています。

Nilalaro　ng mga bata　ang computer game　sa sala.
　　　　　　行為者補語　　　目的補語　　　　場所補語
　　　　　　　　　　子供たちは居間でコンピューターゲームをしています。

Pinaglalaruan	ng mga bata	ng *computer game*	ang sala.
	行為者補語	目的補語	場所補語

子供たちは居間でコンピューターゲームをしています。

Sumusulat	si Tony	ng *love letter*	kay Maria	sa mesa.
	行為者補語	目的補語	方向補語	場所補語

トニーは机でマリアにラブレターを書いています。

Sinusulat	ni Tony	ang *love letter*	kay Maria	sa mesa.
	行為者補語	目的補語	方向補語	場所補語

トニーは机でマリアにラブレターを書いています。

Sinusulatan	ni Tony	si Maria	ng *love letter*	sa mesa.
	行為者補語	方向補語	目的補語	場所補語

トニーは机でマリアにラブレターを書いています。

Pinagsusulatan	ni Tony	ang mesa	ng *love letter*	kay Maria.
	行為者補語	場所補語	目的補語	方向補語

トニーは机でマリアにラブレターを書いています。

場所フォーカス動詞のpag- -an動詞は、基本文②や基本文③でもよく使われます。

Ito ang pinagtatrabahuhan ni Ryan.　ここでライアンが働いています。
UP ang pinagtuturuan ni Emily.　フィリピン大学でエミリーが教えています。
Mesa ang pinagsusulatan ni Tony ng *love letter*.
　　　　　　　　　　　　　　　机でトニーがラブレターを書いています。

 豆情報

フィエスタ

フィエスタの多くは、カトリック教会に祀られている守護聖人を、教会暦に定められている聖人の祝祭日に、町や村をあげて祝うためのものです。祝祭日の前には9日間続く祈りの集いであるノベナが行われ、当日には教会でのミサと、守護聖人の像をかついだり、山車に乗せたりしての巡行が行われます。多くの信者や観光客を引きつける祭りとしては、マニラ市のキアポ教会にある黒いキリスト像を祝福するブラック・ナザレ祭り（1月9日）、セブ市のサント・ニーニョ教会の幼きイエスの像を祝うシヌログ祭り（1月の第3日曜日）などがあります。

ブラック・ナザレ祭り

第25課 選挙運動

練習問題

1. ①から⑩の欄をうめて、表を完成させましょう。

行為者フォーカス動詞	目的フォーカス動詞	方向フォーカス動詞	場所フォーカス動詞
lumapit	—	①	—
②	—	pag-ingatan	—
sumakay	—	③	—
humingi	④	hingan	—
magnakaw	nakawin	—	⑤
magdagdag	idagdag	⑥	—
magsabi	⑦	sabihan	—
lumaban	—	—	⑧
humiram	hiramin	—	⑨
magtrabaho	—	—	⑩

2. カッコ内の語根を適切な相の動詞に変えましょう。

1) （palakpak）ng mga tao ang kandidatong iyon kanina.
2) （bili）ko ng mga sibuyas sina Aling Irma noong Linggo.
3) （dala）ko siya ng bulaklak mamaya.
4) （sulat）ko ang lola ko linggu-linggo.
5) Iyong bundok ang （tago）ng NPA ngayon.
6) （lagay）mo nga ng asin ang sabaw!
7) （abot）mo siya ng baso!
8) Gusto kong （tanim）ng pakwan ang bukid namin.
9) （utang）mo ba siya ng pera noon?
10) Itong eskuwelahan ang （turo）ni Mario noon.

3. 下線部に焦点を当てた文に変えましょう。

1) Nagbigay siya ng hikaw sa akin.
2) Pumunta tayo sa kanila.
3) Magsasabi ako ng totoo sa kanya.
4) Kumuha si Boyet ng pera sa pitaka.
5) Kailangan niyang magsilbi sa taumbayan.

第26課　ボクシング

フィリピンではボクシングがとても人気があります。世界タイトルを持っている選手やオリンピックメダリストも輩出しています。

Download 🔊))

Cris：　Nanood ka ba ng *boxing* sa *TV* kagabi?

Ryan：　Hindi, kasi nangako ako kay Miho na sasamahan ko siya sa *Japanese Culture Night* sa *International Center*.
　　　　Nakiusap siya sa amin ni Claire na tulungan siya sa *reception desk*.

Cris：　Sayang! Alam mo ba kung sino ang nanalo?

Ryan：　Hindi nga! Sino ba ang nanalo?

Cris：　Si Elorde!

Ryan：　Sino ang kalaban niya?

Cris：　Si Ramirez ng *Mexico*.
　　　　Akala ko nga, mananalo si Ramirez sa kanya sa mga unang *round*.
　　　　Pero mula sa *8th round*, bumawi si Elorde.

Ryan：　Nanatili ba siyang malakas hanggang sa huling *round*?

Cris：　Oo, kaya siya pa rin ang *welterweight champion*.
　　　　Ipinagdasal ko talaga na manalo siya.

Ryan：　Kaya dininig ang dasal mo.
　　　　Bilib talaga ako sa husay at bilis ni Elorde.

Cris：　Mabuti at may *replay* ng laban nila sa Sabado.
　　　　Panoorin mo ito, ha?

nangako	完 約束した (mangako)	dasal	祈り
nakiusap	完 お願いした (makiusap)	tulungan	未 手伝う、助ける
nanalo	完 勝った (manalo)	husay	うまさ、技
bumawi	完 挽回した (bumawi)	bilis	スピード
nanatili	完 ～であり続けた (manatili)	laban	試合、戦い
ipinagdasal	完 祈った (ipagdasal)	panoorin	未 見る
dininig	完 聞いた (dinggin)		

頻出表現

1.　Sayang!　　　　　　　　　　　　残念！
2.　bilib sa ～　　　　　　　　　　　～に感心します。
　　Bilib talaga ako sa bilis ni Elorde.　エロルデのスピードには感心します。
　　Bilib ako sa iyo.　　　　　　　　あなたには感心します。

232

1 目的フォーカス動詞のipag-動詞

　数は多くありませんが、目的フォーカス動詞にはipag-動詞もあります。まず活用を見てみましょう。

ipag-動詞の活用		
語根	tapat	malaki
不定相	ipagtapat　　告白する	ipagmalaki　　自慢する
完了相	ipinagtapat	ipinagmalaki
継続相	ipinagtatapat/ipinapagtapat	ipinagmamalaki/ipinapagmalaki
未然相	ipagtatapat/ipapagtapat	ipagmamalaki/ipapagmalaki

① 完了・継続相では、接辞ipag-のpとaの間に-in-が添加されます。
② 継続相では、pとaの間に-in-が添加されることに加えて、ipag-のpa、あるいは語根の第1音節の子音と母音が重複します。
③ 未然相では、ipag-のpa、あるいは語根の第1音節の子音と母音が重複します。
④ 完了・継続相では、接辞ipag-のiが消失することがあります。

　目的フォーカス動詞のipag-動詞の多くは、行為者フォーカス動詞のmag-動詞に対応しています。加えて、方向フォーカス動詞のpag- -an動詞と対応しているものもあります。いくつかは25課に記載されていますが、次のようなipag-動詞もよく使われます。

magdiwang/ipagdiwang　　　　　　　　　祝う
magmalaki/ipagmalaki/pagmalakihan　　　自慢する
magkatiwala/ipagkatiwala/pagkatiwalaan　委ねる

Magdiriwang kami ng Araw ng Kalayaan bukas.
　　　　　　　　　　　　　　　明日私たちは独立記念日を祝います。
Ipagdiriwang namin ang Araw ng Kalayaan bukas.
　　　　　　　　　　　　　　　明日私たちは独立記念日を祝います。

Nagmamalaki sila ng kayamanan nila sa amin.　　彼らは富を私たちに自慢します。
Ipinagmamalaki nila ang kayamanan nila sa amin. 彼らは富を私たちに自慢します。
Pinagmamalakihan nila kami ng kayamanan nila.　彼らは富を私たちに自慢します。

2 行為者フォーカス動詞のm-動詞

m-動詞とは、語根ではなく、pで始まる語幹のpを接頭辞m-で置きかえることによって形成される行為者フォーカス動詞です。m-動詞を形成する語幹の多くは名詞です。

語幹が名詞の場合		m-動詞	
pangako	約束	mangako	約束する
pangamba	恐怖	mangamba	恐れる
panalo	勝利	manalo	勝つ
pakiramdam	気分	makiramdam	感じとる
pakiusap	お願い	makiusap	お願いする
pakialam	干渉	makialam	干渉する

語幹が名詞でないm-動詞もあります。ただ、語幹が名詞でなくても、語幹の第2音節の最初の子音と母音を重複すると名詞になります。（　）内に示されているのは、名詞形とその意味です。

語幹が名詞でない場合		m-動詞	
pakinig	（pakikinig 聞くこと）	makinig	聞く
paniwala	（paniniwala 信仰）	maniwala	信じる
panood	（panonood 見ること）	manood	見る、鑑賞する
panibago	（paninibago 戸惑うこと）	manibago	戸惑う

2.1　m-動詞の活用

完了・継続相では、接辞のm-がn-になります。**継続・未然相では語幹の第2音節の最初の子音と母音のみが重複します。**語根にある（・）は音節の区切りを表わします。

m-動詞の活用		
語幹	pa・nga・ko cv・cv・cv	pa・ngam・ba cv・cvc・cv
不定相	mangako　　約束する	mangamba　　恐れる
完了相	nangako	nangamba
継続相	nanangako	nanangamba
未然相	manangako	manangamba

2.2　m-動詞の分類

m-動詞には、自動詞と他動詞があります。自動詞か他動詞でma-動詞を分類すると次のようになります。

234

第**26**課　ボクシング

1）自動詞

① 方向フォーカス動詞の-an動詞、あるいは場所フォーカス動詞の-an動詞と対応：m-動詞の多くがこのグループに属します。

manalo/panalunan	勝つ	makisama/pakisamahan	同行する
makialam/pakialaman	干渉する	makinabang/pakinabangan	恩恵を被る

Makisama ka sa kanila.　　　　　　　（あなたは）彼らに付き添ってあげて。
Pakisamahan mo sila.　　　　　　　　（あなたは）彼らに付き添ってあげて。

Nakikinabang tayo sa pagbabakuna.　　私たちは予防接種の恩恵を被っています。
Pinakikinabangan natin ang pagbabakuna.　私たちは予防接種の恩恵を被っています。

② 方向フォーカス動詞や場所フォーカス動詞とは対応していない：maligo「水浴びする」、manatili「～であり続ける、居残る」ぐらいしかありません。**manatiliはリンカーを伴って形容詞か名詞と一緒に使われることが多いです。**

Naliligo ang mga kalabaw sa ilog.　　水牛は川で水浴びをしています。
Nanatili ang pamilya niya sa probinsya.　彼女の家族は田舎に居残りました。
Nanatiling binata si Mang Jun habambuhay.　ジュンさんは一生独身でした。

2）他動詞

① 目的フォーカス動詞の-in動詞や-an動詞と対応

mangarap/pangarapin	夢見る	makiramdam/pakiramdaman	感じとる
manood/panoorin	（映画などを）見る	makinig/pakinggan	聞く
mamahala/pamahalaan	管理する	maniwala/paniwalaan	信じる
mangamba/pangambahan	恐れる	managinip/panaginipan	（夜）夢を見る

Manood tayo ng sabong.　　　　　　　（私たちは）闘鶏を見ましょう。
Panoorin natin ang sabong.　　　　　　（私たちは）闘鶏を見ましょう。

Dapat kayong makinig sa mga magulang ninyo.
　　　　　　　　　　　　　　　　あなたたちは両親の言うことを聞くべきです。
Dapat ninyong pakinggan ang mga magulang ninyo.
　　　　　　　　　　　　　　　　あなたたちは両親の言うことを聞くべきです。

235

② 目的フォーカス動詞のi-動詞と方向フォーカス動詞の-an動詞と対応

mangako/ipangako/pangakuan　　　　約束する
makiusap/ipakiusap/pakiusapan　　　お願いする

Nangako ako ng keyk kay Miriam.　　　私はミリアムにケーキを約束しました。
Ipinangako ko ang keyk kay Miriam.　　私はミリアムにケーキを約束しました。
Pinangakuan ko si Miriam ng keyk.　　　私はミリアムにケーキを約束しました。

3　複文

　複文とは、母体となっている文に、もうひとつの文が組み込まれている文です。フィリピノ語では複文は動詞文に多く、**目的補語の位置にもうひとつの文が組み込まれています**。単文と複文の違いを見てみましょう。

　　単文: Naniwala si Bendoy sa pagbalik ng anak niya.
　　　　　　　　　　　　　　ベンドイは息子の帰郷を信じていました。
　　複文: Naniwala si Bendoy na babalik ang anak niya.
　　　　　　　　　　　　　　ベンドイは息子が戻ってくると信じていました。

　　単文: Nangako si Manny ng pagtigil ng paninigarilyo.
　　　　　　　　　　　　　　マニーは禁煙を約束しました。
　　複文: Nangako si Manny na titigil siya ng paninigarilyo.
　　　　　　　　　　　　　　マニーはたばこをやめると約束しました。

　　単文: Tingnan natin ang balak nila.　　彼らの計画を見てみましょう。
　　複文: Tingnan natin kung ano ang balak nila.
　　　　　　　　　　　　　　彼らの計画が何であるか見てみましょう。

1)　組み込まれる文が平叙文の場合：**リンカーを伴って、母体となっている文に組み込こまれます。組み込まれる文は「〜すると」の意味を表します**。次の例文では、母体となる文をS1、組み込まれる文をS2、複文を ES と表わしています。

236

第**26**課　ボクシング

S1：Hindi sila naniniwala.　　　　　彼らは信じていませんでした。

S2：Malapit nang pumutok ang bulkan.　火山はまもなく噴火します。

ES：Hindi sila naniniwalang malapit nang pumutok ang bulkan.

彼らは火山がまもなく噴火すると信じていませんでした。

S1：Nangako ako kay Emily.　　　　私はエミリーに約束しました。

S2：Dadalhin ko siya sa Davao.　　私は彼女をダバオに連れて行きます。

ES：Nangako ako kay Emily na dadalhin ko siya sa Davao.

私はエミリーにダバオに連れて行くと約束しました。

2）組み込まれる文が一般的な疑問文の場合：**接続詞 kung を伴って、母体となっている文に組み込まれます。組み込まれる文は「～かどうか」の意を表わします。**

S1：Hindi ko alam.　　　　　　　私は知りません。

S2：Darating ba sila rito ngayon?　彼らは今日ここに到着しますか？

ES：Hindi ko alam kung darating sila rito ngayon.

彼らが今日ここに到着するかどうか私は知りません。

S1：Makiramdam ka.　　　　　　探ってみて。

S2：Minamahal ba ako ni Raul?　　ラウルは私を愛していますか？

ES：Makiramdam ka kung minamahal ako ni Raul.

ラウルが私を愛しているかどうか探ってみて。

S1：Itanong mo sa ate mo.　　　　君の姉さんに聞いてみて。

S2：Kaya ba niyang gawin ito?　　彼女はこれが出来ますか？

ES：Itanong mo sa ate mo kung kaya niyang gawin ito.

君のお姉さんにこれが出来るかどうか聞いてみて。

3）組み込まれる文が疑問詞で始まる疑問文の場合：**接続詞 kung を伴って、母体となっている文に組み込まれます。組み込まれる文は「～するのか」の意を表わします。**

S1：Gusto kong panoorin.　　　　私は見たいのです。

S2：Ano ang nangyayari roon?　　何があそこで起きているのですか？

ES：Gusto kong panoorin kung ano ang nangyayari roon.

あそこで何が起きているのか私は見たいのです。

S1：Hindi namin alam.　　　　　私たちは知りません。

S2：Sino ang nanalo sa halalan?　誰が選挙で当選しましたか？

ES：Hindi namin alam kung sino ang nanalo sa halalan.

私たちは誰が選挙で当選したのか知りません。

237

S1: Nangangamba sila. 彼らは恐れています。
S2: Paano sila mamumuhay mula ngayon?
　　　　　　　　　　　　　彼らは今日からどうやって生活していきますか？
ES: Nangangamba sila kung paano sila mamumuhay mula ngayon.
　　　　　　　　　　　　　彼らは今日からどうやって生活していくのか恐れています。

S1: Tingnan natin. 見てみましょう。
S2: Ilang estudyante ang pumasa sa iksam?　何人の学生が試験に合格しましたか？
ES: Tingnan natin kung ilang estudyante ang pumasa sa iksam.
　　　　　　　　　　　　　何人の学生が試験に合格したのか見てみましょう。

 豆情報

実在すると信じられている霊や妖怪

フィリピンの人たちの間では、次のような霊や妖怪が今も実在すると信じられています。

aswang：アスワンは様々なものに姿を変え、人間の内臓や胎児を好むと言われる妖怪。
manananggal：マナナンガルは下半身を切り離し、上半身だけで飛ぶことができるとされている妖怪。胎児の生血を吸うと言われています。
duwende：ドゥエンデは家などに住んでいるとされる小びと。怒らせると不運をもたらすと言われています。
enkantada：エンカンターダは自然を守っているとされる妖精。魔法が使えます。
kapre：カプレは古いガジュマルの木などに腰かけて、葉巻をくゆらせていると信じられている巨人。夜現れるので、子供にとっては怖い存在です。
nuno sa punso：ヌーノ・サ・プンソは蟻塚の地下に住んでいるとされる霊。
anito：アニートは自然界の中にいると信じられている精霊。

マナナンガル

カプレ

238

第26課 ボクシング

1. ①〜⑤の欄をうめて、表を完成させましょう。

行為者フォーカス動詞	目的フォーカス動詞	方向フォーカス動詞
magdiwang	①	—
②	ipagmalaki	pagmalakihan
makiusap	ipakiusap	③
maniwala	④	—
⑤	pamahalaan	—

2. カッコ内の語幹を、適切な相の動詞に変えましょう。

1) Huwag mo siyang (pakialam).
2) Sino ang (pakinabang) sa digmaan noon?
3) (pakinig) natin ang balita sa radyo.
4) Hindi na siya (paniwala) sa pamahiin ngayon.
5) Paminsan-minsan, (panalo) si Monica sa madyong.
6) Ano ang (pangako) mo sa kanya kanina?
7) (panibago) pa si Jun sa kaugalian ng mga *Muslim*.
8) (panatili) dalaga si Erin habambuhay.
9) Ano ang (panood) ninyo mamayang gabi?
10) (pangarap) akong maging artista noong bata pa ako.

3. S1の文にS2の文を組み入れ、ひとつの文にしましょう。

1) S1: Alam mo ba?
   S2: Babalik na si Miho sa *Japan*.
2) S1: Sasabihin ko sa nanay mo.
   S2: Wala ka pang trabaho.
3) S1: Nagtanong ako sa kanya.
   S2: Kailan ang *birthday* niya?
4) S1: Ikukuwento ko sa kanila.
   S2: Ano ang ginawa ninyo noong bakasyon?
5) S1: Makiramdam ka.
   S2: Nagagalit pa ba siya sa akin?

239

第27課 台風の被害

フィリピンは毎年いくつもの台風に見舞われますが、2013年11月にビサヤ諸島に上陸した台風30号はレイテ島に甚大な被害をもたらしました。

Download◀))

Miho : Hindi ba may kamag-anak kayo sa Leyte?

Nasira ba ang bahay nila noong bumagyo nang malakas doon?

Claire : Oo, nag-alala nga ako sa kanila, pero sa awa ng Diyos, nawasak lang ang

bubong ng bahay nila at nabasa ang lahat ng kasangkapan nila.

Miho : Kawawa naman sila!

Siguradong nahirapan sila, ano?

Claire : Mas nakakaawa ang mga kapitbahay nila.

Marami raw ang hindi lang nasiraan ng bahay kundi namatayan din.

Muntik na ring malunod ang anak ng isa sa kanila.

Miho : Kumusta ang mga kamag-anak ninyo ngayon?

Claire : Kababalik lang nila sa bahay nila.

Maraming mga NGO ang tumulong sa kanila sa pag-aayos ng bahay nila.

Miho : Natutuwa nga ako dahil maraming mga *volunteer* na galing pa sa ibang

bansa, pati sa *Japan*.

Dumating sila agad at tumulong sila sa mga nasalanta ng bagyo.

Claire : Nakakatuwang isipin na kung hindi tumulong ang maraming *volunteer*,

baka hanggang ngayon, nasa *evacuation center* pa ang maraming tao.

Miho : At dahil sa kanila, hindi nawalan ng pag-asa ang mga tao.

nasira	完 壊れた (masira)	malunod	不 溺れる、溺死する
nawasak	完 壊れた (mawasak)	kababalik	戻ったばかり
nabasa	完 濡れた (mabasa)	pag-aayos	修理、修理すること
kasangkapan	家財道具	natutuwa	継 喜んでいる (matuwa)
nahirapan	完 苦労した (mahirapan)	ibang bansa	外国
nakakaawa	哀れをさそう、かわいそうな	pati	〜も、〜を含めて
nasiraan	完 壊された (masiraan)	mga nasalanta	被災者たち
namatayan	完 死なれた (mamatayan)	nawalan	完 失った (mawalan)

頻出表現

1. sa awa ng Diyos, おかげさまで、幸い

   Sa awa ng Diyos, nawasak lang ang bubong. 幸い、屋根が壊れただけでした。

   Sa awa ng Diyos, naging mapayapa na ang buhay namin dito.

   幸い、ここでの私たちの生活は平和になりました。

240

第**27**課　台風の被害

2. hindi lang ～ kundi ～ 　　　　　　　　～だけでなく～も

Marami raw ang hindi lang nasiraan ng bahay kundi namatayan din ng pamilya.

多くの人が家が壊れただけでなく、家族も失いました。

Ang pagboto ay hindi lang karapatan kundi isa ring tungkulin.

投票は権利であるだけでなく、ひとつの義務でもあります。

3. Muntik + リンカー + 動詞の不定相　　　もう少しで～するところでした。

Muntik na ring malunod ang anak nila.　彼らの子供ももう少しで溺れるところでした。

Muntik akong mahulog sa hagdan.　　　私はもう少しで階段から落ちるところでした。

4. Nakakatuwang isipin na ～　　　　　　～と考えるとうれしい限りです。

Nakakatuwang isipin na maraming *volunteer* ang tumulong sa kanila.

多くのボランティアが彼らを助けたと考えるとうれしい限りです。

Nakakatuwang isipin na marami na akong kaibigang Pilipino.

多くのフィリピン人の友人がいると思うとうれしい限りです。

1 　行為者フォーカス動詞のma-動詞とma- -an動詞

　この課で学ぶma-動詞とma- -an動詞は非常に似ています。共に行為者フォーカス動詞と非行為者フォーカス動詞がありますが、この課では、行為者フォーカス動詞のma-動詞とma--an動詞について学びます。**行為者フォーカス動詞のma-動詞とma- -an動詞は自動詞で、ほとんどが不可避な出来事や自然の成り行きの結果陥った状態を表わしますが、人間の感情や反応を表わしたりもします。動的な行為を表わすのは、ほんのわずかなma-動詞だけです。**

1.1　ma- 動詞と ma- -an 動詞の活用

　ma-動詞、ma- -an動詞、共に完了・継続相では接辞ma-のmがnに変わります。継続・未然相では語根の最初の子音と母音のみが重複します。母音文字で始まっている語根とは、子音の声門閉鎖音で始まっている語根のことです。

	ma-動詞の活用		
	母音文字で始まる語根 （第1音節がcv）	子音で始まる語根 （第1音節がcv）	子音で始まる語根 （第1音節がcvc）
語根	i·nis [ʔi·nis] cv·cvc	si·ra cv·cv	bang·ga cvc·cv
不定相	mainis　いらつく	masira　壊れる	mabangga　ぶつかる
完了相	nainis	nasira	nabangga
継続相	naiinis	nasisira	nababangga
未然相	maiinis	masisira	mababangga

241

ma- -an動詞の活用		
母音文字で始まる語根 (第1音節がcv)	子音で始まる語根 (第1音節がcv)	子音で始まる語根 (第1音節がcvc)

	母音文字で始まる語根 (第1音節がcv)	子音で始まる語根 (第1音節がcv)	子音で始まる語根 (第1音節がcvc)
語根	a·lat [ʔa·lat] cv·cvc	si·ra cv·cv	gan·da cvc·cv
不定相	maalatan 塩辛いと感じる	masiraan 壊される	magandahan 美しいと感じる
完了相	naalatan	nasiraan	nagandahan
継続相	naaalatan	nasisiraan	nagagandahan
未然相	maaalatan	masisiraan	magagandahan

1.2 ma- 動詞の分類

行為者フォーカス動詞のma-動詞は、大きく次のようなグループに分類されます。

1) 動的な行為を表わす：このタイプの ma- 動詞は４つしかありません。-um- 動詞に近く、実際２つは -um- 動詞で置きかえられます。

matulog	寝る	maupo (=umupo)	座る
mauna	先に行く	mahiga (=humiga)	横になる

Mauuna na ako.　　　　　　　　お先に失礼します。
Gustong matulog ng mga bata.　　子供たちは寝たがっています。

2) 不可避な出来事や自然の成り行きの結果陥った状態を表わす：語根の多くが形容詞として使われていて、「〜の状態になる」という意味になります。**主語は、被害を受けたり、影響を受けたりする物です**。(　)内は形容詞ですが、動詞の語根と形容詞ではアクセントの位置が違う場合があります。

masírà (sirâ)	壊れる	masúnog (sunóg)	燃える
mabasâ (basâ)	濡れる	maganáp (ganáp)	生じる
matuyô (tuyô)	乾く	mamatay	死ぬ
mahinóg (hinóg)	熟する	mawala	無くなる
magibâ (gibâ)	破壊される	mahulog	落ちる

Nasira ang tulay.　　　　　　　　　橋は壊れました。
Nahulog daw ang bus sa bangin.　　バスが渓谷に落ちたそうです。
Baka maganap ang himala.　　　　　奇跡が生じるかもしれません。

242

3) 喜怒哀楽や身体の反応を表わす：ほとんどの語根が形容詞としても使われていますが、語根として使われる場合とアクセントの位置が異なる場合があります。（　）内は形容詞です。

magálit（galít）	怒る	mahílo	めまいがする
magúlat（gulát）	驚く	magútom（gutóm）	お腹がすく
matákot（takót）	怖がる	mabusóg（busóg）	満腹になる
mainggít（inggít）	うらやむ	maúhaw（uháw）	喉が渇く
mainís（inís）	いらつく	mapágod（pagód）	疲れる

Napagod ang mga bata dahil sa biyahe.　　子供たちは旅行のせいで疲れました。
Naiinggit ako sa iyo.　　あなたがうらやましいです。
Naiinis sila sa trapik.　　彼らは交通渋滞にいらついています。

1.3　ma- -an 動詞の分類

行為者フォーカス動詞のma- -an動詞は、大きく次のようなグループに分かれます。

1) 不可避な出来事や自然の成り行きの結果陥った状態を表わす：このグループに属する ma- -an 動詞の多くは、不可避な出来事や自然の成り行きの結果陥った状態を表わす ma- 動詞と語根を共有しています。

ma-動詞		ma- -an動詞	
mabali	折れる	mabalian	骨折する
mamatay	死ぬ	mamatayan	死なれる
masira	壊れる	masiraan	壊される
masunog	燃える	masunugan	焼け出される
mawala	無くなる	mawalan	失う

　ma-動詞を使った動詞文の主語はほとんどの場合、被害を受けた物ですが、ma- -an動詞では主語は被害を受ける人です。被害を受ける具体的な物や場所は、〈ng/sa ＋ 名詞〉で表わされます。

Nabali ang paa ni Ibarra.　　イバラの足は折れました。
Nabalian si Ibarra ng paa.　　イバラは足を骨折しました。

Nasunog ang bahay nina *Mr.* Lim.　　リム氏たちの家は焼けました。
Nasunugan sina *Mr.* Lim ng bahay.　　リム氏たちは家を焼け出されました。

Nawala ang pag-asa nila sa kinabukasan. 彼らの将来への希望は無くなりました。

Nawalan sila ng pag-asa sa kinabukasan. 彼らは将来への希望を失いました。

2) 不可避な出来事や自然の成り行きの結果陥った状態を表わすが、ma-動詞とは対応していない：masugatan「けがをする」、masaktan「傷つく」、matamaan「当たる」といった動詞に加えて、語根が天候・自然現象を表わす名詞である ma- -an 動詞がこのタイプです。

Nasugatan ang manggagawa sa paa.	労働者は足にけがをしました。
Nasaktan ako sa pag-ibig.	私は愛に傷つきました。
Natamaan ang sundalo ng *stray bullet* sa hita.	兵士は腿に流れ弾が当たりました。
Naulanan sila kanina.	彼らはさっき雨に降られました。
Baka mahamugan ang bata.	子供は露にぬれるかもしれません。

3) 物事に対する感情や反応を示す：ほとんどの語根は形容詞の語根と重なります。

語根	形容詞		ma- -an動詞	
init	mainit	暑い/熱い	mainitan	暑い/熱いと感じる
hirap	mahirap	困難な	mahirapan	難しいと感じる、苦労する
ganda	maganda	美しい	magandahan	美しいと感じる
sarap	masarap	おいしい	masarapan	おいしいと感じる
pangit	pangit	醜い	mapangitan	醜いと感じる

Naiinitan ako rito.	ここは暑いと感じます。
Nagagandahan ka ba kay Letty?	レティを美人だと思いますか？
Nahihirapan sila sa Filipino.	彼らはフィリピノ語に苦労しています。

2 方向フォーカス動詞のka- -an動詞

　方向フォーカス動詞には、25課で学んだ-an動詞とpag- -an動詞の他にka- -an動詞があります。ka- -an動詞はこの課で学ぶma-動詞のうち、喜怒哀楽といった感情を表わすma-動詞と対応しています。

2.1 ka- -an 動詞の活用

　ka- -an動詞の活用は次のようになります。次の表で母音文字で始まる語根とは、子音の声門閉鎖音で始まる語根のことです。

第27課　台風の被害

	母音文字で始まる語根	子音で始まる語根
語根	awa	takot
不定相	kaawaan　哀れむ	katakutan　怖がる
完了相	kinaawaan	kinatakutan
継続相	kinaaawaan/kinakaawaan	kinatatakutan/kinakatakutan
未然相	kaaawaan/kakaawaan	katatakutan/kakatakutan

① 完了・継続相では、接辞ka-のkとa間に-in-が添加されます。

② 継続・未然相では、語根の一部、あるいはka-が重複します。語根の一部が重複する場合、語根が母音文字で始まっているときは母音、語根が子音で始まっているときは語根の第1音節の子音と母音が重複します。

2.2　ma- 動詞との対応

ka- -an動詞と感情を表わすma-動詞は、次のように対応しています。

maawa/kaawaan　　　哀れむ　　　　　matakot/katakutan　　怖がる

mainis/kainisan　　　いらつく　　　　matuwa/katuwaan　　喜ぶ

magalit/kagalitan　　怒る、腹をたてる　mainggit/kainggitan　うらやむ

基本文①の文を見てみましょう。

Maawa　kayo　sa amin.
　　　　行為者補語　方向補語

（あなたたちは）私たちに哀れみを。

Kaawaan　ninyo　kami.
　　　　行為者補語　方向補語

（あなたたちは）私たちに哀れみを。

Nagalit　si Lucy　sa asawa niya.
　　　　行為者補語　　方向補語

ルーシーは夫に腹をたてました。

Kinagalitan　ni Lucy　ang asawa niya.
　　　　行為者補語　　　方向補語

ルーシーは夫に腹をたてました。

ka- -an動詞は、基本文②や③でもよく使われます。

Ang mga ulila　ang kinaaawaan　namin.
　方向補語　　　　　　　　　　行為者補語

孤児たちがかわいそうです。

Kidlat　ang kinatatakutan　ng mga bata.
方向補語　　　　　　　　　行為者補語

稲妻を子供たちは怖がっています。

Mga preskong lalaki　ang kinaiinisan　ko.
　　方向補語　　　　　　　　　　行為者補語

図々しい男性に私はいらつきます。

245

3　ma-動詞とnakaka-形容詞

　感情や反応を表わすma-動詞の接辞ma-をnakaka-で置きかえると、語根が引き起こす感情や反応を表わすnakaka-形容詞となります。

　〈nakaka- + 語根〉の代わりに、〈naka- + 語根第1音節の子音と母音 + 語根 〉のパターンも使われることがあります。

ma-動詞		nakaka-形容詞	
matuwa	喜ぶ	nakakatuwa/nakatutuwa	喜びをさそう→喜ばしいことです
matakot	怖がる	nakakatakot/nakatatakot	恐怖をさそう→恐いです
mahiya	恥じる	nakakahiya/nakahihiya	恥をさそう→恥ずかしい
malungkot	悲しむ	nakakalungkot/nakalulungkot	悲しみをさそう→悲しい
mabigo	がっかりする	nakakabigo/nakabibigo	がっかりさせる→がっかりすることです
mapagod	疲れる	nakakapagod/nakapapagod	疲れさせる→疲れることです

　ma-動詞の主語が人間である場合が多いのに対し、**nakaka-**形容詞の主語はおおかたの場合、物や事象です。

Nahihiya ako sa inyo.	私はあなたに対して恥ずかしいです。
Nakakahiya ang pagbagsak ko sa *test*.	私が試験に落ちたことは恥ずかしいことです。
Napagod ako dahil sa biyahe.	私は旅行のせいで疲れました。
Nakakapagod ang biyahe.	旅行は疲れます。
Natatakot sila sa madilim na daan.	彼らは暗い道を怖がっています。
Nakakatakot ang madilim na daan.	暗い道は怖いです。

4　「〜したばかりです」を表わす

　「〜したばかりです」という今しがた完了したばかりの行為は、行為者フォーカス動詞の語根/語幹に接辞ka-を添加、加えて語根/語幹の一部を重複することで表わすことができます。あるいは、語根/語幹に接辞kaka-を添加することで表わすこともできます。

語根/語幹	行為者フォーカス動詞の不定相		近完了
alis	umalis	去る	kaaalis/kakaalis
dating	dumating	到着する	kararating/kakarating
luto	magluto	料理する	kaluluto/kakaluto
panganak	manganak	産む	kapapanganak/kakapanganak
panood	manood	（映画などを）見る	kapapanood/kakapanood

① -um-動詞とmag-動詞は、〈接辞ka- + ┃語根第1音節の子音と母音 + 語根┃〉、あるいは
〈kaka- + 語根〉で表わします。

② mang-動詞やm-動詞は、〈接辞ka- + ┃語幹第1音節の子音と母音 + 語幹┃〉、あるいは
〈kaka- + 語幹〉で表わします。

近完了を表す文では、行為者、行為の対象となる物（人）は共にng句で表わされ、小辞の
langを伴います。

Kaaalis/kakaalis lang ng tren.	列車は出発したばかりです。
Kararating/kakarating ko lang sa Maynila.	私はマニラに着いたばかりです。
Kaluluto/kakaluto lang ng Nanay ng nilugaw.	母はお粥を料理したばかりです。
Kaluluto/kakaluto lang ng nilugaw.	お粥は出来上がったばかりです。
Kapapanganak lang ni Ina ng *baby* na lalaki.	イナは男の赤ちゃんを産んだばかりです。
Kapapanganak lang ng *baby* na lalaki.	男の赤ちゃんが生まれたばかりです。

また、今しがた完了したばかりの行為は、〈bagong + 一部の行為者フォーカス動詞の語根〉
の構文を使っても表わすことができます。bagongはbago「新しい」にリンカーの-ngが添加
された形です。

Bagong dating ako sa Maynila.	私はマニラに着いたばかりです。
Bagong lipat lang sina *Mr.* Cruz.	クルース氏たちは引っ越ししたばかりです。
Bagong gising lang ang asawa ko.	私の夫は起きたばかりです。
Bagong luto itong nilugaw.	このお粥は出来上がったばかりです。

練習問題

1. カッコ内の語根を適切な相の ma- 動詞か ma- -an 動詞に変えて文を完成させましょう。

   1) （matay）sila ng lolo nila kamakalawa.
   2) Baka（bali）ang daliri ni Emma kanina.
   3) （sira）ang kotse namin noong Huwebes.
   4) （sunog）daw ang mga bahay sa Quiapo kagabi.
   5) Huwag tayong（wala）ng pag-asa.

2. ka- -an 動詞を使った文に変えましょう。

   1) Natatakot ang mga bata sa aso.
   2) Naiinis kami sa mahabang pila.
   3) Maawa kayo sa amin.
   4) Natuwa si Jerry sa regalo ng ninang niya.
   5) Huwag kang mainggit sa ate mo.

3. カッコ内の語根を適切な相の ma- 動詞か、nakaka- 形容詞に変えて文を完成させましょう。

   1) （lungkot）ako ngayon dahil sa pag-alis niya.
   2) （lungkot）ang pag-alis niya.
   3) （pagod）pa kami dahil sa trabahong iyon.
   4) （pagod）ang trabahong iyon.
   5) （hiya）kami noon dahil sa ugali niya.
   6) （hiya）ang ugali niya.

4. フィリピノ語にしましょう。

   1) ミーティングは終わったばかりです。
   2) この部屋は掃除されたばかりです。
   3) 学生たちは CCP で催し物を見たばかりです。
   4) レイエスさん（Mr. Reyes）たちは引っ越ししたばかりです。
   5) 私の姑（biyenan）はセブから戻ったばかりです。

コラム6　自然災害

　フィリピンは日本と同様、台風、地震、火山噴火といった自然災害が多い国です。最も多いのは台風で、毎年のようにフィリピン各地に被害をもたらしています。地球の温暖化が進む中、台風は大型化し、2013年11月にフィリピン中部のビサヤ諸島を襲った台風30号では、160万人余りが被災し、レイテ島ではタクロバン市を中心に7300人にも上る人々が巨大な高潮の犠牲となりました。同じレ

アエタの子供たち

イテ島のオルモック市は、1991年11月に台風25号に襲われ、氾濫した川の中州の住民などおよそ8000人が亡くなっています。
　地震は日本ほど頻繁ではありませんが、1990年7月に起きたルソン島大地震では1600人余りが亡くなっています。また2013年10月にビサヤ諸島を襲った地震では、ボホール島やセブ島の歴史的な建造物に大きな被害がでました。
　フィリピンには、マヨン山やブルサン山などの活火山が20ほどあります。なかでも地球規模の影響を与えたのは、ルソン島西部にあるピナトゥボ山の大噴火です。600年余りにわたって眠っていたピナトゥボ山は、1991年6月に噴火しました。この大噴火は20世紀最大規模といわれた噴火で、山麓で移動焼き畑農耕と補助的な狩猟採集を生業として暮らしていたネグリート系先住民アエタの人たちの生活の場が壊滅的な被害を受け、避難と再定住を余儀なくされました。この噴火は、1815年に起きたインドネシアのタンボラ山の大噴火や1883年のクラカトア山の大噴火の時のように、気候変動を引き起こしました。1992年から1993年にかけて、北半球の温度は平均して0.5～0.7度下がりました。宮城県の特産であったササニシキが消え、ひとめぼれに取ってかわられたのは、この1993年の冷夏が原因だと言われています。噴火はまた、極東最大といわれたアメリカのクラーク空軍基地とスービック海軍基地にも大きな被害を与え、アメリカ軍がフィリピンから全面撤退することを後押ししました。ただ、噴火による人的被害は、それほど甚大ではありませんでした。噴火予知が正確だったため、危険区域にいた住民のほとんどが噴火前に避難していたからです。
　筆者は1970年代の後半、ピナトゥボ山の南西の麓にあった先住民アエタの人々が住んでいたカキリガン村に、言語調査のため2年近く住みました。清流が流れ、自然に恵まれた土地で、アエタの人々は焼畑耕作や狩りといった先祖伝来の生活スタイルを守りながら自給自足の生活をしていました。噴火前に町に避難していた人たちは助かりましたが、警告に従わず、山に残り洞窟などに逃げた100人ほどが犠牲になりました。

第28課 ミンダナオ和平

　フィリピン南部のミンダナオ地方では、イスラム武装勢力がフィリピンからの分離独立や自治の拡大を求め、40年余りにわたり武装闘争を続けてきました。　　　Download ◀))

Miho :　May pinanood ako sa *TV* kagabi tungkol sa Mindanao, kung saan napakayaman pala ng lupa at dagat doon!

Claire :　Oo nga!
Maraming itinatanim na prutas doon na hindi itinatanim sa Luzon, tulad ng durian at marang.

Miho :　Marami rin daw na mga taong nangingisda doon ng tuna at iba pang isda.

Claire :　Kaya gustong humiwalay sa Pilipinas ng mga *Muslim* na nakatira roon kasi mayaman sila sa likas na yaman.

Ryan :　At sa tingin nila, inagawan sila ng mga Kristyanong nakatira roon ng mga lupa nila.
Isa pang dahilan ito kung bakit gusto nilang humiwalay.

Miho :　Kaya ba nagkakagulo ang mga *Muslim* doon ngayon?

Claire :　Oo. Nag-uusap na ang gobyerno at mga lider ng *Muslim* tungkol sa solusyon sa problemang ito.
Kung anu-ano na ang iniisip nilang gawing solusyon.

Ryan :　Pinag-uusapan nila ang hinihinging *autonomous government* ng mga *Muslim* sa Mindanao kung saan sila magkakaroon ng mas malawak na awtonomiya.

Claire :　Marami pa raw na dapat pag-usapan at ayusin tungkol dito.

Ryan :　Sa palagay ko, umaasa ang kahit sino na magkaroon na ng kapayapaan sa Mindanao.

Miho :　Ako rin.

napakayaman	とても豊かな	solusyon	解決策
marang	ニオイパンノキの木と実	pinag-uusapan	継 話し合っている (pag-usapan)
humiwalay	不 分離する、分かれる	malawak	広い
likas na yaman	天然資源	awtonomiya	自治
inagawan	完 奪った (agawan)	kahit sino	誰でも、誰も
Kristyano	キリスト教徒	kapayapaan	和平、平和
nagkakagulo	継 混乱を抱えている (magkagulo)	*autonomous government*	自治政府
dahilan	原因		

第**28**課　ミンダナオ和平

頻出表現

1. Sa tingin + ng 句の行為者　　　　　　〜の見解では、〜が思うに

   Sa tingin nila, inagawan sila ng mga Kristyano ng mga lupa nila.
   　　　　　　　　　　彼らの見解では、キリスト教徒が彼らから土地を奪いました。

   Sa tingin ko, hindi pa titigil ang ulan.　私が思うに、雨はまだ止みません。

2. gawing + 名詞 + 主語　　　　　　　　〜を〜にする

   Gawin nating pelikula ang kanyang buhay.　　　　　彼の人生を映画にしましょう。

   Gusto niyang gawing *café* itong bahay.　彼女はこの家をカフェにしたがっています。

   Kung anu-ano na ang iniisip nilang gawing solusyon.

   　　　　　　　　　　　　　彼らは解決策になることは何でも考えています。

---

1 動詞が名詞を修飾する

　動詞が名詞を修飾する場合、動詞は修飾される名詞の前後、どちらからでも修飾できますが、被修飾語となる名詞が何を表わしているかによって修飾語となる動詞が違ってきます。**名詞が動作の行為者を表わしている場合は行為者フォーカス動詞、行為の対象である場合は目的フォーカス動詞、行為のなされる方向であれば方向フォーカス動詞、行為が行われる場所であれば場所フォーカス動詞が修飾します。**リンカーを忘れないようにしましょう。

1) 行為者フォーカス動詞が修飾する場合：ng 句で表わされる目的補語は動詞と離れた形でも修飾できます。

   binatang kumakanta = kumakantang binata　　歌っている独身の男性

   binatang kumakanta ng pambansang awit = kumakanta ng pambansang awit na

   binata = kumakantang binata ng pambansang awit

   　　　　　　　　　　　　国歌を歌っている独身の男性

2) 目的フォーカス動詞が修飾する場合：ng 句で表わされる行為者補語は動詞と離される形でも修飾できます。

   parol na ginagawa = ginagawang parol　　　　作られているパロル

   parol na ginagawa ng mga bata = ginagawang parol ng mga bata = ginagawa ng

   mga batang parol　　　　　　　　　　子供たちが作っているパロル

   hotel na itinatayo nila = *hotel* nilang itinatayo = itinatayo nilang *hotel*

   　　　　　　　　　　　　彼らが建てているホテル

251

3) 方向フォーカス動詞が修飾する場合：ng 句で表わされる行為者補語は動詞と離れた形でも修飾できます。

dagat na pinuntahan = pinuntahang dagat　　　　　　行った海

dagat na pinuntahan nina Emily = pinuntahang dagat nina Emily = pinuntahan
nina Emily na dagat　　　　　　　　　　　エミリーたちが行った海

dalagang binigyan ko ng rosas = dalaga kong binigyan ng rosas = binigyan kong
dalaga ng rosas　　　　　　　　　　　　私がバラをあげた乙女

4) 場所フォーカス動詞が修飾する場合

pabrikang pinapasukan = pinapasukang pabrika　　　　働いていた工場

pabrikang pinapasukan ng mga manggagawa = pinapasukang pabrika ng mga
manggagawa = pinapasukan ng mga manggagawang pabrika
　　　　　　　　　　　　　　　　　　労働者たちが働いていた工場

lugar na pinagtrabahuhan ko = pinagtrabahuhan kong lugar = lugar kong
pinagtrabahuhan　　　　　　　　　　　　私が働いていた場所

　名詞句、特に動詞が名詞を修飾し、**被修飾語の名詞が推測できるような場合、名詞は省略さ**れることがあります。基本文①の文で、〈ang ＋動詞（＋ ng 句の行為者）〉が主語である文は、動詞によって修飾されている名詞が省略されています。このような場合は、tao「人」、bagay「物」、lugar「場所」といった単語を補うとよく理解できます。

Kilala ko ang binatang kumakanta.　　　　私は歌っている若者を知っています。
Kilala ko ang kumakanta.　　　　　　　　私は歌っている人を知っています

Maganda ang parol na ginawa ng mga bata.　子供たちが作ったパロルはきれいです。
Maganda ang ginawa ng mga bata.　　　　　子供たちが作った物はきれいです。

Sarado ang pabrika nilang pinapasukan.　　彼らが働いていた工場は閉鎖されました。
Sarado ang pinapasukan nila.　　　　　　　彼らが働いていた所は閉鎖されました。

2　不特定な行為者・行為の対象などの存在の有無を表わす

　行為者、行為の対象、行為のなされる方向、行為の行われる場所などが特定されていない文は、8課で学んだ存在の有無を示す文〈may/mayroong/walang/maraming ＋ 名詞句〉で表わします。この場合の名詞句は、動詞が名詞を修飾していますが、名詞はしばしば省略されます。このため、構文はあたかも〈may/mayroong/walang/maraming ＋ 動詞〉という構文に見えます。

1) 行為者が特定されていない場合：「～する人がいます」「～する人がいません」「～する人がたくさんいます」の意味で使われます。

| May
Mayroong
Walang
Maraming | + | 行為者フォーカス動詞／
行為者フォーカス動詞が名詞を修飾している名詞句 |

May naghihintay na bata sa inyo rito.　　ここであなたを待っている子供がいます。
Mayroong nanliligaw na binata sa iyo.　　君に求愛している独身の男性がいます。
Walang nagsasabi sa akin.　　私に言ってくる人はいません。
Maraming nalulungkot.　　悲しんでいる人がたくさんいます。

2) 行為の対象・行為のなされる方向や場所が特定されていない場合：**may** を使う構文では、**主語が ang 形の人称代名詞の場合、人称代名詞は may のすぐ後には続きません。**このため下の図では may は（　）でくくってあります。「～には…することがあります／ありません」「～には…する所があります／ありません」「～には…することがたくさんあります／ありません」などの意味で使われます。

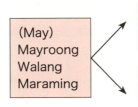

May/Mayroong pupuntahang lugar si Fe mamaya.　　フェには後で行く所があります。
May/Mayroong pupuntahan si Fe mamaya.　　フェには後で行く所があります。

Walang kinikitang pera sina Andoy.　　アンドイたちには稼いでいるお金がありません。
Walang kinikita sina Andoy.　　アンドイたちには稼いでいるものがありません。

May ginagawa siyang *assignment*./Mayroon siyang ginagawang *assignment*.
　　　　　　　　　　　　　　　　　　　彼にはやっている課題があります。
May ginagawa siya./Mayroon siyang ginagawa.　彼にはやっていることがあります。

Wala siyang ibibigay.　　彼にはあげるものがありません。
Marami siyang ibibigay.　　彼にはあげるものがたくさんあります。

3 疑問副詞が名詞を修飾する

「～する所」「～するとき」「～する理由」「～する方法」といった表現は、疑問副詞のsaan, kailan, bakit, paanoの前に接続詞のkungがついた表現を使います。

Itong programa ay tungkol sa Mindanao kung saan napakayaman ng lupa.
このプログラムは土地がとても豊かなミンダナオに関するものです。

Hindi ko alam ang dahilan kung bakit sila naghiwalay.
彼らがどうして別れたのか私は理由を知りません。

Hindi ko alam ang paraan kung paano sila namumuhay sa bundok.
彼らが山でどうやって暮らしているのか私は知りません。

4 疑問詞を使って不特定な物・人などを表わす

「何でも」「誰でも」「どれでも」「何も」「誰も」「どれも」といった不特定な物や人は、〈接続詞kahit + 疑問詞〉、あるいは〈接続詞kung + 重複された疑問詞〉で表わします。この表現は単独でも使われますが、動詞文の主語、焦点の当たらない目的補語や方向補語、時や行為の方法を示す副詞句などとしても使われます。

kahit ano/kung anu-ano	何でも、何も	kahit ilan	いくつでも
kahit alin	どれでも、どれも	kahit magkano	いくらでも
kahit sino/kung sinu-sino	誰でも、誰も	kahit kailan	いつでも、いかなる時も
kahit kanino/kung kani-kanino	誰にでも、誰にも	kahit paano	どのような方法でも
kahit saan/kung saan-saan	どこにでも、どこにも	kahit gaano	どれぐらいでも

1) 動詞文の主語として使われる場合

Puwedeng magtanong (ang) kahit sino.　　　　　　誰でも質問できます。

Hindi puwedeng magtanong { (ang) kahit sino. / kung sinu-sino. }　　誰も質問できません。

Puwede ninyong gamitin (ang) kahit ano.　　　　　何でも使ってかまいません。

Hindi ninyo puwedeng gamitin { (ang) kahit ano. / ang kung anu-ano. }　何も使うことはできません。

254

2) 動詞文の中で焦点の当たらない目的・方向補語として使われる場合

  Magsama kayo rito (ng) kahit sino.　　　ここに誰でも連れて来るように。

  Huwag kayong magsama rito { (ng) kahit sino.　　ここに誰も連れて来ないで。
            ng kung sinu-sino. }

  Nagbigay siya ng pera kahit kanino.　　彼は誰にでもお金をあげました。

  Hindi siya nagbigay ng pera { kahit kanino.
           kung kani-kanino. }
            彼は誰にもお金をあげませんでした。

  Pumupunta sila kahit saan.　　　　彼らはどこにでも行きます。

  Hindi sila pumupunta { kahit saan.　　彼らはどこにも行きません。
         kung saan-saan. }

3) 動詞文の中で、時、行為の方法などを表わす副詞句として使われる場合

 Pag may problema ka, tutulungan ka namin kahit paano.
    問題があれば、私たちはどのような方法でもあなたを助けます。
 Dumalaw kayo sa amin kahit kailan.　　いつでも我が家にいらしてください。

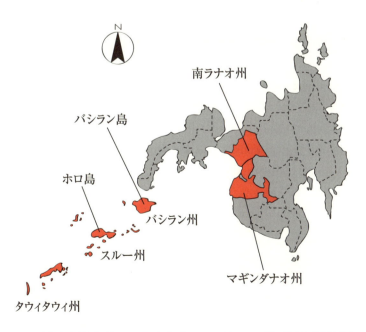

ムスリム・ミンダナオ自治政府ARMMに加わっている5つの州（2017年現在）

練習問題

1. フィリピノ語にしましょう。

    1) 勉強している学生
    2) 彼が手紙を書いた女性
    3) プレゼントをくれた先生
    4) 先生がくれたプレゼント
    5) 子供達が見たショー
    6) ショーを見た子供達

2. カッコ内の語根を適切な相の動詞に変えましょう。

    1) May (dating) dito kanina.
    2) Walang (tulong) sa kanila mamayang gabi.
    3) Laging maraming (tinda) sa bangketa.
    4) Wala siyang (punta) kahapon.
    5) Maraming (dala) si Cris noong Biyernes.
    6) Mayroon akong gustong (tapos).
    7) May (isip) si Amy ngayon.
    8) Maraming (matay) na manggagawa sa aksidenteng iyon.
    9) May (sabi) ba siya sa iyo kanina?
    10) Walang (labas) na tubig ngayon.

3. カッコ内に適切な疑問詞を入れて文を完成させましょう。

    1) Puwedeng sumali dito kahit (   ).
    2) Maraming dahilan kung (   ) siya tumigil sa pag-aaral.
    3) Gusto nilang mamasyal kahit (   ).
    4) Hindi ko alam ang paraan kung (   ) sila tumakas.
    5) Puwede mo kaming bisitahin kahit (   ).
    6) Kaya kong kainin ang kahit (   ).

256

コラム7　ミンダナオの和平

　フィリピン南部のミンダナオ島からスルー諸島にかけては、フィリピンの総人口（約1億人）のおよそ5％を占めるイスラム教徒が住んでいます。マギンダナオ、マラナオ、タウスグ、ヤカン、サマール、バジャオなどと呼ばれる人々です。彼らの祖先は、16世紀後半にスペインによる植民地事業が開始された頃には、す

フィリピン南部バシラン島のモスク

でにマラッカ王国の影響を受けてイスラム化されており、現在のマレーシアやインドネシアがある地域と交易し、ゆるやかな政治・経済ネットワークを築いていました。このため、スペインによる植民地化・キリスト教化に対して、徹底的な抵抗を続けました。しかし20世紀に入り、アメリカによる統治が始まると、ルソン島やビサヤ諸島からのキリスト教徒がミンダナオ地方に入植し始め、イスラム教徒は少数派となっていきました。

　1960年代になると、キリスト教徒によるイスラム教徒の生活地域への流入と土地収奪に対抗し、イスラム地域の分離・独立を目指してモロ民族解放戦線MNLFが結成され、当時のマルコス政権に対し、激しい武装闘争を繰り広げました。リビアのカダフィ大統領の仲介で1976年にトリポリ協定が結ばれ、一応の停戦と自治が認められました。1990年にはムスリム・ミンダナオ自治政府ARMMが設立されましたが、当時ARMMに加わったのは4州だけでした。一方、トリポリ協定に反対したMNLFの一部メンバーは、武装闘争の継続を求めて1980年代にモロイスラム解放戦線MILFを結成しました。

　MILFとの和平交渉は、ラモス政権下とアロヨ政権下で行われ、ある程度の進展はありましたが、全面的な合意には至りませんでした。交渉が再開されたのは2010年、アキノ政権下です。2011年8月には、日本政府の仲介でアキノ大統領とMILFのムラド議長が来日し、成田空港近くのホテルでトップ会談が行われ、2014年3月、包括的和平合意がマレーシアのクアラルンプールで調印されるに至りました。しかし、議会がバンサモロ基本法案を可決しなかったことから、ARMMに代わるバンサモロ自治政府の設立といった和平に向けての具体的な合意事項は、2017年12月の段階では実現されていません。

　フィリピン南部では、1990年代にはイスラム過激派組織アブサヤフが台頭し、現在に至るまでホロ島やバシラン島を拠点として、誘拐事件や爆弾テロといった破壊活動を繰り返しています。2000年4月には、マレーシアのサバ州にあるシパダン島まで高速ボートで出かけて行き、外国人観光客ら21人を誘拐しました。現在のドゥテルテ政権は、アブサヤフはあくまでも犯罪集団であり、和平交渉の余地はないとしています。

第29課 結婚式

　美帆はアビーの兄、レネの結婚式に招待されますが、レネがどうして元恋人と結婚しなかったのかが話題になります。

Download ◀))

Miho:	Napakarami palang handa at bisita nina Rene at Diana sa kasal nila!
	Medyo nahihiya akong bumalik para kumuha uli ng pagkain, e.
Abby:	Ikukuha kita.
	Ano ang gusto mo?
Miho:	Iyong *camaron rebosado* at relyenong bangus.
	Puwede bang ipaghiwa mo na rin ako ng keyk?
Abby:	Walang problema.
Tita Norma:	Huwag iyang kutsilyo ang ipanghiwa mo.
	Kumuha ka ng iba sa kusina.
Abby:	Miho, ayun si Janet, iyong nakaasul na *gown*.
	Siya ang dating nobya ng kuya.
	Gustung-gusto siya ng nanay para kay kuya.
Miho:	Napakatangkad pala niya!
Tita Norma:	Alam mo bang ipinagluto pa siya ni Flora ng paborito niyang
	sumang kamoteng kahoy?
	Ikinatuwa niya talaga na dumating si Janet dito sa kasal ni Rene.
Miho:	Ano po ang dahilan at nag*break* sila?
Tita Norma:	Hindi ko alam.
	Baka alam ni Abby.
Abby:	Ang alam ko, pinag-usapan nila ng kuya ang tungkol sa
	pagpapakasal noon pero hindi pa handa si Janet.
	Tapos, nag-*abroad* si Kuya, kaya nagkalayo sila nang matagal.
Miho:	Ipanalangin na lang natin na maging maligaya sina Rene at Diana.

handa	準備されたもの	ikinatuwa	完 喜んだ (ikatuwa)
ikukuha	未 取ってくる (ikuha)	nag*break*	完 別れた (mag*break*)
camaron rebosado	エビのころも揚げ	tapos	そして
relyenong bangus	バゴスの詰めもの	pagpapakasal	結婚すること
ipaghiwa	不 切る	nag-*abroad*	完 海外へ行った (mag-*abroad*)
kutsilyo	ナイフ	nagkalayo	完 離れ離れになった (magkalayo)
ipanghiwa	不 切る	ipanalangin	不 祈る
dati	以前の	maligaya	幸せな
kamoteng kahoy	キャッサバ		

第**29**課　結婚式

頻出表現

1. Nahihiya akong + 動詞の不定相　　　　〜するのが恥ずかしい。

   Nahihiya akong bumalik para kumuha uli ng pagkain.

   　　　　　　　　　　　　　　　　食べ物を取るために戻るのが恥ずかしいです。

   Nahihiya akong kumanta sa harap ng maraming tao.

   　　　　　　　　　　　　　　　　大勢の人の前で歌うのが恥ずかしいです。

2. Puwede bang + 動詞の不定相　　　　〜してもいいですか、〜してもらえますか。

   Puwede bang ipaghiwa mo na rin ako ng keyk?

   　　　　　　　　　　　　　　　　私のためにケーキを切ってもらえますか？

   Puwede bang magtanong?　　　　　質問してもいいですか？

1　恩恵フォーカス動詞のi-動詞と-an動詞

　恩恵フォーカス動詞は、恩恵補語を主語にする動詞です。動詞文において焦点が当たっていない恩恵補語は、10課で学んだ「〜のために」を意味するpara sa 句で表わされます。恩恵フォーカス動詞のほとんどはi-動詞ですが、-an動詞もいくつかあります。

1）恩恵フォーカス動詞の i- 動詞

　恩恵フォーカス動詞は、〈接辞＋語根〉としてとらえると、-um-動詞の場合はi-、mag-動詞の場合はipag-、mang-動詞とm-動詞の場合は、ipang-が添加されて形成されていると解釈できますが、〈接辞＋語根/語幹〉としてとらえると、よりわかりやすくなります。-um-動詞は語根に、mag-動詞・mang-動詞・m-動詞は語幹に接辞i-を添加すれば恩恵フォーカス動詞になります。

語根/語幹	基底となる行為者フォーカス動詞		恩恵フォーカス動詞	
gawa	gumawa	作る	igawa	（〜のために）作る
pagbalot	magbalot	包む	ipagbalot	（〜のために）包む
pamili	mamili	買い物をする	ipamili	（〜のために）買い物をする
panalangin	manalangin	祈る	ipanalangin	（〜のために）祈る

Ipinagbalot tayo ng Nanay ng baon natin.

　　　　　　　　　　　　　　母が私たちのために弁当を包んでくれました。

Igagawa namin ng saranggola ang mga bata.

　　　　　　　　　　　　　　私たちは子供たちのために凧を作ります。

Ipinamimili ni Eva ng regalo ang mga inaanak niya.

　　　　　　　　　　エバは名づけ子たちのためにプレゼントを買っています。

　活用は目的フォーカス動詞のi-動詞と同じです。語根/語幹にある（・）は音節の区切りを表わします。

259

恩恵フォーカス動詞のi-動詞の活用				
語根/語幹	ga·wa	pag·ba·lot	pa·mi·li	pa·na·la·ngin
不定相	igawa	ipagbalot	ipamili	ipanalangin
完了相	iginawa	ipinagbalot	ipinamili	ipinanalangin
継続相	iginagawa	ipinagbabalot/ ipinapagbalot	ipinamimili ipinapamili	ipinananalangin/ ipinapanalangin
未然相	igagawa	ipagbabalot/ ipapagbalot	ipamimili/ ipapamili	ipananalangin/ ipapanalangin

① 語幹にi-が添加されて形成されているipagbalot, ipamili, ipanalanginといった動詞の完了・継続相では、語幹第1音節の最初の子音と母音であるpaのpとaの間に-in-が添加されます。

② 継続・未然相では語幹のpaを重複するパターン、語幹第2音節の最初の子音と母音を重複するパターンがあります。

恩恵フォーカス動詞と行為者フォーカス動詞の対応を見てみましょう。

Tumawag <u>ka</u> <u>ng ambulansya</u> <u>para sa pasyente.</u>
　　　　行為者補語　　目的補語　　　　恩恵補語
　　　　　　　　　　　　　　　　（あなたは）患者のために救急車を呼んで。

Itawag mo <u>ng ambulansya</u> <u>ang pasyente</u>.
　　　行為者補語　　目的補語　　　　恩恵補語
　　　　　　　　　　　　　　　　（あなたは）患者のために救急車を呼んで。

Naghahanda <u>si Karen</u> <u>ng hapunan</u> <u>para sa lolo niya.</u>
　　　　　　行為者補語　　目的補語　　　　恩恵補語
　　　　　　　　　　　　　　　　カレンは祖父のために夕食を用意しています。

Ipinaghahanda <u>ni Karen</u> <u>ng hapunan</u> <u>ang lolo niya</u>.
　　　　　　　行為者補語　　目的補語　　　恩恵補語
　　　　　　　　　　　　　　　　カレンは祖父のために夕食を用意しています。

Nanalangin <u>kami</u> <u>para sa kapayapaan ng mundo.</u>
　　　　　　行為者補語　　　　恩恵補語
　　　　　　　　　　　　　　　　私たちは世界の平和のために祈りました。

Ipinanalangin <u>namin</u> <u>ang kapayapaan ng mundo</u>.
　　　　　　　行為者補語　　　　恩恵補語
　　　　　　　　　　　　　　　　私たちは世界の平和のために祈りました。

目的フォーカス動詞のi-動詞と同じく、恩恵フォーカス動詞のi-動詞も完了・継続相では接辞i-が落ちる場合があります。i-が落ちている形は、しばしば-in動詞と同じ形になります。（　）内は不定相です。

Binili（bilhin）ko ang sapatos para kay Nene.　私は靴をネネのために買いました。

Binili（ibili）ko si Nene ng sapatos.　　　　　私は靴をネネのために買いました。

260

第**29**課　結婚式

Tinahi（tahiin）ni Irma ang bestido para kay Vina.

イルマはビナのためにドレスを縫いました。

Tinahi（itahi）ni Irma ng bestido si Vina.　イルマはビナのためにドレスを縫いました。

2）恩恵フォーカス動詞の-an動詞

　恩恵フォーカス動詞には、数は少ないですが-an動詞もあります。これらは-um-動詞と対応しています。

kumanta/kantahan	歌う	bumalik/balikan	戻る
bumasa/basahan	読む	tumugtog/tugtugan	演奏する

Kumanta　ako　ng kundiman　para kay Delia.　私はデリアのために恋愛歌を歌いました。
　　　　行為者補語　目的補語　　　恩恵補語

Kinantahan　ko　si Delia　ng kundiman.　私はデリアのために恋愛歌を歌いました。
　　　　行為者補語　恩恵補語　　目的補語

Babalik　siya　para sa iyo.　　　　彼は君のために戻って来ます。
　　　行為者補語　恩恵補語

Babalikan　ka　niya.　　　　彼は君のために戻って来ます。
　　　恩恵補語　行為者補語

2　道具フォーカス動詞のipang-動詞

　動詞文において、道具補語を主語にする動詞が道具フォーカス動詞で、ipang-動詞がこれにあたります。ipang-動詞は、接辞ipang-に語根が添加された動詞ですが、10課で学んだpang-名詞に接辞i-が添加された〈接辞i- ＋ pang-名詞〉としてとらえる方がわかりやすいと言えます。なお、道具補語は、焦点が当たっていないときには、「～を使って、～で」を意味する〈sa pamamagitan ng ＋名詞〉、または〈ng ＋名詞〉で表わされます。

pang-名詞		道具フォーカス動詞	
pambayad	支払う（ための）もの	ipambayad/ibayad	（～で）払う
pampunas/pamunas	拭く（ための）もの	ipampunas/ipamunas/ipunas	（～で）拭く
pandikit	くっつけるためのもの	ipandikit	（糊などで）つける
panlinis	掃除するためのもの	ipanlinis	（～で）掃除する
pansulat/panulat	書くもの	ipansulat/ipanulat	（～で）書く
panghiwa	スライスするためのもの	ipanghiwa/ihiwa	（～で）スライスする

① pang-名詞は、接辞pang-が語根に添加されると、ngが語根の最初の子音に同化される他に、語根の最初の子音が消失する場合があります。

② pang-名詞に接辞i-が添加されると、pang-の部分、具体的にはpang-/pam-/pan-が省略され、単なるi-動詞になる場合があります。

261

ipang-動詞の活用		
語幹	pa·mu·nas	pam·ba·yad
不定相	ipamunas	ipambayad
完了相	ipinamunas	ipinambayad
継続相	ipinamumunas/ipinapamunas	ipinambabayad/ipinapambayad
未然相	ipamumunas/ipapamunas	ipambabayad/ipapambayad

① 完了・継続相では、接辞-in-が接辞の一部であるpaの間に添加されます。

② 継続・未然相では、接辞の一部であるpa、あるいは語幹の第2音節の子音と母音が重複します。

③ 完了・継続相では、接辞ipang-のiが落ちる場合があります。

道具フォーカス動詞は、ほとんどが行為者フォーカス動詞のmag-動詞と対応しています。

Magpunas <u>ka</u> ng mga plato sa pamamagitan ng pamunas na ito.
　　　　　行為者補語　　目的補語　　　　　　道具補語
　　　　　　　　　　　　　　　（あなたは）この布でお皿を拭いて。

Ipamunas mo ng mga plato <u>ang pamunas na ito</u>.
　　　　　行為者補語　　目的補語　　　　道具補語
　　　　　　　　　　　　　（あなたは）この布でお皿を拭いて。

Nagbabayad <u>ang mga magsasaka rito</u> ng utang sa pamamagitan ng palay.
　　　　　　行為者補語　　　　　　　　目的補語　　　道具補語
　　　　　　ここの農民たちはモミで借金を払っています。

Ipinambabayad ng mga magsasaka rito ng utang <u>ang palay</u>.
　　　　　　行為者補語　　　　　　目的補語　　道具補語
　　　　　　ここの農民たちはモミで借金を払っています。

Naglinis <u>ako</u> ng garahe sa pamamagitan ng walis na iyon.
　　　　　行為者補語　目的補語　　　　　道具補語
　　　　　　私はガレージをあのほうきを使って掃除しました。

Ipinanlinis ko <u>ang walis na iyon</u> ng garahe.
　　　　　行為者補語　　道具補語　　　目的補語
　　　　　　私はガレージをあのほうきを使って掃除しました。

3　話題フォーカス動詞のpag- -an動詞と i-動詞

　話題フォーカス動詞は、話題補語を主語とする動詞です。話題補語は、焦点が当たらない場合は「〜について、〜に関して」を意味するtungkol sa句で表わされますが、**焦点が当たってもtungkol sa句はそのまま残る場合があります。話題フォーカス動詞のほとんどはpag- -an動詞ですが、i-動詞もいくつかあります。話題フォーカス動詞のpag- -an動詞は、相互動作を表わすmag-動詞やmag- -an動詞と対応していますので、行為者は複数になります。**

第**29**課 結婚式

行為者フォーカス動詞		話題フォーカス動詞	
mag-away	喧嘩する	pag-awayan	（〜について）喧嘩する
mag-usap	話し合う	pag-usapan	（〜について）話し合う
magtalo	議論し合う	pagtalunan	（〜について）議論し合う
magkasundo	合意する	pagkasunduan	（〜について）合意する
magkuwentuhan	語り合う	pagkuwentuhan	（〜について）語り合う
magreklamo	文句を言う	ireklamo	（〜について）文句を言う
dumaing	訴える	idaing	（〜について）訴える

Nagtatalo ang mga estudyante tungkol sa anting-anting.
　　　　　　　行為者補語　　　　　　　　　話題補語
　　　　　　　　　　　　　　　学生たちはお守りについて論議しています。

Pinagtatalunan ng mga estudyante ang (tungkol sa) anting-anting.
　　　　　　　　　行為者補語　　　　　　　　話題補語
　　　　　　　　　　　　学生たちはお守りについて論議しています。

Nagkukuwentuhan   sila   tungkol sa mga bayani.
　　　　　　　　　行為者補語　　　話題補語
　　　　　　　　　　　　　　彼らは英雄について語り合っています。

Pinagkukuwentuhan   nila   ang (tungkol sa) mga bayani.
　　　　　　　　　行為者補語　　　　話題補語
　　　　　　　　　　　　彼らは英雄について語り合っています。

4　理由フォーカス動詞のika-動詞

　理由フォーカス動詞のika-動詞は、理由補語を主語にする動詞です。理由補語は、焦点が当たらない場合は「〜が原因で、〜の理由で」を意味するdahil sa句で表わされます。

ika-動詞の活用		
語根	buhay	lungkot
不定相	ikabuhay　生計を立てる	ikalungkot　悲しむ
完了相	ikinabuhay	ikinalungkot
継続相	ikinabubuhay	ikinalulungkot
未然相	ikabubuhay	ikalulungkot

① 完了・継続相では、接辞のika-のkとaの間に接辞-in-が添加されます。
② 継続・未然相では、語根の最初の子音と母音が重複します。

263

ika-動詞の多くは行為者フォーカス動詞のma-動詞、ほんの一部が-um-動詞やmag-動詞と対応しています。ma-動詞と対応しているika-動詞の一部は、方向フォーカス動詞のka- -an動詞とも対応しています。

行為者フォーカス動詞	方向フォーカス動詞	理由フォーカス動詞	
matakot	katakutan	ikatakot	（〜が原因で）恐れる、怖い
maawa	kaawaan	ikaawa	（〜が原因で）哀れに思う
mainis	kainisan	ikainis	（〜が原因で）いらつく
malungkot	—	ikalungkot	（〜が原因で）悲しむ
mahilo	—	ikahilo	（〜が原因で）めまいがする
mabuhay	—	ikabuhay	（〜が原因で）生計を立てる
mamatay	—	ikamatay	（〜が原因で）死ぬ
bumuti	—	ikabuti	（〜が原因で）よくなる
magtaka	—	ika (pag) taka	（〜が原因で）驚く

Nalulungkot　ako　　dahil sa aksidente roon. 私はあそこでの事故が原因で悲しいのです。
　　　　　　　行為者補語　　　理由補語

Ikinalulungkot　ko　　ang aksidente roon. 私はあそこでの事故が原因で悲しいのです。
　　　　　　　　行為者補語　　理由補語

Nahilo　si Rey　　dahil sa mabahong amoy.　　　レイは悪臭が原因でめまいがしました。
　　　行為者補語　　　　理由補語

Ikinahilo　ni Rey　　ang mabahong amoy.　　　　レイは悪臭が原因でめまいがしました。
　　　　行為者補語　　　理由補語

Naiinis　ang mga tao　sa awtoridad　dahil sa trapik.
　　　行為者補語　　　　方向補語　　　　理由補語
　　　　　　　　　　　　　　　　人々は交通渋滞が原因で当局にいらついています。

Kinaiinisan　ng mga tao　ang awtoridad　dahil sa trapik.
　　　　　　行為者補語　　　方向補語　　　　理由補語
　　　　　　　　　　　　　　　　人々は交通渋滞が原因で当局にいらついています。

Ikinaiinis　ng mga tao　sa awtoridad　ang trapik.
　　　　　行為者補語　　　方向補語　　　理由補語
　　　　　　　　　　　　　　　　人々は交通渋滞が原因で当局にいらついています。

ika-動詞は、次のような基本文③でもよく使われます。

Ano ang ikinabubuhay nila?　　　　　　彼らは何で生計を立てていますか？
Pagtitinda ng gulay ang ikinabubuhay nila.　野菜を売ることが彼らの生活の糧です。

Ano ang ikinamatay ng lolo mo?　君のおじいさんは何が原因で亡くなりましたか？
Tibi ang ikinamatay ng lolo ko.　　結核が原因で祖父は亡くなりました

第**29**課 結婚式

練習問題

1. 恩恵フォーカス動詞に変えましょう。

   1) magluto
   2) bumili
   3) manghiram
   4) manalangin

2. 以下の語根から道具フォーカス動詞を作りましょう。

   1) putol
   2) sulat
   3) halo
   4) linis
   5) gupit

3. 下線部に焦点を当てた文に変えましょう。

   1) Nagbalot siya ng pansit para sa amin.
   2) Gumagawa sina Claire ng suman para sa mga bisita.
   3) Maghihiwa siya ng keyk sa pamamagitan ng kutsilyong ito.
   4) Magpunas ka nga ng mesa sa pamamagitan ng tuwalyang iyan.
   5) Nagtatalo ang taumbayan tungkol sa halalan.
   6) Nagkuwentuhan ang mga babae tungkol sa mga artista.
   7) Namatay ang lolo nila dahil sa kanser.

4. カッコ内の語根を適切な相の動詞に変えましょう。

   1) Ano ang (buhay) nila ngayon?
   2) Tubig ang (away) ng mga tagarito noon.
   3) (basa) nila ng mga kuwento ang mga bata gabi-gabi.
   4) (tawag) natin si Meg ng *taxi* mamaya.
   5) Ano ang (usap) ninyo kanina?

265

第**30**課　暁のミサ

　フィリピンのクリスマスの特徴のひとつに、12月16日から24日までの9日間、夜明け前に行われる暁のミサがあります。教会の周辺には屋台が出て、温かいお菓子や生姜湯などが売られます。

Download◀))

Ryan：　Miho, nakapagsimbang-gabi ka na ba?

Miho：　Hindi pa.

　　　　Gusto ko ngang maranasan ito, e.

Ryan：　Sumama ka sa amin dahil bukas ang simula ng simbang-gabi.

Miho：　Anong oras iyon?

Ryan：　Alas kuwatro ng umaga.

Miho：　Ang aga naman pala!

　　　　Tulog lang ako nang tulog kamakailan, e.

　　　　Baka mahirapan akong gumising.

Claire：　Pero magandang pagkakataon ito para mas maintindihan mo

　　　　ang selebrasyon ng Pasko rito.

Ryan：　Pagkatapos ng misa, makakakain din tayo ng mga espesyal na

　　　　kakanin tulad ng bibingka at puto-bumbong sa harap ng simbahan.

Miho：　Makakasama ba sa atin si Abby?

Claire：　Oo, papunta na siya rito sa bahay para makitulog dito.

　　　　Baka gusto mo ring makitulog dito.

　　　　Masyadong maaga ang misa, e.

Miho：　Huwag na!

　　　　Napadaan lang ako rito dahil isasauli ko kay Claire itong hiniram kong DVD.

Ryan：　Kung ganoon, susunduin na lang kita nang maaga bukas sa dorm.

nakapagsimbang-gabi	完 暁のミサに出たことがある (makapagsimbang-gabi)	makakakain	末 食べることができる (makakain)
maranasan	不 経験する	espesyal	特別な
simula	始まり	bibingka	米粉で作られている菓子の一種
tulog nang tulog	寝てばかりいる	puto-bumbong	もち米で作られている菓子の一種
pagkakataon	機会	makakasama	末 同行することができる(makasama)
maintindihan	不 理解する	papunta	向かっている
selebrasyon	お祝い	makitulog	不 泊めてもらう
misa	ミサ	napadaan	完 立ち寄った(mapadaan)

第**30**課　暁のミサ

頻出表現

1.　Ang + 形容詞の語根 + naman!　　　　　　何て〜のでしょう！

　　　Ang aga naman!　　　　　　　　　　　何て早いのでしょう！

　　　Ang bilis naman!　　　　　　　　　　何て速いのでしょう！

2.　Huwag na!　　　　　　　　　　　　　　いえ結構です。

3.　Kung ganoon,　　　　　　　　　　　　そういうことなら、

　　　Kung ganoon, susunduin na lang kita bukas nang maaga.

　　　　　　　　　そういうことなら、明日早くあなたを迎えに行きます。

　　　Kung ganoon, puwede kayong humiram sa amin ng kaldero.

　　　　　　　　　そういうことなら、鍋を私たちから借りることができます。

1　動詞のモード

　動詞を形成する接辞は、フォーカスだけでなくモードも表わしています。モードには中立モード、状況モード、参加モードがあります（⇒16課）。29課までにさまざまなフォーカスの動詞を学んできましたが、これらの動詞は中立的な行為を表わす中立モードでした。この課では、**能力・偶然・経験といった要素を伴う行為を表わす状況モード、他者に働きかけて一緒に行う行為を表わす参加モード**について学びます。

1.1　行為者フォーカス動詞の状況・参加モード

　ここまで学んできた中立モードの行為者フォーカス動詞、具体的にはmag-動詞、-um-動詞、mang-動詞、m-動詞、ma-動詞（動的な行為を表わすもの）の多くには、中立モードとともに対応する状況モードと参加モードの動詞があります。**状況モードの動詞は、中立モードの動詞の語根や語幹に接辞maka-が、参加モードの動詞は接辞maki-が添加されて形成されています。**行為者フォーカス動詞の状況モードは「〜ができます」「たまたま〜します」「〜したことがあります」、参加モードは「〜と一緒に〜します」を意味します。「〜と一緒に」の部分はsa句で表わされます。

語根/語幹	中立モード		状況モード	参加モード
kain	kumain	食べる	makakain	makikain
tulog	matulog	寝る	makatulog	makitulog
pagdiwang	magdiwang	祝う	makapagdiwang	makipagdiwang
pamasyal	mamasyal	散策する	makapamasyal	makipamasyal
panood	manood	鑑賞する、見る	makapanood	makipanood

267

中立：Kumain ako ng durian. 私はドリアンを食べました。

状況：Nakakain ako ng durian. 私はドリアンを食べたことがあります。

参加：Nakikain ako ng durian kina Emily. 私はドリアンをエミリー達と食べました。

中立：Namasyal si Ryan sa Baguio. ライアンはバギオを散策しました。

状況：Nakapamasyal si Ryan sa Baguio. ライアンはバギオを散策できました。

参加：Nakipamasyal si Ryan sa amin sa Baguio. ライアンはバギオを私たちと散策しました。

中立：Nanood ako ng "Hiyas ng Mindoro". 私は「ミンドロの宝石」を見ました。

状況：Nakapanood ako ng "Hiyas ng Mindoro".

私は「ミンドロの宝石」を見ることができました。

参加：Nakipanood ako ng "Hiyas ng Mindoro" kina Fe.

私は「ミンドロの宝石」をフェたちと一緒に見ました。

1.2 maka-動詞とmaki-動詞の活用

下の表の語根／語幹にある（・）は音節の区切りを表わしています。

maka-動詞の活用			
語根/語幹	tu·log	pag·la·ro	pa·no·od
不定相	makatulog	makapaglaro	makapanood
完了相	nakatulog	nakapaglaro	nakapanood
継続相	nakakatulog/ nakatutulog	nakakapaglaro/ nakapaglalaro	nakakapanood/ nakapanonood/
未然相	makakatulog/ makatutulog	makakapaglaro/ makapaglalaro	makakapanood/ makapanonood

maki-動詞の活用			
語根/語幹	tulog	paglaro	panood
不定相	makitulog	makipaglaro	makipanood
完了相	nakitulog	nakipaglaro	nakipanood
継続相	nakikitulog	nakikipaglaro	nakikipanood
未然相	makikitulog	makikipaglaro	makikipanood

① 完了・継続相では、maka-とmaki-のmがnになります。

② maka-動詞の継続・未然相ではmaka-のka、あるいは語根／語幹の一部が重複します。語根の場合は、語根の第1音節の最初の子音と母音、pで始まる語幹では、語幹の第2音節の最初の子音と母音が重複します。

③ maki-動詞の継続・未然相は、maki-のkiが重複するだけです。

268

1.3 非行為者フォーカス動詞の状況モード

　ここまで学んできた中立モードの非行為者フォーカス動詞である-in動詞、i-動詞、ipag-動詞、-an動詞、pag--an動詞は状況モードだけに対応しており、参加モードには対応していません。この場合の状況モードの動詞は「～ができます」「たまたま～します」の意味で使われますが、「～したことがあります」という経験の意味合いはありません。

　非行為者フォーカス動詞の状況モードの動詞は、**中立モードの動詞に接辞ma-が添加され形成されています。ma-が添加されたことにより、-in動詞の-inは消滅します。一方、-an動詞とpag--an動詞の-anはma-が添加されても消滅しません。**活用は、行為者フォーカス動詞のma-動詞やma--an動詞と同じです（⇒27課）。

語根/語幹	中立モード		状況モード
basa	basahin	読む	mabasa
sauli	isauli	返却する	maisauli
diwang	ipagdiwang	祝う	maipagdiwang
tulong	tulungan	助ける	matulungan
usap	pag-usapan	話し合う	mapag-usapan

中立：Binasa ko itong kuwento.　　　　　私はこの物語を読みました。

状況：Nabasa ko itong kuwento.　　　　　私はこの物語をたまたま読みました。

中立：Isasauli ko ang mga *DVD* kay Rey bukas.

　　　　　　　私は明日DVDをレイに返します。

状況：Maisasauli ko ang mga *DVD* kay Rey bukas.

　　　　　　　私は明日DVDをレイに返すことができます。

中立：Ipinagdiwang namin ang Araw ng Kapanganakan ni Bonifacio.

　　　　　　　私たちはボニファシオの生誕記念日を祝いました。

状況：Naipagdiwang namin ang Araw ng Kapanganakan ni Bonifacio.

　　　　　　　私たちはボニファシオの生誕記念日を祝うことができました。

中立：Tinulungan ni Fe ang magulang niya.　フェは両親を助けました。

状況：Natulungan ni Fe ang magulang niya.　フェは両親を助けることができました。

中立：Pinag-usapan ng mga mamamayan ang tungkol sa halalan.

　　　　　　　市民たちは選挙について話し合いました。

状況：Napag-usapan ng mga mamamayan ang tungkol sa halalan.

　　　　　　　市民たちは選挙について話し合うことができました。

1.4 よく使われる状況モードの動詞

　状況モードの動詞の中には、対応する中立モードの動詞がないもの、対応する中立モードの動詞があっても状況モードの方がよく使われる動詞があります。フィリピノ語では、知覚動詞のほとんどは状況モードで表わされます。

	語根	行為者フォーカス 状況モード	目的フォーカス 状況モード
感じる	damdam	makaramdam	maramdaman
見る（目にする）	kita	makakita	makita
理解する	intindi	makaintindi	maintindihan
知る	alam	makaalam	malaman
聞く（耳にする）	dinig	makarinig	marinig
忘れる	limot	makalimot	makalimutan
経験する	danas	makaranas	maranasan
気づく	pansin halata	makapansin makahalata	mapansin mahalata
覚えている	tanda	makatanda	matandaan
臭いがする	amoy	makaamoy	maamoy

　行為者フォーカスの状況モードの動詞はsinoで始まる疑問文、目的フォーカスの状況モードの動詞はanoで始まる疑問文でよく使われます。

Sino ang nakakaintindi nito?	誰がこのことについて理解していますか？
Ano ang naiintindihan mo?	あなたは何を理解していますか？

Sino ang nakakita ng diwata?	誰が妖精を見ましたか？
Ano ang nakita ng mga bata?	子どもたちは何を見ましたか？

Sino ang nakarinig ng putok ng baril?	誰が銃声を聞きましたか？
Ano ang narinig mo kagabi?	昨夜あなたは何が聞こえましたか？

Sino ang nakakaramdam ng gutom?	誰が空腹を感じていますか？
Ano ang nararamdaman ninyo?	あなたは何を感じていますか？ /（病気のとき）どんな症状ですか？

1.5 よく使われる参加モードの動詞

　参加モードの動詞の一部は、対応する中立モードの動詞がなく、参加モードでしか使われません。次の表で中立モードの欄が（ ― ）になっている動詞がこのタイプです。また、対応する中立モードの動詞があっても、参加モードの動詞とは意味が少しだけ異なっているものもあります。表に記載されている中立モードのmag-動詞は「お互いに〜する」という相互行為を表わしますが、参加モードのmaki-動詞は相互行為を表わしていません。

語根/語幹	行為者フォーカス・中立モード		行為者フォーカス・参加モード	
damay	―		makiramay	（〜に）同情する
kaibigan	―		makipagkaibigan	（〜と）友達になる
kilala	―		makipagkilala	（〜と）知り合いになる
away	mag-away	（お互いに）喧嘩する	makipag-away	（〜と）喧嘩する
biruan	magbiruan	冗談を言い合う	makipagbiruan	（〜と）冗談を言う
kita	magkita	（お互いに）会う	makipagkita	（〜に）会う
talo	magtalo	議論し合う	makipagtalo	（〜と）議論する
usap	mag-usap	話し合う	makipag-usap	（〜と）話す

Nakikiramay ho kami sa inyo.　　　　　　　　　ご愁傷様です。

Gusto kong makipagkilala sa bagong estudyante.　転校生と知り合いになりたいです。

Nagkita sila sa kantin kanina.　　　　　　　彼らはさっき食堂で会いました。

Nakipagkita si Abby kay Claire sa kantin kanina.

　　　　　　　　　　　　　　　　　　　　アビーはクレアとさっき食堂で会いました。

Huwag kayong mag-away.　　　　　　　喧嘩しないように。

Huwag kang makipag-away sa ate mo.　お姉さんと喧嘩しないように。

Nag-uusap sina Roy tungkol sa parada.　ロイたちはパレードについて話しています。

Nakikipag-usap ako kay Roy tungkol sa parada.

　　　　　　　　　　　　　　　　　　私はロイとパレードについて話しています。

1.6　動詞を形成する接辞のフォーカスとモードの関係

　次の表は、動詞を形成する接辞のフォーカスとモードの関係を示しています。*印がある接辞は、語根ではなく語幹に添加されます。

モード フォーカス	中立	状況	参加
行為者	mag-	maka-*	maki-*
	-um-	maka-	maki-
	mang-	maka-*	maki-*
	m-	maka-*	maki-*
	ma-	maka-	maki-
目的	-in	ma-	—
	i-	mai-	—
	-an	ma- -an	—
	ipag-	maipag-	—
方向	-an	ma- -an	—
	pag- -an	mapag- -an	—
	ka- -an	—	—
場所	-an	ma- -an	—
	pag- -an	mapag- -an	—
恩恵	i-	mai-	—
	-an	ma- -an	—
道具	ipang-	maipang-	—
	i-	mai-	—
理由	ika-	—	—
話題	pag- -an	mapag- -an	—
	i-	mai-	—

2 非意図的な行為と継続・反復行為を表わす

ここでは、非意図的な行為を表わすmapa-動詞、継続や反復される行為の表現を学びます。

2.1 非意図的な行為

一部の-um-動詞は、接辞の-um-をmapa-で置きかえると、「思わず～する、たまたま～する」という意図的ではない行為を表わす動詞になります。これは状況モードの動詞に似ていますが、語根が一部の-um-動詞の語根に限られている点が異なります。

基底となる-um-動詞		mapa-動詞	
dumapa	つまずく	mapadapa	たまたまつまずく
dumalaw	訪問する	mapadalaw	たまたま訪問する
umiyak	泣く	mapaiyak	思わず泣く
lumuha	涙を流す	mapaluha	思わず涙する
sumigaw	叫ぶ	mapasigaw	たまたま叫ぶ

Napaluha ako nang marinig ko ang nangyari sa Leyte.

レイテ島で起きたことを聞いたとき、思わず涙しました。

Napadapa ang lola ko sa lupa.　　　　　　　祖母はたまたま地面でつまずきました。

2.2 継続・反復行為

　動的な動作を表わす行為者フォーカス動詞の語根を、副詞的標識辞のnangをはさんで繰り返すと、「〜し続ける／〜し続けた」「〜してばかりいる／〜してばかりいた」といった継続や反復される行為を表わします。**主語が人称代名詞の場合は、最初の語根のすぐ後に主語が続きます。**

Takbo nang takbo ang mga sundalo.　　　　兵士たちは走り続けました。

Takbo sila nang takbo.　　　　　　　　　　彼らは走り続けました。

Iyak nang iyak ang mga bata.　　　　　　　子供たちは泣き続けました。

Iyak sila nang iyak.　　　　　　　　　　　　彼らは泣き続けました。

Aral nang aral ang mga estudyante.　　　　学生たちは勉強ばかりしています。

Aral kami nang aral.　　　　　　　　　　　　私たちは勉強ばかりしています。

3　方向を表わすpa-形容詞

　方向を伴う行為を表わす-um-動詞の語根に接辞pa-が添加されてできた形容詞は、行為のなされる方向を表わします。（　）内にある単語は語根です。

基底となる-um-動詞			pa-形容詞	
pumunta	（punta）	行く	papunta	向かっている
lumabas	（labas）	外に出る	palabas	外に向かっている
umatras	（atras）	バックする	paatras	後ろに向かっている
humarap	（harap）	直面する	paharap	面している

273

1) 基本文①の述語として使われる場合

    Papunta na siya sa bahay.　　　　　　彼女は家に向かっています。
    Paatras ang takbo ng kotse.　　　　　　車が走っているのは後ろ向きです。
    Paharap sa daan ang pagtayo namin.　　私たちが立っているのは道路に面してです。

2) 動詞を修飾する場合：動詞の後ろから修飾するのが一般的です。リンカーを忘れないようにしましょう。

    Tumatakbong paatras ang kotse.　　　　車は後ろ向きに走っています。
    Tumayo kaming paharap sa daan.　　　　私たちは道路に面して立ちました。

フィリピンのクリスマス

フィリピンのクリスマスの特徴は、暁のミサ simbang-gabi とパロル parol と呼ばれる星の形をしたランタンです。紙や竹で作られていますが、カピス貝で作られているパロルもあります。個人の家では玄関や軒下、町中では通りやショピングモールなどに飾られています。ルソン島中部のパンパンガ州は、巨大なパロル *giant* parol を作ることで知られています。

第**30**課　暁のミサ

練習問題

1. ①～⑩の欄をうめて表を完成させましょう。

中立モード	状況モード	参加モード
magkita	①	②
uminom	③	④
mangisda	⑤	⑥
mahiga	⑦	⑧
manood	⑨	⑩

2. モードに注意して、カッコ内の語根を適切な相の動詞に変えましょう。

1) （usap）ako kay Ella mamaya.

2) （usap）kami mamaya.

3) Madalas siyang（away）sa mga kaibigan niya.

4) Madalas silang（away）.

5) Gusto nilang（talo）tungkol sa politika.

6) Gusto niyang（talo）sa mga kaklase niya tungkol sa politika.

3. フォーカスに注意して、カッコ内の語根を適切な相の動詞に変えましょう。

1) Sino ang（kita）ng duwende kanina?

2) Ano ang（kita）niya kanina?

3) Sino ang（alam）tungkol dito kahapon?

4) Ano ang（alam）nila kahapon?

5) Ayaw kong（danas）ng maraming hirap.

6) Ano ang gusto mong（danas）sa buhay mo?

4. 状況モードの動詞を使った文に変えましょう。

1) Bumawi sila ng kanilang lupa.

2) Hindi ako naghintay sa iyo.

3) Namili ba kayo sa Makati kahapon?

4) Sinakyan ni Miho ang kalesa sa Vigan.

5) Inimbita namin sina Dennis sa *party*.

275

第31課 クリスマスイブ

　クリスマスイブには家族や親戚が集まり、夜中にノチェ・ブエナといわれるごちそうを食べる習わしがあります。美帆もアビーの家に招待されます。

Download ◀))

Miho:	Maligayang Pasko po, Aling Flora, Abby!
	Abby, ang ganda ng buhok mo ngayon, ah, bagay sa iyo!
	Saan ka nagpagupit?
Abby:	Sa *beauty parlor* ni Alice.
Miho:	Narito na rin po ba sina Claire at Ryan?
Aling Flora:	Oo, kanina pa sila dumating.
	Lumabas lang sila nang sandali dahil nagpabili ako sa kanila ng
	pambalot ng mga aginaldo.
	Nakalimutan kong bumili nito dahil bising-bisi ako sa kusina.
Abby:	Marami pang kailangang baluting regalo ang nanay.
Aling Flora:	Sa totoo lang, marami kasi akong inaanak, e.
Abby:	Alam mo bang nagpagawa ang nanay ng parol sa kamag-anak ni
	Cris sa Pampanga?
Miho:	Iyon bang parol na nakasabit sa labas?
	Napakaganda nga!
Abby:	Narito rin si Cris, pero sumama siya kina Claire at Ryan na
	lumabas.
Miho:	Sa wakas, makikilala ko na rin ang kaibigan ni Ryan!
Abby:	Halika rito sa may *Christmas tree* at tingnan natin kung aling
	regalo ang para sa atin.
Miho:	Kasama rin ba ako riyan?
	Naku, nag-abala pa kayo!
Aling Flora:	Hindi ka na naiiba rito sa amin, Miho.
	Kasama ka na rin sa pamilya.
Miho:	Nagpapasalamat po talaga ako. Dahil dito, talagang maligaya ang Pasko ko.

---

nagpagupit 完 切ってもらった (magpagupit)　parol　　　　パロル（クリスマスランタン）
nagpabili 完 買ってもらった (magpabili)　nakasabit　　ぶらさがっている
pambalot　包むためのもの　　　　　　　makikilala 未 知り合う (makilala)
aginaldo　クリスマスプレゼント　　　　nag-abala 完 手数をかけた (mag-abala)
balutin 不 包む　　　　　　　　　　　naiiba 継 異なっている (maiba)
inaanak　名づけ子、教子　　　　　　　nagpapasalamat 継 感謝している (magpasalamat)
nagpagawa 完 作らせた (magpagawa)

第**31**課 クリスマスイブ

頻出表現

1. Maligayang Pasko!　　　　　　　　　メリークリスマス！
2. Bagay sa ～　　　　　　　　　　　　～に似合います。
   Bagay sa iyo ang buhok mo.　　　　　あなたの髪はあなたに似合います。
   Bagay ba sa akin ang damit na ito?　この服は私に似合いますか？
3. Sa totoo lang,　　　　　　　　　　　本当のところ、
   Sa totoo lang, marami akong pinsan.　本当のところ、私にはいとこがたくさんいます。
   Sa totoo lang, wala pang resulta ng halalan.
   　　　　　　　　　　　　　　　　　本当のところ、選挙の結果はまだ出ていません。
4. Sa wakas,　　　　　　　　　　　　　ついに、
   Sa wakas, makikilala ko na rin ang kaibigan ni Ryan.
   　　　　　　　　　　　　　　　　　ついに、ライアンの友達とも知り合えます。
   Sa wakas, natupad ang aking pangarap. ついに、私の夢がかないました。
5. sa may + 名詞句～　　　　　　　　　～あたりに
   Halika rito sa may *Christmas tree.*　クリスマスツリーのあたりに来て。
   Magkita tayo mamaya sa may istatuwa ni Jose Rizal.
   　　　　　　　　　　ホセ・リサールの銅像あたりで、後で会いましょう。
6. kasama sa ～　　　　　　　　　　　～に含まれています。
   Kasama ba ako riyan?　　　　　　　私はそこに含まれていますか？
   Kasama ba ang *tax* dito?　　　　　これに税金は含まれていますか？

1　使役文と補語

　動詞文の中で、述語の位置に「～させる」「～してもらう」を意味する使役動詞がくる文が使役文です。使役文は、通常、使役動詞と2つ以上の補語で成り立っていますが、中には補語が1つだけの場合があります。なお30課までに学んだ動詞文は、使役文と区別するために31課からは非使役文と呼び、非使役文に現れている動詞を非使役動詞と呼ぶことにします。

1.1　使役者補語

　使役文には、非使役文を構成している各種補語に加え、使役者補語があります。**使役者補語とは、使役動詞の語根が示す行為を指示・許可・依頼したりする人、あるいは語根が示す状態になるように働きかける人を表わす名詞句です。基本文①の使役文では、使役者補語は焦点が当たっていればang句、当たっていなければng句で表わされます。**

277

Nagpaluto ako ng adobo kay Carmen. 　私はカルメンにアドボを料理させました。
Nagpapunta ang titser sa mga bata sa ilog. 　先生は子供たちを川に行かせました。
Nagpauwi si Ate Fe sa akin. 　フェ姉さんは私を家に帰らせました。

Ipinaluto ko ang adobo kay Carmen. 　私はカルメンにアドボを料理させました。
Pinagluto ko si Carmen ng adobo. 　私はカルメンにアドボを料理させました。
Pinapunta ng titser ang mga bata sa ilog. 　先生は子供たちを川に行かせました。
Pinauwi ako ni Ate Fe. 　フェ姉さんは私を家に帰らせました。

1.2　被使役者補語

　被使役者補語は、使役者が指示・許可・依頼したりする行為を実際に行う人や生物、あるいは、使役者によって実際にある状態になる生物や無生物を表わす名詞句です。基本文①の使役文では焦点が当たっていればang句、当たっていなければng句やsa句で表わされます。

Pinasayaw ni Ramon ang mga dalagita. 　ラモンは少女たちを踊らせました。
Pinapatuyo niya ang kanyang damit. 　彼は彼の服を乾かしています。
Pinagbukas ni Irma si Nony ng bintana. 　イルマはノニーに窓を開けさせました。

Nagpasayaw si Ramon sa mga dalagita. 　ラモンは少女たちを踊らせました。
Nagpapatuyo siya ng kanyang damit. 　彼は彼の服を乾かしています。
Nagpabukas si Irma ng bintana kay Nony. 　イルマはノニーに窓を開けさせました。

1.3　その他の使役補語

　使役文には使役者補語、被使役者補語以外にも、使役目的補語、使役方向補語、使役場所補語などがあります。

> 使役目的補語：　使役行為の対象となる人・物などを表わす名詞句
> 使役方向補語：　使役行為が向けられる人・物・場所などを表わす名詞句
> 使役場所補語：　使役行為がなされる場所などを表わす名詞句

使役目的・使役方向・使役場所補語は、焦点が当たっていればang句で表わされます。

Ipinabili ni Tina 　ang regalo 　sa SM. 　ティナはプレゼントをSMで買わせました。
　　　　　使役者補語　使役目的補語　使役場所補語

Pinabilihan ni Tina 　　ang SM 　ng regalo. 　ティナはプレゼントをSMで買わせました。
　　　　　　使役者補語　使役場所補語　使役目的補語

278

第**31**課 クリスマスイブ

Ipapakain　ni Kuya　　ang mais　　sa mga manok.　　兄はトウモロコシを鶏に食べさせます。
　　　　　　使役者補語　使役目的補語　　被使役者補語

Papakainin　ni Kuya　ang mga manok　ng mais.　　兄はトウモロコシを鶏に食べさせます。
　　　　　　使役者補語　　被使役者補語　　使役目的補語

Pinapuntahan　　ng alkalde　　sa mga *evacuee*　　ang plasa.
　　　　　　　　使役者補語　　　被使役者補語　　　使役方向補語

　　　　　　　　　　　　　　　　町長は避難者たちを広場に行かせました。

　使役目的・使役方向・使役場所補語に焦点が当たっていない場合は、ng 句や sa 句で表わされます。

Nagpabili　si Tina　　ng regalo　　sa SM.　　ティナはプレゼントをSMで買わせました。
　　　　　使役者補語　使役目的補語　使役場所補語

Magpapakain　si Kuya　　ng mais　　sa mga manok.　兄はトウモロコシを鶏に食べさせます。
　　　　　　使役者補語　使役目的補語　　被使役者補語

Nagpapunta　ang alkalde　sa amin　　　sa plasa.　　町長は私たちを広場に行かせました。
　　　　　　使役者補語　　被使役者補語　使役方向補語

2　使役動詞

　非使役動詞には他動詞と自動詞がありますが、**使役動詞はすべて他動詞です**。また**使役動詞には、ひとつの例外を除いて使役機能を表わす接辞の pa-** があります。

2.1　使役動詞とフォーカス

　使役動詞には使役者フォーカス動詞、被使役者フォーカス動詞、使役目的フォーカス動詞、使役方向フォーカス動詞、使役場所フォーカス動詞などがあります。

使役者フォーカス動詞：　使役者補語に焦点を当て、主語にします。接辞 magpa- を伴います。
被使役者フォーカス動詞：　実際に行為を行う被使役者補語に焦点を当て、主語にします。接辞 pa- -in, (pa) pag- -in を伴います。
使役目的フォーカス動詞：　使役目的補語に焦点を当て、主語にします。接辞 ipa-, pa- -an を伴います。
使役方向フォーカス動詞：　使役方向補語に焦点を当て、主語にします。接辞 pa- -an を伴います。
使役場所フォーカス動詞：　使役場所補語に焦点を当て、主語します。接辞 pa- -an を伴います。

279

2.2 使役者フォーカス動詞の magpa- 動詞

使役動詞の中で最もよく使われるのが、使役者補語を主語にするmagpa-動詞です。magpa-動詞は、今までに学んできた**行為者フォーカス動詞の語根や語幹に、接辞magpa-が添加され**て形成されています。

語根/語幹	基底となる非使役行為者フォーカス動詞		使役動詞	
ihaw	mag-ihaw	グリルする	magpaihaw	グリルしてもらう
gawa	gumawa	作る	magpagawa	作ってもらう
taba	tumaba	太る	magpataba	太らせる
pamasyal	mamasyal	散策する	magpapamasyal	散策させる
paniwala	maniwala	信じる	magpapaniwala	信じさせる
hinog	mahinog	熟れる	magpahinog	熟れるようにする
upo	maupo	座る	magpaupo	座らせる

magpa-動詞は語根や語幹の第1音節の音が何であれ、すべて同じように活用します。

magpa- 動詞の活用		
語根/語幹	ihaw	tugtog
不定相	magpaihaw　グリルしてもらう	magpatugtog　（楽器を）弾いてもらう
完了相	nagpaihaw	nagpatugtog
継続相	nagpapaihaw	nagpapatugtog
未然相	magpapaihaw	magpapatugtog

① 完了・継続相では、magpa-のmがnに変わります。

② 継続・未然相では語根の一部ではなく、接辞の一部であるpaが重複します。

2.3 magpa- 動詞を使っての使役文

magpa-動詞が述語の位置にくる基本文①の使役文は、magpa-動詞の基底となっている非使役動詞が他動詞か自動詞かで、構文が少し違ってきます。

1) **基底となっている非使役動詞が他動詞の場合：使役者・被使役者・使役目的補語がある構文**となります。使役方向・使役場所補語はあったりなかったりします。動詞の下の（　）内の単語は、基底となっている非使役動詞です。

Nagpapaihaw 　si Abby 　ng bangus 　kay Ryan.
(mag-ihaw) 　　使役者補語 　使役目的補語 　被使役者補語

アビーはバゴスをライアンにグリルしてもらっています。

第**31**課　クリスマスイブ

Nagpahawak	ako	ng kandila	kina Leo	sa prusisyon.
(humawak)	使役者補語	使役目的補語	被使役者補語	使役場所補語

　　　　　　　　　　　私は巡行でレオたちにローソクを持ってもらいました。

被使役者補語や使役目的補語は、推測できたりする場合、省略されることがあります。

Magpapapagawa	sila	ng bagong bahay	sa Tagaytay.
(gumawa)	使役者補語	使役目的補語	使役場所補語

　　　　　　　　　　　彼らはタガイタイに新しい家を建ててもらいます。

Nagpagupit	ako	sa barberya.	私は床屋で髪を切ってもらいました。
(gumupit)	使役者補語	使役場所補語	

Nagpapapakulot	si Emily.	エミリーはパーマをかけてもらっています。
(magkulot)	使役者補語	

2) 基底となっている非使役動詞が自動詞の場合：使役者・被使役者補語はありますが、使役目的補語はありません。使役方向・使役場所補語はあったりなかったりします。

Nagpauwi	ang titser	sa amin.	先生は私たちを家に帰らせました。
(umuwi)	使役者補語	被使役者補語	

Nagpapapunta	siya	sa mga bata	sa ilog.	彼は子供たちを川に行かせました。
(pumunta)	使役者補語	被使役者補語	使役方向補語	

Nagpapapatrabaho	siya	kay Chito	sa pabrika.	彼はチトを工場で働かせています。
(magtrabaho)	使役者補語	被使役者補語	使役場所補語	

Nagpapapahinog	ako	ng mga saging	sa bodega.	バナナを物置で熟させています。
(mahinog)	使役者補語	被使役者補語	使役場所補語	

3) 基底となっている非使役動詞が自動詞の -um- 動詞、それも語根が形容詞の語根（⇒ 18 課）の場合：使役者補語はありますが、被使役者補語はあったりなかったりします。

Nagpaganda	si Annie	ng kuwarto niya.	アニーは部屋をきれいにしました。
(gumanda)	使役者補語	被使役者補語	

Nagpapapalamig	sila	ng bir.	彼らはビールを冷やしています。
(lumamig)	使役者補語	被使役者補語	

Nagpapapataba	si Tony	ng mga baboy niya.	トニーは豚を太らせています。
(tumaba)	使役者補語	被使役者補語	

　magpa-動詞と使役者補語だけで形成され、被使役者補語がない文は、再帰使役文と呼ばれます。再帰とは、使役者がさせる行為が使役者本人に帰ってくることを意味します。

Nagpapapaganda	si Annie	ngayon.	アニーは自分自身を美しくしています。
(gumanda)	使役者補語		

281

Nagpapalamig　ang mga magsasaka　sa bukid.　　農民たちは畑で涼んでいます。
(lumamig)　　　　　使役者補語　　　　使役場所補語

Magpataba　tayo　nang kaunti.　　　　　もう少し体重を増やしましょう。
(tumaba)　　使役者補語

4) 基底となっている非使役動詞が自動詞の -um- 動詞、それも語根が天候・自然現象を表わす
語根 (⇒ 19課) の場合：使役者補語はありますが、被使役者補語がない構文になります。使
役目的補語はあったりなかったりします。

Magpapaaraw　ako　　ng kutson　mamaya.　　私は後でマットレスを陽にあてます。
(umaraw)　　　使役者補語 使役目的補語

Nagpapahangin　sila　　ng kuwarto nila.　　彼らは部屋に風を通しています。
(humangin)　　　　使役者補語　　使役目的補語

使役目的補語がない文は、再帰使役文となります。

Huwag　tayong　magpaaraw.　　　　　陽に当たらないようにしましょう。
　　　　　使役者補語

Nagpapaulan　ang mga kalabaw.　　　　水牛が雨にあたっています。
　　　　　　　使役者補語

3　注意すべきmagpa-動詞

　magpa-動詞の中には、使役動詞のように見えますが、そうでないものもあります。pa-で
始まる語幹に接辞mag- が添加されたmag-動詞です。pa-で始まる語幹は、名詞であったりな
かったりします。

名詞である語幹		mag-動詞	
paalam	別れのあいさつ	magpaalam	別れのあいさつをする
padala	送って寄こしたもの	magpadala	送る
palabas	催し、ショー	magpalabas	ショーを行う
palaman	中に詰めるもの	magpalaman	詰める、はさむ
paliwanag	説明	magpaliwanag	説明する

Nagpapadala ng pera si Emily sa kanyang pamilya buwan-buwan.

　　　　　　　　　　　エミリーは毎月、彼女の家族に送金しています。

Nagpalaman si Jun ng matamis na bao sa tinapay.

　　　　　　　　　　　ジュンはココナッツジャムをパンにはさみました。

Gusto ko sanang magpaliwanag kung ano ang talagang nangyari.

　　　　　　　　　　　いったい何が起きたのか説明したいのです。

名詞ではない語幹	mag-動詞	
pabilin	magpabilin	指示する
pakasal	magpakasal	結婚する
pakilala	magpakilala	自己紹介をする
pasalamat	magpasalamat	感謝する

Magpapakasal sila sa Hunyo. 彼らは6月に結婚します。
Gusto kong magpakilala sa inyo. 私はあなたに自己紹介をしたいのです。
Nagpapasalamat ako sa inyong lahat. 皆さん全員に感謝しています。

 豆情報

クリスマスイブの食事

24日深夜に行われるミサは misa de aguinaldo といわれています。このミサが終わった後、家族や親族が集まってノチェ・ブエナ noche buena を食べます。ノチェ・ブエナで好まれる料理や食べ物には次のようなものがあります。

letson　　　　豚の丸焼き
hamon　　　　ハム
keso de bola　　丸い形をしたエダムチーズ
fruit salad　　フルーツサラダ
leche flan　　卵の黄身だけを使ったプリン
pansit 焼きそば、*spaghetti* スパゲティといった長い麺を使った料理
bibingka ビビンカ、puto-bumbong プト・ブンボンといった米粉で作った菓子
ubas ブドウ、kastanyas 栗、mansanas りんごといった丸い形をした果物

クリスマスイブの食卓

練習問題

1. **使役者フォーカス動詞に変えましょう。**

   1) kumuha
   2) mag-asikaso
   3) mamigay
   4) makinig
   5) mahinog

2. **使役者フォーカス動詞を使って、フィリピノ語にしましょう。**

   1) クレアはパーマをかけてもらいました。
   2) マリアたちはショッピングモールで涼んでいます。
   3) 私は息子を寝かしつけています。
   4) レニーは学生たちを家に帰らせました。
   5) 彼は友達を家の外で待たせています。
   6) フェは彼に魚をグリルしてもらいます。
   7) テスは今メガネを探してもらっています。
   8) 彼女は彼女のお手伝いさんに部屋を掃除させます。
   9) 彼女はクリスにパンパンガでパロルを買ってきてもらいました。
   10) ライアンは彼らに自分の好きな歌を演奏してもらいます。

3. **日本語にしましょう。**

   1) Nagpapapapayat sila ngayon.
   2) Ayaw naming magpaaraw.
   3) Nagpapatayo kami ng bahay namin ngayon.
   4) Kailangan kong magpaliwanag sa kanila.
   5) Nagpatingin ako sa doktor kanina.
   6) Magpakuha tayo ng retrato.
   7) Nagpakasal daw sila noong isang buwan.
   8) Magpapagupit ako (ng buhok) mamaya.
   9) Magpakilala ka sa kanila.
   10) Nagpapataba ako ng mga baboy namin ngayon.

コラム8　ASEANとフィリピン

　東南アジア諸国連合ASEANは、1967年にフィリピン、インドネシア、マレーシア、タイ、シンガポールが参加して発足した地域協力機構です。当初は反共連合の側面が強かったのですが、1984年にブルネイ、1990年代に旧社会主義の国々（ベトナム、ラオス、ミャンマー、カンボジア）を加え10か国になりました。規模が拡大するとともに経済的な側面が強調されるようになり、2015年12月末にはASEAN経済共同体が発足し、ASEAN域内の経済統合が急速に進んでいます。2017年はASEANが設立されて50周年の節目にあたり、フィリピンが議長国です。

アセアンのシンボル

　およそ6.2億の人口を有する巨大市場であり、豊富な若年労働力を有して、目覚ましい経済成長を遂げているASEANのなかでも、近年、フィリピンはその存在感を増しています。アジア経済の生命線ともいえる海上航路がある南シナ海（フィリピン名West Philippine Sea）への進出を強める中国を、国際仲裁裁判所に提訴したためです。

　フィリピン南西部にあるパラワン島からおよそ200キロの西方には、南沙諸島（フィリピン名Kalayaan Islands）が広がっています。ここには100ほどの小さな島や岩礁、環礁などがありますが、このうちフィリピンの排他的経済水域内にあるものについて、フィリピンは領有権を主張してきました。しかし、米軍に基地を貸与する条約の更新が上院で可決されなかったことを受け、1992年にアメリカ軍がフィリピンから全面撤退すると、3年後の1995年には、フィリピンが領有権を主張する岩礁の一部で、中国が埋め立てや建造物の建設を始めました。一方、ルソン島西部からおよそ200キロの西方には、スカボロー礁（フィリピン名Panatag Shoal）がありますが、ここにも中国は進出し、2012年4月にはフィリピン海軍と中国の監視船とが対峙する事件が起きました。以後、フィリピン漁民がこの海域で漁をすることが難しくなりました。

　南沙諸島とスカボロー礁での出来事を受け、アキノ政権は2013年1月、中国をオランダのハーグにある国際仲裁裁判所に提訴、中国が領有権主張の根拠としている「9段線」が違法であることの認定、フィリピン漁民による漁業活動の権利と安全の確認などを求めました。

　仲裁裁判所は2016年7月、フィリピン側の主張を全面的に認める判断を下しましたが、アキノ政権の後を継いだドゥテルテ政権は、領有権問題は中国との話し合いで解決したいとの姿勢を示しています。南シナ海の領有権問題を巡っては、ベトナムも中国と対立していますが、裁判には訴えていません。また、この問題に関しては加盟国間での意見が食い違うため、2017年12月現在、ASEANとしての決議案は出されていません。

第32課 新年を迎える

　フィリピンの大晦日はとてもにぎやかです。新年を迎えるために爆竹を鳴らしたり、騒音を
たてたりするからです。美帆はライアンやクレアの家で新年を迎えます。　Download ◀))))

Miho： Claire, salamat at naipasundo mo ako kay Ryan.
　　　　Kung hindi, baka hindi ako nakarating dito sa *media noche*.

Claire： Hindi naman namin siya pinapunta, e.
　　　　Siya ang nagkusang-loob na sunduin ka.

Abby： Alam niyang matatakot ka sa mga paputok at ingay kapag malapit na
　　　　ang alas dose ng hatinggabi.

Miho： Natakot nga ako habang papunta kami rito dahil nagsisimula na ang
　　　　putukan.
　　　　Masyado nang mausok at maingay sa labas!

Ryan： Ipasubok natin kay Miho na magpaputok ng mga binili kong trianggulo.

Miho： Huwag mo nga akong biruin, Ryan!

Abby： Hindi, pagsindihin na lang natin siya ng mga lusis, para walang ingay.

Claire： Dapat pala kitang pinagsuot ng *polka dot* na damit, Miho.

Miho： Bakit naman?

Claire： Kasi bilog ito, parang *coin*.

Abby： May paniniwalang makakapagdala raw ng maraming pera sa susunod na
　　　　taon ang *polka dot*.

Miho： Ay, sayang at pinalabahan ko ang *polka dot* kong damit e.

Ryan： Hindi na bale.
　　　　Basta narito ka sa amin para salubungin ang bagong taon, masaya na kami.

naipasundo	完 迎えによこすことができた (maipasundo)	nakarating	完 到着することができた (makarating)
media noche	大晦日の夜に食べるごちそう	biruin	不 冗談を言う、からかう
pinapunta	完 行かせた (papuntahin)	pagsindihin	不 点火させる
ingay	騒音	lusis	花火の一種
putukan	爆竹などを鳴らすこと	pinagsuot	完 着させた (pagsuutin)
mausok	煙が立ちこめている	bilog	丸い
ipasubok	不 試させる	makakapagdala	未 持っていくことができる (makapagdala)
magpaputok	不 （爆竹などを）鳴らす	pinalabahan	完 洗濯してもらった (palabahan)
trianggulo	三角形の形をした爆竹	salubungin	不 迎える

286

第**32**課 新年を迎える

頻出表現

1. magkusang-loob na + 動詞の不定相　　自発的に～します。

   Siya ang nagkusang-loob na sunduin ka. 彼が自発的にあなたを迎えに行ったのです。

   Maraming nagkukusang-loob na tumulong sa biktima ng lindol.

   地震の被災者を自発的に支援している人がたくさんいます。

2. Dapat + 動詞の完了相　　　　　　　　～すべきでした。

   Dapat kitang pinagsuot ng *polka dot* na damit.

   あなたに水玉模様の洋服を着せるべきでした。

   Dapat kayong nanood ng programang iyon.　あのプログラムを見るべきでした。

3. basta　　　　　　　　　　　　　　　～さえすれば、～（で）さえあれば

   Basta narito ka sa amin, masaya kami.

   君が私たちの所にいてくれさえすれば、私たちは幸せです。

   Pupunta ako kahit saan basta may magandang trabaho.

   良い仕事さえあれば、私はどこへでも行きます。

---

1 被使役者フォーカス動詞のpa- -in動詞 と (pa)pag- -in動詞

　使役文において、被使役者補語に焦点を当て、主語にするのが被使役者フォーカス動詞です。被使役者フォーカス動詞にはpa- -in動詞 とpapag- -in動詞がありますが、papag- -in動詞は通常、pa-を省いたpag- -in動詞の形で使われます。

1.1　pa- -in 動詞と pag- -in 動詞の形成

　pa- -in動詞は、行為者フォーカス動詞の-um-動詞とma-動詞の語根、mang-動詞とm-動詞の語幹にpa- -inが添加されて形成されています。一方、pag- -in動詞は、mag-動詞の語根にpag- -inが添加されて形成されています。

基底となる行為者フォーカス動詞の接辞	被使役者フォーカス動詞の接辞
-um-	pa- + 語根 + -in
ma-	pa- + 語根 + -in
mang-	pa- + 語幹 + -in
m-	pa- + 語幹 + -in
mag-	pag- + 語根 + -in

287

pa- -in動詞とpag- -in動詞が、基底となる非使役の行為者フォーカス動詞とどのように対応しているか、いくつかの動詞を見てみましょう。

語根/語幹	基底となる非使役行為者フォーカス動詞		被使役者フォーカス動詞	
bili	bumili	買う	pabilihin	買ってもらう
kuha	kumuha	取ってくる	pakuhanin	取ってきてもらう
gawa	gumawa	作る、する	pagawain	やってもらう、作ってもらう
punta	pumunta	行く	papuntahin	行かせる
tulog	matulog	寝る	patulugin	寝かせる
tuyo	matuyo	乾く	patuyuin	乾かす
pamasyal	mamasyal	散策する	(pa)pamasyalin	散策させる
panood	manood	鑑賞する、見る	papanoorin	鑑賞させる、見させる
aral	mag-aral	勉強する	pag-aralin	勉強させる
sindi	magsindi	火をつける	pagsindihin	火をつけてもらう

① kuhaにpa- -inが添加されると、pakuhahinではなくpakuhaninになります。

② pamasyalにpa- -inが添加されたpapamasyalinのように、接辞のpaと語幹のpaが重なるpa- -in動詞は、活用の複雑さを避けるために、通常、paがひとつ省略された形が使われます。

③ panoodにpa- -in が添加されたpapanoorinの場合は、paは省かれません。省かれると、非使役の目的フォーカス動詞であるpanoorinと同じになるからです。

1.2　pa- -in動詞 と pag- -in動詞の活用

語根や語幹にある（・）は音節の区切りを表わします。

pa- -in動詞の活用		
語根/語幹	pun・ta	pa・no・od
不定相	papuntahin　行かせる	papanoorin　見させる、鑑賞させる
完了相	pinapunta	pinapanood
継続相	pinapapunta/pinapupunta	pinapapanood
未然相	papapuntahin/papupuntahin	papapanoorin

① 完了・継続相ではpa-のpとaの間に-in-が添加されると、-inは消滅します。

② 継続・未然相では接辞のpa-、あるいは語根の最初の子音と母音が重複します。

③ 語幹にpa- -inが添加されている場合、接辞のpa-が重複しても、語幹の最初の子音と母音であるpa-が重複しても同じ形になります。

Pinapanood ni Lea ang mga bata ng *video*.　レアは子供たちにビデオを見させました。

Pinatuyo ni Flor ang nabasa niyang sapatos.　　フロールは濡れた靴を乾かしました。

第**32**課 新年を迎える

pag- -in動詞の活用		
語根	a·ral	sin·di
不定相	pag-aralin　勉強させる	pagsindihin　火をつけてもらう
完了相	pinag-aral	pinagsindi
継続相	pinag-aaral/pinapag-aral	pinagsisindi/pinapagsindi
未然相	pag-aaralin/papag-aralin	pagsisindihin/papagsindihin

① 完了・継続相では、pag-のpとaの間に-in-が添加されると、-inは消滅します。
② 継続・未然相では、接辞pag-のpa、あるいは語根の最初の子音と母音が重複します。

Pinagsindi ko siya ng sigarilyo.　　　　　私は彼にたばこの火をつけてもらいました。
Pasensya na at pinaghintay ko kayo.　　　（あなたを）お待たせしてすみません。

使役者フォーカス動詞と被使役者フォーカス動詞を使った使役文を比べて見ましょう。

Magpapapunta　ako　　ng karpintero　sa bahay ninyo.
　　　　　　　　使役者補語　被使役者補語　　使役方向補語
　　　　　　　　　　　　　　　　　私は大工をあなたの家に行かせます。

Papapuntahin　ko　　ang karpintero　sa bahay ninyo.
　　　　　　　使役者補語　被使役者補語　　使役方向補語
　　　　　　　　　　　　　　　私は大工をあなたの家に行かせます。

Nagpaaral　si Mister Cruz　sa kanyang anak　sa Amerika.
　　　　　　使役者補語　　被使役者補語　　使役場所補語
　　　　　　　　　　クルース氏は娘をアメリカで勉強させました。

Pinag-aral　ni Mister Cruz　ang kanyang anak　sa Amerika.
　　　　　　使役者補語　　　被使役者補語　　使役場所補語
　　　　　　　　　　クルース氏は娘をアメリカで勉強させました。

2　使役目的フォーカス動詞のipa-動詞とpa- -an動詞

　使役文において、行為の対象を表わす使役目的補語に焦点を当て、主語にするのが使役目的フォーカス動詞です。ipa-動詞とpa- -an動詞があります。

289

2.1 ipa- 動詞と pa- -an 動詞の形成

ipa-動詞は、非使役目的フォーカス動詞の-in動詞とi-動詞の語根/語幹にipa-が添加されて形成されています。ipa-が添加されることにより、-in動詞の-in、i-動詞のi-は消滅します。一方、pa- -an動詞は、非使役目的フォーカス動詞である-an動詞の語根/語幹に、pa-と-anが添加されている形ですが、これは-an動詞にpa-が添加された形ともいえます。

非使役目的フォーカス動詞の接辞	使役目的フォーカス動詞の接辞
-in	ipa- + 語根/語幹
i-	ipa- + 語根/語幹
-an	pa- + 語根/語幹 + -an (pa- + -an動詞)

ipa-動詞とpa- -an動詞が、基底となる非使役の目的フォーカス動詞とどのように対応しているか、いくつかの動詞を見てみましょう。

語根/語幹	基底となる非使役目的フォーカス動詞		使役目的フォーカス動詞	
gawa	gawin	作る、する	ipagawa	作らせる、やってもらう
sundo	sunduin	迎えに行く/来る	ipasundo	迎えに行って（来て）もらう
panood	panoorin	見る、鑑賞する	ipapanood	見させる、鑑賞させる
lagay	ilagay	置く	ipalagay	置いてもらう
tapon	itapon	捨てる	ipatapon	捨ててもらう
hugas	hugasan	洗う	pahugasan	洗ってもらう
laba	labhan	洗濯する	palabahan/palabhan	洗濯してもらう
paniwala	paniwalaan	信じる	papaniwalaan	信じてもらう

非使役の目的フォーカス動詞と使役目的フォーカス動詞が使われた文を比較してみましょう。

Gawin natin ang bahay-kubo.　　　　　　　　小屋を作りましょう。

Ipagawa natin ang bahay-kubo.　　　　　　　小屋を作ってもらいましょう。

Sunduin natin si Tito.　　　　　　　　　　　ティトを迎えに行きましょう。

Ipasundo natin si Tito .　　　　　　　　　　ティトを迎えに行ってもらいましょう。

Hugasan mo nga ang mga plato at baso.　　　　お皿とコップを洗って。

Pahugasan mo nga ang mga plato at baso.　　　お皿とコップを洗ってもらって。

第**32**課　新年を迎える

2.2 ipa- 動詞と pa- -an 動詞の活用

ipa-動詞とpa- -an動詞の活用を見てみましょう。（・）は音節の区切りを表わします。

ipa-動詞の活用			
語根/語幹	ga・wa	sun・do	pa・no・od
不定相	ipagawa 作ってもらう	ipasundo 迎えに行ってもらう	ipapanood 見させる
完了相	ipinagawa	ipinasundo	ipinapanood
継続相	ipinapagawa/ ipinagagawa	ipinapasundo/ ipinasusundo	ipinapapanood
未然相	ipapagawa/ ipagagawa	ipapasundo/ ipasusundo	ipapapanood

① 完了・継続相では、ipa-のpとaの間に-in-が添加されます。

② 継続・未然相では、接辞の一部であるpa、あるいは語根の最初の子音と母音が重複しますが、ipapanoodのように語幹が基底となっている場合はpaの重複だけです。

③ 完了・継続相では、ipa-のiが落ちた形もしばしば使われます。

Ipinasundo ni Cherry ang mga bisita sa amin.

チェリーは私たちに来客を迎えに行かせました。

Ipapanood mo ang *video* sa mga bata.　（あなたは）子供たちにビデオを見させなさい。

pa- -an動詞の活用		
語根/語幹	hugas	laba
不定相	pahugasan　洗ってもらう	palabahan　洗濯してもらう
完了相	pinahugasan	pinalab(a)han
継続相	pinapahugasan/pinahuhugasan	pinapalab(a)han/pinalalab(a)han
未然相	papahugasan/pahuhugasan	papalab(a)han/palalab(a)han

① 完了・継続相では、接辞pa-のpとaの間に-in-が添加されますが、-anは消滅しません。

② 継続・未然相では接辞のpa、あるいは語根の最初の子音と母音が重複します。

Pahuhugasan ko kay Rowena ang mga gulay.　私はロウェナに野菜を洗わせます。

Pinabalatan ko kay Fe ang patatas.　フェにジャガイモの皮をむいてもらいました。

使役者フォーカス動詞、被使役者フォーカス動詞、使役目的フォーカス動詞を使った使役文を比べて見ましょう。

291

Nagpagawa　sila　ng mga kurtina　kay Adel.
　　　　　使役者補語　　使役目的補語　　被使役者補語

彼らはアデルにカーテンを作ってもらいました。

Pinagawa　nila　si Adel　ng mga kurtina.
　　　　使役者補語　被使役者補語　　使役目的補語

彼らはアデルにカーテンを作ってもらいました。

Ipinagawa　nila　ang mga kurtina　kay Adel.
　　　　使役者補語　　使役目的補語　　被使役者補語

彼らはアデルにカーテンを作ってもらいました。

Nagpapalaba　ako　ng mga tuwalya　kay Aling Alicia.
　　　　　使役者補語　使役目的補語　　被使役者補語

私はアリシアさんにタオルを洗ってもらっています。

Pinaglalaba　ko　si Aling Alicia　ng mga tuwalya.
　　　　使役者補語　被使役者補語　　使役目的補語

私はアリシアさんにタオルを洗ってもらっています。

Pinalalabahan　ko　ang mga tuwalya　kay Aling Alicia.
　　　　使役者補語　　使役目的補語　　被使役者補語

私はアリシアさんにタオルを洗ってもらっています。

Magpapatapon　si Anny　ng basura　kay Ryan.
　　　　　使役者補語　使役目的補語　被使役者補語

アニーはライアンにごみを捨ててもらいます。

Pagtatapunin　ni Anny　si Ryan　ng basura.
　　　　使役者補語　被使役者補語　使役目的補語

アニーはライアンにごみを捨ててもらいます。

Ipatatapon　ni Anny　ang basura　kay Ryan.
　　　　使役者補語　　使役目的補語　被使役者補語

アニーはライアンにごみを捨ててもらいます。

Nagpapaaraw　sila　ng kumot　araw-araw.　彼らは毎日毛布を陽にあてます。
　　　　　使役者補語　使役目的補語

Pinapaarawan　nila　ang kumot　araw-araw.　彼らは毎日毛布を陽にあてます。
　　　　使役者補語　　使役目的補語

3 使役方向・使役場所フォーカス動詞のpa- -an動詞

　使役文において、使役方向補語に焦点を当てる使役方向フォーカス動詞、使役場所補語に焦点をあてる使役場所フォーカス動詞、共にpa- -an動詞で、活用は使役目的フォーカス動詞のpa- -an動詞と同じです。次の表は、使役方向フォーカス動詞のpa- -an動詞と非使役方向フォーカス動詞の-an動詞との対応を示しています。

語根/語幹	基底となる非使役方向フォーカス動詞		使役方向フォーカス動詞	
bigay	bigyan	あげる、与える	pabigayan /pabigyan	あげてもらう
lagay	lagyan	置く	palagayan/ palagyan	置いてもらう
lapit	lapitan	近づく	palapitan	近づけさせる
punta	puntahan	行く	papuntahan	行かせる
pakialam	pakialaman	干渉する	papakialaman	干渉させる
pangako	pangakuan	約束する	papangakuan	約束させる

　使役方向フォーカス動詞は、使役者・被使役者・使役目的フォーカス動詞とは次のように対応しています。

Nagpalagay 　ako　　 ng ilaw 　 kay Carmen 　 sa labas.
　　　　　　使役者補語　使役目的補語　 被使役者補語　 使役方向補語

　　　　　　　　　　　　私は明かりをカルメンに外に置いてもらいました。

Pinaglagay 　ko 　 si Carmen 　 ng ilaw 　 sa labas.
　　　　　　使役者補語　被使役者補語　使役目的補語　 使役方向補語

　　　　　　　　　　　　私は明かりをカルメンに外に置いてもらいました。

Ipinalagay 　ko 　 ang ilaw 　 kay Carmen 　 sa labas.
　　　　　　使役者補語　使役目的補語　被使役者補語　 使役方向補語

　　　　　　　　　　　　私は明かりをカルメンに外に置いてもらいました。

Pinalagyan ko 　 ng ilaw 　 ang labas 　 kay Carmen.
　　　　　　使役者補語　使役目的補語　使役方向補語　被使役者補語

　　　　　　　　　　　　私は明かりをカルメンに外に置いてもらいました。

　次に使役場所フォーカス動詞のpa- -an動詞と非使役場所フォーカス動詞の-an動詞の対応を見てみましょう。加えて使役場所フォーカス動詞が、どのように使役者・被使役者・使役目的フォーカス動詞と対応しているかも見てみます。

語根/語幹	基底となる非使役場所フォーカス動詞		使役場所フォーカス動詞	
bili	bilhan	買う	pabilihan/pabilhan	買ってこさせる
kuha	kunan	取ってくる	pakunan	取ってこさせる
hiram	hiraman	借りる	pahiraman	借りてもらう
tanggal	tanggalan	取り外す	patanggalan	取り外させる
hugot	hugutan	取り出す	pahugutan	取り出させる

Magpapakuha ako 　 ng gamot 　 kay Jojo 　 sa sala.
　　　　　　　使役者補語　使役目的補語　被使役者補語　使役場所補語

　　　　　　　　　　私は薬をジョジョに居間から取って来てもらいます。

Papakuhanin 　ko 　 ng gamot 　 si Jojo 　 sa sala.
　　　　　　　使役者補語　使役目的補語　被使役者補語　使役場所補語

　　　　　　　　　　私は薬をジョジョに居間から取って来てもらいます。

293

Ipapakuha	ko	ang gamot	kay Jojo	sa sala.
使役者補語	使役目的補語	被使役者補語	使役場所補語

　　　　　　　　　　　　　私は薬をジョジョに居間から取ってこさせます。

Pakukunan	ko	ng gamot	ang sala	kay Jojo.
使役者補語	使役目的補語	使役場所補語	被使役者補語

　　　　　　　　　　　　　私は薬をジョジョに居間から取ってこさせます。

4　使役動詞の状況モード

　使役動詞には中立モードと状況モードがあります。状況モードは「〜させることができる」「〜してもらうことができる」という意味になります。使役者フォーカス動詞の場合、中立モードの接辞magpa-をmakapagpa-で置きかえると状況モードになります。使役者フォーカス動詞以外は、中立モードの接辞にma-を添加すると状況モードになります。ma-が添加されることによって接尾辞の-inは消滅します。

使役動詞の中立モードを表わす接辞	使役動詞の状況モードを表わす接辞
magpa-	makapagpa-
pa- -in	mapa-
pag- -in	mapag-
ipa-	maipa-
pa- -an	mapa- -an

4.1　使役状況モード動詞の活用

　使役動詞の状況モードを表わす動詞の活用は下のようになります。

makapagpa-動詞の活用		
語根	sundo	hugas
不定相	makapagpasundo 迎えに行ってもらえる	makapagpahugas 洗ってもらえる
完了相	nakapagpasundo	nakapagpahugas
継続相	nakapagpapasundo/ nakakapagpasundo	nakapagpapahugas/ nakakapagpahugas
未然相	makapagpapasundo/ makakapagpasundo	makapagpapahugas/ makakapagpahugas

① 完了・未然相では、接辞makapagpa-のmがnになります。

② 継続・未然相の重複は、接辞makapagpa-の一部であるpa、あるいはkaが重複します。語根の一部が重複することはありません。

294

第**32**課　新年を迎える

mapa-動詞とmapag-動詞の活用		
語根	sundo	hugas
不定相	mapasundo　迎えに行ってもらえる	mapaghugas　洗ってもらえる
完了相	napasundo	napaghugas
継続相	napapasundo/napasusundo	napapaghugas/napaghuhugas
未然相	mapapasundo/mapasusundo	mapapaghugas/mapaghuhugas

①　完了・未然相では、接辞mapa-とmapag-のmがnになります。

②　継続・未然相の重複は、mapa-とmapag-のpa、あるいは語根の最初の子音と母音が重複します。

maipa-動詞とmapa- -an動詞の活用		
語根	sundo	hugas
不定相	maipasundo　迎えに行ってもらえる	mapahugasan　洗ってもらえる
完了相	naipasundo	napahugasan
継続相	naipapasundo/naipasusundo	napapahugasan/napahuhugasan
未然相	maipapasundo/maipasusundo	mapapahugasan/mapahuhugasan

①　完了・未然相では、接辞maipa-とmapa- -anのmがnになります。

②　継続・未然相の重複は、maipa-とmapa- -anのpa、あるいは語根の最初の子音と母音が重複します。

4.2　使役中立モード動詞と使役状況モード動詞の比較

中立モードの動詞が使われている使役文、状況モードの動詞が使われている使役文を比較してみましょう。

中立：Nagpagupit ako sa barberya.　　私は床屋で髪を切ってもらいました。

状況：Nakapagpagupit ako sa barberya.　私は床屋で髪を切ってもらうことができました。

中立：Pinabili namin ng bigas si Leo sa palengke.

　　　　　　　　　　　私たちはお米をレオに市場で買ってもらいました。

状況：Napabili namin ng bigas si Leo sa palengke.

　　　　　　　　　　　私たちはお米をレオに市場で買ってもらえました。

中立：Pinaglinis ko si Nene ng banyo.　　私はネネに水浴び場を掃除させました。

状況：Napaglinis ko si Nene ng banyo.　　私はネネに水浴び場を掃除してもらえました。

中立：Ipinaayos ng nanay kay Mang Andoy ang bubong.
母はアンドイさんに屋根を直してもらいました。

状況：Naipaayos ng nanay kay Mang Andoy ang bubong.
母はアンドイさんに屋根を直してもらえました。

中立：Pinatingnan ko sa doktor ang mata ko.
私は医者に目を診てもらいました。

状況：Napatingnan ko sa doktor ang mata ko.
私は医者に目を診てもらうことができました。

 豆情報

新年の迎え方

フィリピンの新年は中国文化の影響を強く受けており、大晦日には悪霊を追い払うために爆竹を鳴らしたり、花火をあげたりします。大晦日の夜には、メディア・ノチェ media noche と呼ばれる食事をします。丸い形をした果物や細長い形をした麺類などが用意されます。また、新年を迎えるにあたっては、大晦日に次のようなことをすると良いといわれています。

- Magsuot ng *polka dot*.　水玉模様の服を着る（お金に困ることがないと信じられています）。
- Punuin ang lalagyan ng bigas, asukal, asin at iba pa.
  米や砂糖、塩などを入れる容器をいっぱいにしておく（日用品が不足することなく新しい年を過ごすことができると信じられています）。
- Buksan ang mga bintana.　窓を開ける（幸運が舞い込むと信じられています）。

第**32**課　新年を迎える

練習問題

1. ①〜⑧の欄をうめて表を完成させましょう。

非使役動詞	使役者フォーカス動詞	被使役者フォーカス動詞	使役目的フォーカス動詞
magligpit	magpaligpit	①	②
humawak	magpahawak	③	④
magbigay	⑤	⑥	ipabigay
pumunta	magpapunta	⑦	—
matulog	magpatulog	⑧	—

2. 下線部に焦点を当てた文に変えましょう。

1) Magpapabili sila ① ng bigas ② kay Jose sa palengke.
2) Nagpalaba si Dennis ① ng mga damit niya ② kay Aling Polen.
3) Ipinahanap ① nila ② sa amin ang nawawalang libro.
4) Ipinapaayos ① nila ② sa mga karpintero ang luma nilang bahay.
5) Pinaabutan ① ni Joel ② ng pamasahe niya ang drayber.

3. 下線部が主語になるフィリピノ語にしましょう。

1) ①私は彼に②彼の借金を払わせました。
2) ①彼らは②エドに法律 (*law*) を勉強させます。
3) ①私は②髪を伸ばしています。
4) 私たちをここから立ち退かせないで。
5) 私たちの部屋を掃除してもらいましょう。

4. 使役状況モードの動詞を使った文に変えましょう。

1) Nagpasundo kami kay Allan kagabi.
2) Nagpaganda siya sa *beauty parlor*.
3) Pinagawa nila si Aling Loren ng suman.
4) Ipinakuha ng lola ko ang salamin sa akin.
5) Pinahugasan ni Flor ang mga plato sa katulong niya.

語彙力・表現力アップ

● 知っておくと便利な慣用表現

biro ng tadhana：運命のいたずら

Lahat tayo ay nakakaranas ng biro ng tadhana.
誰もが運命のいたずらを経験しています。

buhatin ang sariling bangko：自分自身の長椅子を持ち上げる → 自画自賛する

Hindi ka ba nahihiya? Lagi mong binubuhat ang sarili mong bangko.
恥ずかしくないのですか？あなたはいつも自画自賛しています。

butas ang bulsa：ポケットに穴が開いている → お金がない

Lagi siyang talo sa sugal kaya laging butas ang bulsa niya.
彼はいつもギャンブルで負けているので、いつもお金がありません。

hulog ng langit：天から落ちてきたもの → 思いがけない幸運

Nanalo ako sa *sweepstakes*. Talagang hulog ng langit ito.
私は宝くじに当選しました。本当に思いがけない幸運です。

isang kahig, isang tuka：1回の引っ掻きで、1回のついばみ → その日暮らし

Maraming pamilya sa Pilipinas ang isang kahig, isang tuka.
フィリピンでは多くの家族がその日暮らしです。

kapit sa patalim：刃物にしがみつくこと → 藁をもつかむ

Ang taong nasa gipit kahit sa patalim ay kumakapit.
困難な状況にいる者は藁をもつかみます。

kumulo ang dugo：血が沸騰する → 非常に腹が立つ

Tuwing nakikita ko ang karibal ko, kumukulo ang dugo ko.
ライバルを見るたびに、私は非常に腹が立ちます。

lumaki ang ulo：頭が大きくなる → 天狗になる

Lumaki ang ulo ni Erika mula noong nanalo siya sa *beauty contest*.
美人コンテストで勝利して以来、エリカは天狗になりました。

lumipad ang isip：考えが飛ぶ → うわの空である

Bakit ba laging lumilipad ang isip mo?
どうしてあなたはいつもうわの空なのですか？

第**32**課　新年を迎える

makati ang dila：舌がかゆい → 噂好きな

Huwag kang magsabi ng sikreto mo kay Lucy dahil makati ang dila niya.
ルーシーは噂好きですから、彼女に秘密を言ってはだめです。

magbatuhan ng putik：泥を投げ合う → 非難の応酬をする

Nagbabatuhan ng putik ang mga kandidato sa kampanya para sa halalan.
選挙戦で候補者たちは激しい非難の応酬を繰り広げています。

magdildil ng asin：塩を舐める → 辛酸をなめる

Naranasan mo na bang magdildil ng asin?　辛酸を舐めたことがありますか？

magsunog ng kilay：眉毛を燃やす → 一生懸命勉強する

Nagsunog kami ng kilay kagabi dahil may *test* kami ngayon.
今日試験があったので、昨晩、私たちは一生懸命勉強しました。

parang aso't pusa：まるで犬と猫のようである → 犬猿の仲

Kanina pa kayo nagsisigawan. Para kayong aso't pusa.
さっきからあなたたちは大声を出し合っています。犬猿の仲ですね。

parang biniyak na bunga：真っ二つに割れた実のようである → 瓜二つ

Parang biniyak na bunga ang mag-asawang iyon.
あの夫婦は瓜二つです。

parang nasa ikapitong langit：最高層の天国にいるようである → 最高に幸せである

Kapag kausap ni Amado si Ana, para siyang nasa ikapitong langit.
アマドはアナと話すときは、最高に幸せです。

sumayaw sa tugtog：楽器の音に合わせて踊る → 周囲に合わせる

Dito sa Hapon, mahirap ang hindi sumayaw sa tugtog.
ここ日本では、周囲に合わせないと大変です。

utang na loob：心の借り → 恩

Malaki ang utang na loob ko sa kanila.　私は彼らに大きな恩があります。

wala sa sarili：己を見失っている

Wala sa kanyang sarili si Carmen mula nang mamatay ang asawa niya.
夫が死んで以来、カルメンは自分を見失っています。

299

代名詞表

〈人称代名詞〉

		ang形	ng形	sa形
1人称	（単数）	ako	ko	(sa) akin
	（複数）	tayo（含）	natin（含）	(sa) atin（含）
		kami（排）	namin（排）	(sa) amin（排）
2人称	（単数）	ikaw/ka	mo	(sa) iyo
	（複数）	kayo	ninyo	(sa) inyo
3人称	（単数）	siya	niya	(sa) kanya
	（複数）	sila	nila	(sa) kanila

（含）は聞き手を含むのに対し、（排）は聞き手を含みません。

〈指示代名詞〉

		ang形	ng形	sa形
話し手の近く	（単数）	ito	nito	dito/rito
	（複数）	ang mga ito	ng mga ito	sa mga ito
聞き手の近く	（単数）	iyan	niyan	diyan/riyan
	（複数）	ang mga iyan	ng mga iyan	sa mga iyan
両者から離れて	（単数）	iyon	niyon/noon	doon/roon
	（複数）	ang mga iyon	ng mga iyon	sa mga iyon

動詞リスト

　　動詞は、「生まれた」を除いてすべて不定相で示しています。（　）内はフォーカスを表わしています。フォーカスの略語については、p.304を参照してください。

開ける	magbukas (AF), buksan (OF)
与える	magbigay (AF), ibigay (OF), bigyan (DF)
洗う	maghugas (AF), hugasan (OF)
歩く	lumakad/maglakad (AF)
言う	magsabi (AF), sabihin (OF), sabihan (DF)
家に帰る	umuwi (AF), uwian (DF)
行く	pumunta/magpunta (AF), puntahan (DF)
入れる	magpasok (AF), ipasok (OF), pasukan (DF)
受け取る	tumanggap (AF), tanggapin (OF)
歌う	kumanta (AF), kantahin (OF), kantahan (BF)
生まれた	ipinanganak (OF)
売る	magtinda (AF), itinda (OF)
選ぶ	pumili/mamili (AF), piliin (OF), pagpilian (LF)
終える	magtapos/magwakas (AF), tapusin/wakasan (OF)
置く	maglagay (AF), ilagay (OF), lagyan (DF)
送る	magpadala (AF), ipadala (OF), padalhan (DF)
怒る	magalit (AF), kagalitan (DF), ikagalit (RF)
教える	magturo (AF), ituro (OF), turuan (DF), pagturuan (LF)
押す	tumulak/magtulak/manulak (AF), itulak (OF)
踊る	sumayaw/magsayaw (AF), sayawin (OF)
驚く	magulat (AF), ikagulat (RF)
覚えている	makatanda (AF), matandaan (OF)
思い出す	makaalaala (AF), maalaala (OF)
降りる	bumaba (AF)
終わる	matapos (AF)
買う	bumili (AF), bilhin (OF), bilhan (LF), ibili (BF)
書く	sumulat/magsulat (AF), sulatin/isulat (OF), sulatan (DF), ipan(s)ulat (IF)
貸す	magpahiram (AF), ipahiram (OF), pahiramin (DF)
稼ぐ	kumita (AF), kitain (OF)
数える	bumilang/magbilang (AF), bilangin (OF)
悲しむ	malungkot (AF), ikalungkot (RF)
借りる	humiram/manghiram (AF), hiramin (OF), hiraman (LF), ihiram(BF)

考える	mag-isip/umisip (AF), isipin (OF)
鑑賞する	manood (AF), panoorin (OF)
感じる	makaramdam (AF), maramdaman (OF)
聞く	makinig (AF), pakinggan (OF)
聞こえる	makarinig (AF), marinig (OF)
期待する	umasa (AF), asahan (OF)
休憩する	magpahinga (AF)
着る	magsuot (AF), isuot (OF)
気をつける	mag-ingat (AF), pag-ingatan (OF)
来る	pumarito/pumunta rito (AF)
経験する	makaranas (AF), maranasan (OF)
答える	sumagot (AF), isagot (OF), sagutin (DF)
怖がる	matakot (AF), katakutan (DF), ikatakot (RF)
壊れる	masira/mawasak/magiba (AF)
探す	humanap/maghanap (AF), hanapin (OF)
裂く	magpunit/pumunit (AF), punitin (OF)
質問する	magtanong (AF), itanong (OF), tanungin (DF)
死ぬ	mamatay (AF), ikamatay (RF)
支払う	magbayad (AF), bayaran (OF, DF), ipambayad/ibayad (IF)
閉まる	magsara/sumara (AF)
出発する	umalis (AF)
知る	makaalam (AF), malaman (OF)
信じる	maniwala (AF), paniwalaan (OF)
心配する	mag-alala (AF), alalahanin (OF)
捨てる	magtapon (AF), itapon (OF)
住む	tumira/manirahan (AF), tirhan (DF)
する	gumawa (AF), gawin (OF), igawa (BF)
座る	umupo/maupo (AF), upuan (LF)
説明する	magpaliwanag (AF), ipaliwanag (OF)
掃除する	maglinis (AF), linisin (OF), ipanlinis (IF)
助ける	tumulong (AF), tulungan (OF)
立つ	tumayo (AF)
食べる	kumain (AF), kainin (OF), kainan (LF)
使う	gumamit (AF), gamitin (OF)
つかむ	humawak (AF), hawakan (OF)
作る	gumawa (AF), gawin (OF), igawa/gawan (BF)
電話をかける	tumawag (AF), tawagan (DF)
同行する	sumama (AF), samahan (DF)
到着する	dumating (AF)
閉じる	magsara (AF), isara/sarhan (OF)

止まる	tumigil/huminto (AF), tigilan/hintuan (LF)
止める	magtigil/maghinto (AF), itigil/ihinto (OF)
取る	kumuha (AF), kunin (OF), kunan (LF), ikuha (BF)
中に入れる	magpasok (AF), ipasok (OF), pasukan (DF)
泣く	umiyak (AF)
無くなる	mawala (AF)
脱ぐ	maghubad (AF), hubarin (OF)
寝る	matulog (AF)
登る	umakyat (AF), akyatin (DF)
飲む	uminom (AF), inumin (OF), inuman (LF)
乗る	sumakay (AF), sakyan (DF)
始まる	magsimula/mag-umpisa (AF)
始める	magsimula/mag-umpisa (AF), simulan/umpisahan (OF)
走る	tumakbo (AF), takbuhan (LF)
働く	magtrabaho (AF), pagtrabahuhan (LF)
話し合う	mag-usap (AF), pag-usapan (RfF)
話す	magsalita (AF), salitain (OF)
引く	humila (AF), hilahin (OF)
引っ越す	lumipat (AF), lipatan (DF)
必要とする	mangailangan (AF), kailanganin (OF)
開く	magbukas/bumukas (AF)
拾う	pumulot/mamulot/dumampot (AF), pulutin/damputin (OF)
拭く	magpunas (AF), punasan (OF), ipam(p)unas (IF)
風呂に入る	maligo (AF)
勉強する	mag-aral (AF), pag-aralan (OF)
待つ	maghintay (AF), hintayin (OF)
見える	makakita (AF), makita (OF)
見つける	makahanap (AF), mahanap (OF)
見る	tumingin (AF), tingnan (OF)
目が覚める	gumising (AF)
持つ（ぶら下げて）	magbitbit (AF), bitbitin (OF)
持って行く/来る	magdala (AF), dalhin (OF), dalhan (DF)
戻る	bumalik (AF), balikan (DF/BF)
呼ぶ	tumawag (AF), tawagin (OF), itawag (BF)
読む	bumasa/magbasa (AF), basahin (OF), basahan (BF)
喜ぶ	matuwa (AF), katuwaan (DF), ikatuwa (RF)
理解する	makaintindi (AF), maintindihan (OF)
料理する	magluto (AF), lutuin/iluto (OF), ipagluto (BF)
忘れる	makalimot (AF), makalimutan (OF)
笑う	tumawa (AF), tawanan (DF)

303

単語リスト

　本書で使われている単語を記載していますが、地名・人名・借用語・一部の数字は含まれていません。動詞は不定相で示しており、（　）内はフォーカスを表わしています。

　フォーカスの略語は以下の通りです。

AF (Actor Focus)	行為者フォーカス	RF (Reason Focus)	理由フォーカス
OF (Object Focus)	目的フォーカス		
DF (Direction Focus)	方向フォーカス	C-A1F (Causative Causer Focus)	使役者フォーカス
LF (Location Focus)	場所フォーカス	C-A2F (Causative Causee Focus)	被使役者フォーカス
BF (Beneficiary Focus)	恩恵フォーカス	C-OF (Causative Object Focus)	使役目的フォーカス
IF (Instrumental Focus)	道具フォーカス	C-DF (Causative Direction Focus)	使役方向フォーカス
RfF (Referential Focus)	話題フォーカス	C-LF (Causative Location Focus)	使役場所フォーカス

A

aanim	6つだけ
aapat	4つだけ
Aba!	おや（驚きや賞賛を表わす）
abangan (OF)	期待して待つ
abay	介添人
abogado	弁護士
Abril	4月
abutan (DF)	手渡す
adelpa	キョウチクトウ
adobong baboy	豚肉のアドボ
agad	すぐに
agawan (LF)	奪う
aginaldo	クリスマスプレゼント
agos	流れ
Agosto	8月
ahitan (LF)	ひげをそる
akala	推定、思い込み
ako	私
aksidente	事故
aktibisita	活動家
ala/alas	～時（時刻）
alagaan (OF)	世話をする

alak	酒
alalahanin (OF)	覚えておく、記憶する
alam	知っている
alatan (OF)	塩辛くする
alin	どれ、どちら
Aling	～おばさん
alisan (LF)	取り去る、取り除く
alisin (OF)	取り去る、取り除く
alitaptap	蛍
alkalde	市長、町長
almusal	朝食
alon	波
ama	父
amag	カビ
amagin (OF)	カビが生える
ambon	小雨
ambulansya	救急車
amerikana	スーツ
Amerikano	アメリカ人（男女）
Amerikana	アメリカ人（女）
amihan	北東の季節風
amoy	におい
amuyin (OF)	嗅ぐ

anak	息子、娘	ay	倒置を表す標識辞
anak-pawis	貧困層出身者、労働者	Ay!	失望や不満を表わす
anay	白蟻	ayaw	嫌だ、嫌いだ
anayin (OF)	白蟻にやられる	ayun	ほら、あそこ
anibersaryo	記念日	ayusin (OF)	整理整頓する、整える
anim	6		
animnapu	60	**B**	
animnaraan	600	ba	疑問文を形成する小辞
anito	精霊	babae	女性
ano	何	baboy	豚
anting-anting	お守り	bagahe	荷物
antukin (OF)	眠くなる	bagay sa	〜に似合う
ang	標識辞	bagay	物
apakan (OF)	踏む	bago	〜の前に、〜する前に
apat	4	bago	新しい
apatnalibo	4000	Bagong Taon	新年
apatnapu	40	bagoong	アミの塩辛
apo	孫	baguhin (OF)	変える
apoy	火	bagyo	台風
araw	日、太陽、昼間	baha	洪水
Araw ng Kalayaan	独立記念日	bahag	ふんどし
araw ng kapanganakan	誕生日	bahaghari	虹
araw-araw	毎日	bahay	家
Aray!	痛い！	bahay-bahayan	おままごと
arkitekto	建築家	bahay-kubo	小屋
arko	アーチ	baka	たぶん
artista	俳優、女優	bakante	空いている
asahan (OF)	期待する、頼る	bakasyon	休暇
asawa	夫、妻	bakit	どうして、なぜ
asikasuhin (OF)	世話をする、手配する	bakla	ゲイ
asin	塩	bakod	囲い、柵
aso	犬	bakuna	予防接種
asukal	砂糖	bakuran	裏庭
asul	青い	balak	計画
aswang	アスワン（妖怪の一種）	balang araw	いつの日か
at	そして	balat	肌、皮膚、皮
ate	姉、姉さん（呼びかけ）	balatan (OF)	皮をむく
awa	哀れみ	balat-sibuyas	肌がきめ細かい
awtonomiya	自治	balikan (BF)	戻る
awtoridad	当局	balikat	肩

balikbayan	母国に帰国中のフィリピン人	batas militar	戒厳令
balita	ニュース	batis	泉
balkon/balkonahe	バルコニー	bato	石
balot	孵化寸前のあひるの卵	bawal	～してはいけない
balutin (OF)	包む	bawang	ニンニク
banda	楽隊	bawasan (LF)	減らす
banderitas	小さな旗	bawasin (OF)	減らす
bansa	国	bawat	それぞれの
bantay	見張り	bayabas	グアバ
bantayan (OF)	見張る、見守る	bayad	代金
banyaga	外国人	bayan	町
banyo	水浴び場	bayani	英雄
bangin	渓谷、谷	bayaran (OF, DF)	支払う
bangka	舷外浮材付きの船	baywang	腰
bangketa	歩道	bentilador	扇風機
bangko	銀行	berde	緑色の
bangko	長椅子	beses	回数
bango	良い香り	bestido	ドレス
bangus	バゴス（日本名サバヒー）	betsin	味の素
baon	弁当	beynte	20
bapor	船	bibig	口
barangay captain	バランガイ地区会長	bibingka	ビビンカ（菓子の一種）
barbero	理容師	bigas	米
barberya	床屋	bigla	突然
baril	銃	bigyan (DF)	与える
barilan	銃撃戦	bihira	まれに
barilin (OF)	銃で撃つ	biktima	被災者、犠牲者
barong Tagalog	バロンタガログ	bilang	～として
barya	お釣り、小銭	bilangin (OF)	数える
baryo	村	bilhan (LF)	買う
basa	濡れている	bilhin (OF)	買う
basagin (OF)	割る	bilib sa	～に感心する
basahan (BF)	読む	bilihin	品物
basahin (OF)	読む	bilin	指示
baso	コップ	bilis	スピード
basta	～さえすれば、～(で)さえあれば	bilisan (OF)	速くする
bastos	失礼な	bilog	丸い
basurahan	ゴミ箱	binata	独身男性
bata	子供	binatilyo	少年
bata	若い、幼い	bingit	淵

bintana	窓
binti	ふくらはぎ
bir	ビール
biro	冗談
biruin (OF)	冗談を言う、からかう
bisi	忙しい
bisikleta	自転車
bisita	来客
bisitahin (OF)	訪問する
bitbitin (OF)	（手にぶら下げて）持つ
bitiwan (OF)	放す
bituwin	星
biyakin (OF)	2つに割る
biyahe	旅
biyenan	義理の父や母
Biyernes	金曜日
biyutisyan	美容師
bobo	頭が悪い
bodega	物置、倉庫
bolpen	ボールペン
bos	上司
boses	声
braso	腕
bubong	屋根
bugambilya	ブーゲンビリア
buhangin	砂
buhatin (OF)	持ち運ぶ
buhay	生活、人生
buhok	髪
bukas	明日
bukas	開いている
bukid/bukirin	畑、野原
buko	若いココヤシの実
bukod sa	～の他に
buksan (OF)	開ける
bulaklak	花
bulkan	火山
bulsa	ポケット
bumaba (AF)	下がる、降りる
bumagsak (AF)	落ちる

bumagyo (AF)	台風が来る
bumaha (AF)	洪水になる
bumalik (AF)	戻る
bumangon (AF)	起き上がる
bumasa (AF)	読む
bumawi (AF)	取り戻す、挽回する
bumbero	消防士
bumilang (AF)	数える
bumili (AF)	買う
bumuhat (AF)	持ち上げて運ぶ
bumuhos (AF)	（液体などが）落ちる
bumuti (AF)	よくなる
bundok	山
bunot	ココナツの殻
bunso	末っ子
bunutin (OF)	抜く
bunga	実、成果
buo	すべての
burol	丘
busog	満腹である
butas	穴が開いている
butasan (DF)	穴を開ける
butasin (OF)	穴を開ける
buwan	月
buwan-buwan	毎月
buwaya	ワニ

C

camaron rebusado	エビのころも揚げ

D

daan	道
daan	100の意
daanan (OF)	通る
dadalawa	2つだけ
daga	ねずみ
dagat	海
dagdagan (DF)	加える
dahil	なぜなら
dahilan	原因

daing na bangus	開きにしたバゴス	Disyembre	12月
dalaga	独身女性	dito	ここ、これ
dalagita	少女	diwata	妖精
dalawa	2	diyan	そこ、それ
dalawampu	20	diyes	10
dalhan (DF)	持って行く/来る	Diyos	神
dalhin (OF)	持って行く/来る	doktor	医師（男女）
daliri	指	doktora	医師（女）
dama de noche	夜香花	donasyon	寄付
damdamin	気持ち	doon	あそこ、あれ
damit	服	dos	2
dapat	～すべきである	dose	12
dapdap	デイゴの木と花	drayber	運転手
dapo	ランの一種	dulo	端
dasal	祈り	dumaan (AF)	通る
dati	以前の	dumaing (AF)	訴える
daw	～だそうだ	dumalaw (AF)	訪れる
dayuhan	外国人	dumalo (AF)	出席する
dekorasyon	飾り	dumapa (AF)	うつ伏せになる
delata	缶詰	dumating (AF)	到着する
delikado	危険な	dumilim (AF)	暗くなる
dengue	デング熱	dumugo (AF)	出血する
dentista	歯科医	dumukot (AF)	取り出す
dibdib	胸	durian	ドリアンの木と実
digmaan	戦争	duwende	小人
dikdikin (OF)	つぶす	dyanitor	清掃人
diksyunaryo	辞書	dyaryo	新聞
dilaw	黄色の	dyipni	ジプニー
dilim	暗闇		
dilis	ディリス（日本名カタクチイワシ）		
din	～もまた	**E**	
dinamita	ダイナマイト	e	残念さを表わす
dingding	壁	edad	年齢
dinggin (OF)	聞く	EDSA *Revolution*	エドサ革命
disinuwebe	19	empleyado	会社員、従業員
disiotso	18	Enero	1月
disiseis	16	engkantada	魔法を使う妖精
disisiyete	17	eroplano	飛行機
diskargahan (LF)	荷を降ろす	eskuwelahan	学校
diskargahin (OF)	荷を降ろす	Espanya	スペイン
		espesyal	特別な

estudyante	学生

F

Filipino	フィリピノ語

G

gaano	どれぐらい、いかほど
gabi	夜
gabi-gabi	毎晩
gabihin (OF)	夜遅くになる
galante	気前がよい
galing	～から来る
galit	怒っている
galunggong	ガルンゴン（日本名ムロアジ）
gamit	道具
gamitin (OF)	使用する
gamot	薬
gampanan (OF)	遂行する
ganito	こんな、このような
ganoon	あんな、あのような
ganyan	そんな、そのような
garahe	ガレージ
garapon	口が広い容器
gasolina	ガソリン
gata	ココナッツミルク
gawin (OF)	する、作る
gerilya	ゲリラ
geyt	門
ginatan	ココナッツミルクで煮た料理
ginawin (OF)	寒いと感じる
ginebra	ジン
gipit	困難な状況
gisahin (OF)	炒める
gising	目が覚めること
gisingin (OF)	目を覚まさせる
gitara	ギター
gitna	真中
giyera	戦争
gobyerno	政府
granada	手投げ弾

gripo	蛇口
gubat	森
guhitan (DF)	描く
gulay	野菜
gumamela	ハイビスカス
gumamit (AF)	使用する
gumanap (AF)	遂行する
gumanda (AF)	良くなる、美しくなる
gumawa (AF)	作る、する
gumising (AF)	目が覚める
gumuhit (AF)	（線で）描く
gunting	ハサミ
gupit	ヘアカット
gupitan (LF)	髪を切る
gupitin(OF)	（ハサミで）切る
gusali	建物
gusto	好きだ、欲しい
gutom	飢え、空腹である
guwapo	ハンサムな
guwardya	警備員

H

ha	念を押す
habaan (OF)	長くする
habagat	南西の季節風
habambuhay	一生
habang	～している間
habulin (OF)	追いかける
hagdan	階段
halalan	選挙
halaman	植物
halika/halikayo	こちらへ来て
halikan (DF)	キスをする
halos	ほとんど
halu-halo	ハロハロ（甘味）
hamog	露
hamon	ハム
hanapbuhay	仕事
hanapin (OF)	探す
handa	用意された物

309

handa	用意できている	hubarin (OF)	脱ぐ
hangarin (OF)	熱望する	hugasan (OF)	洗う
hanggang	～まで	hugutan (LF)	取り出す
hangin	風	hulaan (OF)	予測する、占う
hapon	午後	huli	最後の
Hapon	日本人、日本	huli	遅れている
Haponesa	日本人（女性）	hulihin (OF)	捕まえる
hapunan	夕食	hulog	落下
hapun-hapon	午後ごとに	Hulyo	7月
harap	前	humalik (AF)	キスをする
hardinero	庭師	humanap (AF)	探す
hari	王	humangin (AF)	風が吹く
hatinggabi	真夜中	humarap (AF)	直面する
hawakan (OF)	握る、つかむ	humiga (AF)	横になる
heneral	将軍	humila (AF)	引く、引っ張る
hika	喘息	humiling (AF)	懇願する
hikain (OF)	喘息の発作を起こす	humingi (AF)	請う
hikaw	イヤリング	humipo (AF)	触る
hilahin (OF)	引く、引っ張る	humiram (AF)	借りる
hilaw	熟れていない	humiwalay (AF)	別れる
hilingan (DF)	懇願する	humuli (AF)	捕える
hilingin (OF)	懇願する	Hunyo	6月
himagsikan	革命	husay	技、うまさ
himala	奇跡	husto	充分な
hinaan (OF)	弱くする	huwag	～しないように
hindi	～ではない、いいえ	Huwebes	木曜日
hingan (DF)	請う		
hingin (OF)	請う	**I**	
hinog	熟れている	iabot (OF)	手渡す
hintayin (OF)	待つ	iba	別の
hipuan (DF)	触る	ibaba	下の方
hipuin (OF)	触る	ibabad (OF)	浸す
hiraman (LF)	借りる	ibabaw	上
hiramin (OF)	借りる	ibagsak (OF)	落とす
hirap	苦労	iba-iba	バラエティに富んだ
hita	腿	ibalik (OF)	返却する、戻す
hiwa	ひと切れ、切ること	ibalita (OF)	知らせる
hiwain (OF)	切る、スライスする	ibang bansa	外国
hiyas	宝石	ibatay (OF)	基盤（根拠）とする
ho	敬意を表す小辞	ibayad (IF)	支払う

ibig	好きだ、欲しい	ilaga (OF)	ゆでる、ゆがく
ibigay (OF)	与える	ilagay (OF)	置く、入れる
ibigin (OF)	愛する	ilalim	下
ibili (BF)	買う	ilan	いくつ
ibon	鳥	ilang-ilang	イランイランの木と花
iboto (DF)	投票する	ilapit (OF)	近づける
idagdag (OF)	加える	ilaw	明かり
idaing (RfF)	訴える	ilayo (OF)	遠ざける
igawa (BF)	作る	ilibing (OF)	埋める
igisa (OF)	炒める	iligpit (OF)	片づける
iguhit (OF)	描く	ilog	川
ihagis (OF)	投げる	ilong	鼻
ihain (OF)	(料理を) 食卓に並べる	iluto (OF)	料理する
ihalo (OF)	混ぜる	imbitasyon	招待
ihanda (OF)	用意する	inaanak	名づけ子、教子
ihatid (OF)	送って行く/来る	inahin	雌鶏
ihawin (OF)	グリルする	inay	母、お母さん
ihinto (OF)	やめる、止める	ingay	騒音
ihiwa (BF)	切る、スライスする	Ingles	英語
iisa	たったひとつ	init	暑さ、熱さ
ika(pag)taka (RF)	驚く	interbyu	面接
ikaawa (RF)	哀れに思う	inuman	飲み会
ikabit (OF)	取りつける	inuman (LF)	飲む
ikabuhay (RF)	生計を立てる	inumin	飲み物
ikabuti (RF)	よくなる	inumin (OF)	飲む
ikagalak (RF)	嬉しく思う	ipaayos (C-OF)	直してもらう
ikahilo (RF)	めまいがする	ipadala (OF)	送る
ikailan	何番目	ipagawa (C-OF)	作らせる、やってもらう
ikainis (RF)	いらつく	ipagbalot (BF)	包む
ikalat (OF)	散らかす、広める	ipagbawal (OF)	禁止する
ikalungkot (RF)	悲しむ	ipagbili (OF)	売る
ikamatay (RF)	死ぬ	ipagdasal (BF)	祈る
ikarga (OF)	(荷物を) 積む	ipagdiwang (OF)	祝う
ikatakot (RF)	恐れる、怖がる	ipaghanda (BF)	用意する
ikatuwa (RF)	喜ぶ	ipaghiwa (BF)	切る、スライスする
ikaw	あなた、君	ipagkatiwala (OF)	委ねる
iksam	試験	ipagluto (BF)	料理する
ikuha (BF)	取って来る	ipagmalaki (OF)	自慢する
ikuwento (OF)	語る	ipagtapat (OF)	告白する
ilabas (OF)	外に出す	ipahanap (C-OF)	探してもらう

ipahiram (OF)	貸す	isauli (OF)	返却する
ipakain (C-OF)	食べさせる	isda	魚
ipakita (OF)	見せる	isipin (OF)	考える
ipakiusap (OF)	お願いする	isla	島
ipalagay (C-OF)	置いてもらう	istasyon	駅
ipaliwanag (OF)	説明する	istatuwa	銅像
ipaluto (C-OF)	料理してもらう	istayl	スタイル
ipambayad (IF)	支払う	isulat (OF)	書く
ipamili (BF)	買い物をする	isumbong (OF)	告げ口する、報告する
ipampinta (IF)	塗る	isuot (OF)	着る
ipam(p)unas (IF)	拭く	itaas	上の方
ipan(s)ulat (IF)	書く	itago (OF)	保管する、隠す
ipanalangin (BF)	祈る	itahi (BF)	縫う
ipandikit (IF)	(糊などで)つける	itak	山刀
ipangako (OF)	約束する	itali (OF)	縛る
ipanganak (OF)	産む	itanim (OF)	植える
ipanggupit (IF)	(はさみで)切る	itapon (OF)	捨てる
ipanghiwa (IF)	切る、スライスする	itawag (BF)	呼ぶ
ipanlinis (IF)	掃除する	itlog	卵
ipapanood (C-OF)	見てもらう	ito	これ
iparada (OF)	駐車する	itsura	形、外見
ipasok (OF)	中に入れる	itulak (OF)	押す
ipasubok (C-OF)	試させる	ituro (OF)	教える
ipasundo (C-OF)	迎えに行って(来て)もらう	iutos (OF)	命令する
ipasyal (OF)	案内する	iuwi (OF)	持って帰る
ipatapon (C-OF)	捨ててもらう	iwanan (OF)	置いていく
iprito (OF)	揚げる	iwasan (OF)	避ける
ipunas (IF)	拭く	i-*withdraw* (OF)	(お金を)引き出す
ipusta (IF)	賭ける	iyakin	泣き虫な
ireklamo (RfF)	文句を言う	iyan	それ
ireserba (OF)	予約する	iyon	あれ
isa	1		
isagot (OF)	答える	**K**	
isaing (OF)	(米を)炊く	ka	あなた、君
isampay (OF)	(洗濯物を)干す	kaaalis	出発したばかり
isang daan	100	kaagad	すぐに
isang libo	1000	kaanghang	maanghang の派生語
isangag (OF)	(ご飯を)炒める	kaawaan (DF)	哀れに思う
isangla (OF)	質に入れる	kababalik	戻ったばかり
isara (OF)	閉める	kababayan	同郷の人

kabait	mabait の派生語	kakaiba	変わっている
kabarkada	遊び仲間	kakaluto	料理したばかり
kabataan	子どもたち、若者	kakanin	菓子類の総称
kabigat	mabigat の派生語	kakapanganak	生まれたばかり
kabila	反対側	kakapanood	見たばかり
kabilis	mabilis の派生語	kakarating	着いたばかり
kabisado	暗記している	kakaunti	ほんの少し
kabitan (DF)	取りつける	kakilala	知り合い
kabundukan	山脈	kaklase	クラスメート、同級生
kadalasan	たいてい	kalaban	敵、対戦相手
kagabi	昨夜	kalabaw	水牛
kagalitan (DF)	怒る、腹をたてる	kalalim	malalim の派生語
kaganda	maganda の派生語	kalamansi	カラマンシー（柑橘類）
kagandahan	美しさ	kalatsutsi	プルメリアの木と花
kagaya	似ている	kalawang	錆び
kagubatan	森林	kalawangin (OF)	錆びる
kahalagahan	重要性	kalayo	malayo の派生語
kahapon	昨日	kalbo	はげている
kahawig	似ている	kaldero	鍋
kahig	ひっかくこと	kalendaryo	カレンダー
kahit	～にもかかわらず	kalesa	馬車
kahit alin	どれでも、どれも	kalikasan	自然
kahit ano	何でも、何も	kalimutan (OF)	忘れる
kahit gaano	どれぐらいでも	kaliwa	左
kahit ilan	いくつでも	kaluluto	料理したばかり
kahit kailan	いつでも、いかなる時も	kalye	通り
kahit kanino	誰にも、誰にでも	kama	ベッド
kahit magkano	いくらでも	kamag-anak	親戚
kahit paano	どのような方法でも	kamakailan	先日、最近
kahit saan	どこにでも、どこにも	kamakalawa	一昨日
kahit sino	誰でも、誰も	kamatayan	死
kahon	箱	kamatis	トマト
kahoy	木、板	kamay	手
kaibigan	友達	kamayan (DF)	握手する
kailan	いつ	kami	私たち（排）
kailangan	必要だ	kamisadentro	シャツ
kainan	食べる所	kamoteng kahoy	キャッサバ
kainin (OF)	食べる	kampanya	選挙運動、キャンペーン
kainisan (DF)	いらつく	kamukha	似ている
kakaalis	出発したばかり	kanal	運河

kanan	右	kasangkapan	家財道具
kandidato	候補者	kasaysayan	歴史
kandila	ローソク	kasi	なぜなら
kanin	ご飯	kasimbigat	同じくらい重い
kanina	さきほど	kasimpayat	同じくらい痩せている
kanino	誰の、誰を、誰に、誰と	kasindali	同じくらい簡単な
kanser	癌	kasing-anghang	同じくらい辛い
kanta	歌	kasingganda	同じくらい美しい
kantahan	歌謡ショー	kasinghirap	同じくらい難しい
kantahan (BF)	歌う	kasing-init	同じくらい暑い
kantin	食堂	kasinlakas	同じくらい強い
kanto	コーナー、街角	kasinlayo	同じくらい遠い
kanya	彼、彼女	kasintalino	同じくらい利口な
kaopisina	オフィスの同僚	kasintibay	同じくらい丈夫な
kapag	もし、～するとき	kastanyas	栗
kapangyarihan	権力	Kastila	スペイン人
kapapanganak	生まれたばかり	kasunod	次の
kapapanood	見たばかり	kataas	mataas の派生語
kapareho	同じである	katagal	matagal の派生語
kapatid	きょうだい	katakutan (DF)	怖がる
kapatid na babae	姉妹	katangkad	matangkad の派生語
kapatid na lalaki	兄弟	katapatan	誠実さ
kapayapaan	平和	katawan	体
kape	コーヒー	kati	引き潮
kapitbahay	隣人	katibay	matibay の派生語
kapre	民話に出てくる巨人	katindi	matindi の派生語
kapuluan	諸島	Katipunero	カティプーナン（秘密結社）の闘士
kaputi	maputi の派生語	katiwalian	汚職
karaniwan	一般的な、ありふれた	katol	蚊取り線香
karapatan	権利	Katoliko	カトリック教徒
kararating	着いたばかり	katorse	14
kare-kare	ピーナッツソースを使った料理	katulad	似ている
karibal	ライバル	katulong	家政婦
karneng baboy	豚肉	katutubo	土着の
karosa	山車	katuwaan (DF)	喜ぶ
karpintero	大工	kaugalian	習慣
karton	ダンボール	kauna-unahan	最初の
kasal	結婚、結婚式	kaunti	少し
kasalan	結婚式	kausap	話し相手
kasama	連れ、仲間	kawawa	かわいそうな

kawayan (DF)	手を振る	kumaliwa (AF)	左に曲がる
kaya	〜かしら（思惑を表す）	kumanan (AF)	右に曲がる
kaya	能力、財力	kumanta (AF)	歌う
kaya	〜ができる	kumapit (AF)	しがみつく
kaya	したがって	kumaway (AF)	手を振る
kayamanan	財産	kumidlat (AF)	稲妻が光る
kaymito	スターアップル（果物）	kumilos (AF)	行動する、動く
kayo	あなたたち	kumot	毛布
kaysa	〜より	kumpanya	会社
kendi	飴	kumuha (AF)	手に入れる、取る
keso	チーズ	kumulo (AF)	沸騰する
keso de bola	丸いエダムチーズ	kumulog (AF)	雷が鳴る
keyk	ケーキ	kumupas (AF)	色あせる
kidlat	稲妻	kumusta	いかが
kilabutan (LF)	鳥肌が立つ	kunan (LF)	取る
kilala	（人を）知っている	kundi	〜だけでなく
kilalanin (OF)	認識する	kundiman	恋愛歌
kilay	眉毛	kung	もし、〜するとき
kilo	キロ	kung anu-ano	何でも、何も
kinabukasan	将来、翌日	kung kani-kanino	誰にも、誰にでも
kinse	15	kung saan-saan	どこにでも、どこにも
kintsay	中国セロリ	kung sakaling	万が一
kisame	天井	kung sinu-sino	誰でも、誰も
kita	稼ぎ	kunin (OF)	手にいれる、取る
kita	人称代名詞（ko+ka）	kurbata	ネクタイ
kitain (OF)	稼ぐ	kuripot	けちな
klase	授業、種類	kuriyente	電気
ko	私の	kurtina	カーテン
komedor	ダイニングルーム	kusina	台所
kongresista	下院議員	kuskusan (LF)	磨く、こする
kotse	自動車	kuskusin (OF)	磨く、こする
Kristiyano	キリスト教徒	kuto	シラミ
kuko	爪	kutsilyo	ナイフ
kulay	色	kutuhin (OF)	シラミにたかられる
kulog	雷	kuwarenta	40
kultura	文化	kuwarta	お金
kulungan	檻、囲い	kuwarto	部屋
kumagat (AF)	噛む	kuwatro	4
kumain (AF)	食べる	kuweba	洞窟
kumalat (AF)	広がる	kuwenta	計算

kuwento	話	leche flan	プリン
kuwintas	ネックレス	leeg	首
kuya	兄	letson	豚の丸焼き
		libo	1000の意
		libre	時間がある、自由である

L

laban	試合、戦い	libro	本
labanan	戦闘	lider	リーダー
labandera	洗濯婦	liham	手紙
labas	外	likas na yaman	天然資源
labasan (LF)	外に出る	likod	背中、後ろ
labhan (OF)	洗濯する	lilima	5つだけ
labi	唇	lima	5
lagain (OF)	ゆでる	limampu	50
laganap	横行している	limanlibo	5000
lagi	いつも	lindol	地震
lagnat	熱	linggo	週
lagnatin (OF)	熱が出る	Linggo	日曜日
lagyan (DF)	置く、入れる	linggu-linggo	毎週
lakad	歩くこと、行く所	linisin (OF)	掃除する
lakarin (OF)	歩く	liwanag	光
lakasan (OF)	強くする、(音などを)大きくする	liwasan	広場
laki	満ち潮	lola	祖母、おばあさん
lakihan (OF)	大きくする	lolo	祖父、おじいさん
lalagyan	入れ物、容器	longganisa	ソーセージの一種
lalaki	男性	loob	中
laman	中身	loob	心
lamang/lang	〜だけ、単なる	lugar	場所
lamok	蚊	lugi	損失
lampasan (OF)	通り過ぎる	luma	古い
lamukin (OF)	蚊に刺される	lumaban (AF)	戦う
langgam	蟻	lumabas (AF)	外に出る
langgamin (OF)	蟻にたかられる	lumakad (AF)	歩く
langit	空、天国	lumakas (AF)	強くなる
laot	沖	lumambot (AF)	柔らかくなる
lapis	鉛筆	lumamig (AF)	冷たくなる、寒くなる
lapitan (DF)	近づく	lumangoy (AF)	泳ぐ
laruan	おもちゃ	lumapit (AF)	近づく
laruin (OF)	遊ぶ	lumindol (AF)	地震が起きる
lasinggero	酔っ払い	lumingon (AF)	振り向く
lawa	湖	lumipad (AF)	飛ぶ

lumipat (AF)	引っ越す
lumiwanag (AF)	明るくなる
lumpiang sariwa	生春巻
lumpiang shanghai	揚げ春巻
lumubog (AF)	沈む
lumuha (AF)	涙を流す
lumuhod (AF)	ひざまづく
lumusot (AF)	切り抜ける
lumuwas (AF)	上京する
Lunes	月曜日
lungsod	市
lupa	土、地面、土地
lupain	土地
lusis	花火の一種
lusutan (DF)	切り抜ける
lutuin (OF)	料理する
luya	生姜

M

maaari	～できる
maaga	早い
maalat	塩辛い
maalatan (AF)	塩辛いと感じる
maamoy (OF)	臭いがする
maanghang	辛い
maanta	古い油の味がする
maaraw	日の照る
maarte	気取っている
maasim	酸っぱい
maawa (AF)	哀れむ
maayos	秩序だった、きちんとした
mababa	低い
mababang paaralan	小学校
mababaw	浅い
mabagal	遅い
mabagalan (AF)	遅いと感じる
mabaho	臭い
mabait	親切な、優しい
mabali (AF, OF)	折れる、折る
mabalian (OF)	骨折する

mabangga (AF)	ぶつかる
mabango	香りがよい
mabasa (AF, OF)	濡れる、濡らす
mabasa (OF)	読むことができる
mabigat	重い
mabigo (AF)	がっかりする
mabilis	速い
mabusog (AF)	満腹になる
mabuti	元気である
madalas	頻繁な
madaldal	おしゃべりな
madali	簡単な
madaling-araw	明け方
madilim	暗い
madyong	マージャン
magaan	軽い
mag-abala (AF)	手数をかける
mag-abogado (AF)	弁護士になる勉強をする
mag-abot (AF)	手渡す
mag-*abroad* (AF)	海外へ行く
mag-adobo (AF)	アドボを作る
mag-alaga (AF)	世話する
mag-alala (AF)	心配する
magalang	礼儀正しい
magaling	上手である
mag-alis (AF)	取り去る、取り除く
magalit (AF)	怒る、腹をたてる
mag-alok (AF)	申し出る
mag-ama	父と子
maganap (AF, OF)	生じる
maganda	美しい、素晴らしい
maganda-ganda	少しだけ美しい
magandahan (AF)	美しいと感じる
mag-aral (AF)	勉強する
mag-arkila (AF)	賃借りする
mag-artista (AF)	俳優になる
mag-asawa	夫婦
mag-asawa (AF)	結婚する
mag-asikaso (AF)	世話をする
magasin	雑誌

magaspang	粗い	magdamag	一晩中
magastos	お金がかかる	magdamdam (AF)	心が痛む
mag-away (AF)	喧嘩する	magdasal (AF)	祈る
mag-ayos (AF)	整理整頓する、整える	magdeklara (AF)	布告する
magbaba (AF)	下げる、降ろす	magdekorasyon (AF)	飾る
magbabad (AF)	浸す	magdikdik (AF)	つぶす
magbago (AF)	変わる、変える	magdilig (AF)	水をやる
magBagong-Taon (AF)	新年を迎える、新年になる	magdiskarga (AF)	荷を降ろす
magbakasyon (AF)	休暇を過ごす	magdiwang (AF)	祝う
magbalat (AF)	皮をむく	magdoktor (AF)	医者になる勉強をする
magbalita (AF)	知らせる	magduda (AF)	疑う
magbalot (AF)	包む	magdyipni (AF)	ジプニーで行く/乗る
magbantay (AF)	見張る、見守る	mag-email (AF)	eメールをする
magbarko (AF)	船で行く/乗る	mag-enjoy (AF)	楽しむ
magbarong-Tagalog (AF)	バロンタガログを着る	mag-eroplano (AF)	飛行機で行く/乗る
magbasa (AF)	読む	mag-exercise	運動する
magbatay (AF)	基盤(根拠)とする	magFilipino (AF)	フィリピノ語を話す
magbatuhan (AF)	(石を)投げ合う	maggisa (AF)	炒める
magbawal (AF)	禁止する	maghain (AF)	(料理を)食卓に並べる
magbawas (AF)	減らす	maghanap (AF)	探す
magbayad (AF)	支払う	maghanda (AF)	準備する、用意する
magbigay (AF)	与える	magHapon (AF)	日本語を話す
magbihis (AF)	身支度する	maghatid (AF)	送って行く/来る
magbilang (AF)	数える	maghigpit (AF)	厳しくする
magbili (AF)	売る	maghikaw (AF)	イヤリングをつける
magbir (AF)	ビールを飲む	maghilamos (AF)	顔を洗う
magbiro (AF)	冗談を言う	maghintay (AF)	待つ
magbiruan (AF)	冗談を言い合う	maghiwalay (AF)	別れる
magbiyahe (AF)	旅行する	maghugas (AF)	洗う
magbreak (AF)	別れる、休憩する	maghukay (AF)	掘る
magbukas (AF)	開ける	magiba (AF, OF)	破壊される、破壊する
magbunot (AF)	ココヤシの殻で研く	mag-ihaw (AF)	グリルする
magbunot (AF)	抜く	mag-imbita (AF)	招待する
magbus (AF)	バスで行く/乗る	maginaw	肌寒い
magbutas (AF)	穴を開ける	maging	〜になる
magcasino (AF)	カジノで賭け事をする	mag-ingat (AF)	気をつける
magCebuano (AF)	セブアノ語を話す	mag-Ingles (AF)	英語を話す
magcoke (AF)	コーラを飲む	mag-ipon (AF)	集める
magdagdag (AF)	加える	mag-isip (AF)	考える
magdala (AF)	持って行く/来る	mag-iwan (AF)	残す

mag*judo* (AF)	柔道をする	maglaga (AF)	ゆでる、ゆがく
magkaanak (AF)	子供ができる	maglagay (AF)	置く、入れる
magkaapo (AF)	孫ができる	maglakad (AF)	歩く、手続きする
magkabit (AF)	取りつける	maglampaso (AF)	モップで拭く
magka*brown-out* (AF)	停電になる	maglaro (AF)	遊ぶ、プレーする
magka*dengue* (AF)	デング熱にかかる	magligpit (AF)	片づける
magkagiyera (AF)	戦争になる	magligtas (AF)	救う
magkagulo (AF)	混乱を抱える	maglingkod (AF)	仕える
magkaibigan	友達同士	maglinis (AF)	掃除する
magkalayo (AF)	離れ離れになる	magLRT (AF)	LRT で行く/乗る
magkamay (AF)	握手する、手で食べる	magLunes (AF)	月曜日になる
magkano	いくら	magluto (AF)	料理する
magkanobya (AF)	女性の恋人ができる	magmadali (AF)	急ぐ
magkapatid	きょうだい同士	magmadyong (AF)	麻雀をする
magkape (AF)	コーヒーを飲む	magmalaki (AF)	自慢する
magkaproblema (AF)	問題を抱える	magmaneho (AF)	運転する
magkaroon	～を持つようになる	magmiryenda (AF)	おやつにする
magkasakit (AF)	病気になる	magMRT (AF)	MRT で行く/乗る
magkasimbigat	同じぐらい重い	magnakaw (AF)	盗む
magkasimpayat	同じぐらい痩せている	magnanakaw	泥棒
magkasindali	同じぐらい簡単な	mag-*obento* (AF)	弁当を持参する
magkasingganda	同じぐらい美しい	mag-*onsen* (AF)	温泉に入る
magkasinghirap	同じぐらい難しい	mag-*order* (AF)	注文する
magkasing-init	同じぐらい暑い/熱い	magpaalam (AF)	別れのあいさつをする
magkasinlakas	同じぐらい強い	magpaaral (C-A1F)	勉強させる
magkasintalino	同じぐらい利口な	magpaaraw (C-A1F)	陽に当てる
magkasintangkad	同じぐらい背が高い	magpabili (C-A1F)	買ってもらう
magkasipon (AF)	風邪をひく	magpabilin (AF)	指示する
magkasundo (AF)	合意する	magpabukas (C-A1F)	開けてもらう
magkatiwala (AF)	委ねる	magpadala (AF)	送る
magkita (AF)	会う	magpaganda (C-A1F)	美しくする、きれいにする
magkkb (AF)	割り勘にする	magpagawa (C-A1F)	作らせる
magkusang-loob (AF)	自発的に～する	magpagupit (C-A1F)	（髪を）切ってもらう
magkuskos (AF)	磨く	magpahangin (C-A1F)	風に当てる
magkutsara (AF)	スプーンで食べる	magpahawak (C-A1F)	掴んでもらう
magkuwento (AF)	語る	magpahayag (AF)	表明する
magkuwentuhan (AF)	語り合う	magpahinga (AF)	休憩する
maglaba (AF)	洗濯する	magpahinog (C-A1F)	熟れるようにする
maglaban (AF)	戦う	magpaihaw (C-A1F)	グリルしてもらう
maglabas (AF)	外に出す	magpainit (C-A1F)	熱くする、温める

magpakain (C-A1F)	食べさせる	magpunta (AF)	行く
magpakasal (AF)	結婚する	magreklamo (AF)	文句を言う
magpakilala (AF)	自己紹介する	magRamadan (AF)	ラマダンを実践する
magpakuha (C-A1F)	取って来てもらう	magrekomenda (AF)	推薦する
magpakulot (C-A1F)	パーマをかけてもらう	magrelo (AF)	時計をつける
magpalabas (AF)	ショーを行う	magreserba (AF)	予約する
magpalagay (C-A1F)	置いてもらう	magsabay (AF)	一緒に〜する
magpalaman (AF)	詰める、はさむ	magsabi (AF)	言う
magpalamig (C-A1F)	冷やす	magsabit (AF)	吊るす
magpalda (AF)	スカートをはく	magsaing (AF)	(米を)炊く
magpalit (AF)	交換する	magsaka (AF)	耕す
magpaliwanag (AF)	説明する	magsakay (AF)	乗せる
magpalo (AF)	叩く	magsala (AF)	濾す
magpaluto (C-A1F)	料理してもらう	magsalita (AF)	話す
magpansit (AF)	パンシットを作る	magsama (AF)	連れて来る / 行く
magpapamasyal (C-A1F)	散策させる	magsangag (AF)	(ご飯を)炒める
magpapaniwala (C-A1F)	信じさせる	magsapatos (AF)	靴を履く
magpapayat (C-A1F)	痩せさせる	magsara (AF)	閉める
magpapunta (C-A1F)	行かせる	magsasaka	農民
magpaputok (AF)	(爆竹などを)鳴らす、爆発させる	magsawa (AF)	飽きる
magpasalamat (AF)	感謝する	magsayaw (AF)	踊る
magpasayaw (C-A1F)	踊らせる	magselos (AF)	嫉妬する
magPasko (AF)	クリスマスを過ごす	magserbesa (AF)	ビールを飲む
magpasok (AF)	中に入れる	mag*shopping* (AF)	ショッピングをする
magpataba (C-A1F)	太らせる	magsigarilyo (AF)	喫煙する
magpatapon (C-A1F)	捨ててもらう	magsigawan (AF)	大声で叫び合う
magpatingin (C-A1F)	診てもらう	magsilbi (AF)	サービスする、奉仕する
magpatrabaho (C-A1F)	働かせる	magsimba (AF)	教会へ行く
magpatugtog (C-A1F)	(楽器を)弾いてもらう	magsimula (AF)	始まる、始める
magpatuyo (C-A1F)	乾かす	magsinangag (AF)	炒めご飯を作る
magpaulan (C-A1F)	雨に当てる	magsindi (AF)	火をつける
magpaupo (C-A1F)	座らせる	magsinungaling (AF)	嘘をつく
magpauwi (C-A1F)	家に帰らせる	magsipilyo (AF)	歯ブラシで歯をみがく
magPebrero (AF)	2月になる	mag*snorkeling* (AF)	スノーケルをする
magpinsan	いとこ同士	magsombrero (AF)	帽子をかぶる
magplano (AF)	計画を立てる	magsuklay (AF)	くしでとかす
magplantsa (AF)	アイロンをかける	magsulat (AF)	書く
magpraktis (AF)	練習する	magsunog (AF)	燃やす
magprito (AF)	揚げる	magsuot (AF)	着る
magpunas (AF)	拭く	magtaas (AF)	上げる

magtadtad (AF)	細かく切る	Mahal na Araw	聖週間
magtag-araw (AF)	乾季になる	mahalal (OF)	選ぶ、選ばれる
magtago (AF)	隠れる、隠す	mahalata (OF)	気づく
magtag-ulan (AF)	雨期になる	mahalin (OF)	愛する
magtaka (AF)	驚く	mahamugan (AF)	露にぬれる
magtaksi (AF)	タクシーで行く/乗る	mahangin	風が強い
magtalo (AF)	議論する	mahiga (AF)	横になる
magtampo (AF)	すねる	mahigit sa	～以上
magtanan (AF)	駆け落ちする	mahilig sa	～を好む
magtanggal (AF)	取り去る、取り外す	mahilo (AF)	めまいがする
magtanghalian (AF)	昼食を食べる	mahina	弱い
magtanim (AF)	植える	mahinhin	慎み深い
magtanong (AF)	質問する	mahinog (AF)	熟する
magtapat (AF)	告白する	mahirap	難しい、大変な、貧しい
magtapon (AF)	捨てる	mahirapan (AF)	苦労する、難しいと感じる
magtapos (AF)	終わる、終える	mahiya (AF)	恥じる
magtayo (AF)	建てる、樹立する	mahiyain	恥ずかしがりやな
magtennis (AF)	テニスをする	mahuli (AF)	遅れる
magtiis (AF)	我慢する	mahuli (OF)	(魚などが)とれる、捕まる
magtiklop (AF)	畳む	mahulog (AF)	落ちる
magtinda (AF)	売る	mahusay	上手である
magtinidor (AF)	フォークで食べる	maiba (AF)	異なる
magtrabaho (AF)	働く	maikli	短い
magtraysikel (AF)	トライシクルで行く/乗る	maingay	うるさい、騒々しい
magtsismis (AF)	噂をする	mainggit (AF)	うらやむ
magtulungan (AF)	助け合う	mainis (AF)	いらつく
magturo (AF)	教える	mainit	暑い、熱い
magugulatin	すぐに驚く	mainitan (AF)	暑いと感じる
magulang	親	maintindihan (OF)	理解する
magulat (AF)	驚く	maipaayos (C-OF)	直してもらえる
magulo	混沌とした	maipagdiwang (OF)	祝うことができる
mag-usap (AF)	話し合う	maipasundo (C-OF)	迎えによこすことができる
magutom (AF)	お腹がすく	mais	トウモロコシ
mag-uwi (AF)	家に持ち帰る	maisauli (OF)	返却することができる
magvolunteer (AF)	ボランティアをする	makaalam (AF)	知る
magwalis (AF)	(ほうきで)掃く	makaamoy (AF)	臭いがする
mahaba	長い	makabayan	愛国的な
mahaba-haba	少し長い	makahalata (AF)	気づく
mahal	(値段が)高い	makaintindi (AF)	理解する
mahal	愛しい	makakain (AF)	食べたことがある

makakita (AF)	見る（目にする）	makipamasyal (AF)	散策する
makalimot (AF)	忘れる	makipanood (AF)	一緒に見る
makalipas (AF)	過ぎる	makiraan (AF)	通してもらう
makapagdala (AF)	持って行ける/来れる	makiramay (AF)	同情する
makapagdiwang (AF)	祝うことができる	makiramdam (AF)	感じとる
makapaglaro (AF)	遊べる、プレーできる	makisama (AF)	付き添う
makapagpagupit (C-A1F)	（髪を）切ってもらえる	makisindi (AF)	火をもらう
makapagpahugas (C-A1F)	洗ってもらえる	makisingit (AF)	（席などを）詰める
makapagpasundo (C-A1F)	迎えに行ってもらえる	makita (OF)	見る（目にする）
makapagsimbang-gabi (AF)	暁のミサに出ることができる	makitulog (AF)	泊めてもらう
makapal	厚い	makiusap (AF)	お願いする
makapamasyal (AF)	散策できる	makulay	カラフルな
makapanood (AF)	見れる	makulit	しつこい
makapansin (AF)	気づく	makunat	しけっている
makaraan (AF)	過ぎる	malabo	ぼんやりした
makaramdam (AF)	感じる	malakas	強い
makaranas (AF)	経験する	malaki	大きい
makarating (AF)	到着できる	malalim	深い
makarinig (AF)	聞く（耳にする）	malaman (OF)	知る
makasama (AF)	同行できる	malambing	愛情深い
makasarili	自分勝手な	malambot	柔らかい
makatanda (AF)	覚えている	malamig	冷たい、寒い
makatarungan	正義の	malangis	油っぽい
makati	かゆい	malansa	生臭い
makatulog (AF)	眠れる、寝入ってしまう	malapit	近い
makialam (AF)	干渉する	malapit-lapit	少し近い
makikain (AF)	一緒に食べる	malas	運が悪い
makilala (OF)	知り合いになる	malasin (OF)	運が悪い、ついてない
makina	機械、エンジン	malawak	広い
makinabang (AF)	利益を得る、恩恵を被る	malayo	遠い
makinig (AF)	聞く	malayu-layo	少し遠い
makipag-away (AF)	喧嘩する	maleta	スーツケース
makipagbiruan (AF)	冗談を言い合う	mali	間違っている
makipagdiwang (AF)	一緒に祝う	maligaya	幸せな
makipagkaibigan (AF)	友達になる	maliit	小さい
makipagkilala (AF)	知り合いになる	malinamnam	風味がある
makipagkita (AF)	会う	malinis	清潔な、クリーンな
makipaglaro (AF)	遊ぶ	maliwanag	明るい
makipagtalo (AF)	議論する	malungkot	悲しい
makipag-usap (AF)	話す	malungkot (AF)	悲しむ

malungkutin	悲観的になりがちな	maniwala (AF)	信じる
malunod (AF)	溺れる	manligaw (AF)	求愛する
malutong	ぱりぱりした	manloko (AF)	だます、からかう
maluwang	ゆるい	manok	鶏
mamahala (AF)	管理する	manood (AF)	見る、鑑賞する
mamalengke (AF)	(市場で)買い物をする	mansanas	りんご
mamamatay-tao	殺人者	mantika	食用油
mamamayan	市民	mantsa	染み
mamangka (AF)	バンカに乗る	manukso (AF)	からかう
mamasyal (AF)	散策する	manuntok (AF)	殴る
mamatayan (AF)	死なれる	Mang	～おじさん
mamaya	後で	mangagat (AF)	噛む
mambabae (AF)	(男性が)浮気する	mangahoy (AF)	薪を集める
mamigay (AF)	配る	mangailangan (AF)	必要である
mamili (AF)	買い物をする	mangako (AF)	約束する
mamis (OF)	～がいなくて寂しい	mangalaga (AF)	大切にする
mamitas (AF)	摘む	mangamba (AF)	恐れる
mamuhay (AF)	生活する	manganak (AF)	産む
mamula (AF)	赤くなる	mangarap (AF)	夢見る
mamulaklak (AF)	花が咲く	mangga	マンゴ
mamundok (AF)	山にこもる	manggagawa	労働者
mamunga (AF)	実をつける	manggulo (AF)	問題を起こす
mamuti (AF)	白くなる	manggupit (AF)	(髪を)切る
man	～もまた、～であっても	manghiram (AF)	借りる
manakit (AF)	傷つける	mangingisda	漁師
manakot (AF)	脅す	mangisda (AF)	漁をする
manalangin (AF)	祈る	mangitim (AF)	黒くなる
manalo (AF)	勝つ	manguha (AF)	集める、採集する
mananahi	裁縫師	mangumbida (AF)	招待する
manananggal	マナナンガル(妖怪)	mangupas (AF)	色あせる
manatili (AF)	～であり続ける	mangyari (AF)	発生する、起きる
mandaya (AF)	だます	mapabili (C-A2F)	買ってもらえる
mandukot (AF)	掏る	mapadaan (AF)	通りかかる
mani	ピーナッツ	mapadalaw (AF)	たまたま訪問する
manibago (AF)	戸惑う	mapadapa (AF)	たまたまつまづく
manigarilyo (AF)	喫煙する	mapaghinala	疑い深い
manigas (AF)	固くなる	mapaghugas (C-A2F)	洗ってもらえる
manikurista	ネイリスト	mapagkakatiwalaan	信頼できる
manipa (AF)	蹴る	mapaglinis (C-A2F)	掃除してもらえる
manipis	薄い	mapagmahal	愛情深い

mapagod (AF)	疲れる	masunog (AF, OF)	燃える、燃やす
mapagpabaya	怠惰な	masunugan (AF)	焼け出される
mapagpakumbaba	謙虚な	masuwerte	幸運な
mapag-usapan (RfF)	話し合える	masyado	あまりにも、非常に
mapahugasan (C-OF)	洗ってもらえる	mata	目
mapait	苦い	mataas	高い
mapaiyak (AF)	思わず泣く	mataas na paaralan	高校
mapakla	渋い	mataba	太っている
mapaluha (AF)	涙する	matabang	味のない
mapangarapin	夢を持っている	matagal	長い間、時間がかかる
mapangitan (AF)	醜いと感じる	matakot (AF)	怖がる
mapansin (OF)	気づく	matalas	鋭い
mapasigaw (AF)	思わず叫ぶ	matalino	利口な
mapasundo (C-A2F)	迎えに行ってもらえる	matamaan (AF, OF)	当たる、当てる
mapatingnan (C-OF)	診てもらえる	matamis	甘い
mapayapa	平和な	matanda	年を取った、年配の
mapurol	鈍い	matandaan (OF)	覚えている
maramdaman (OF)	感じる	matangkad	背が高い
marami	～がたくさんある	matapang	勇敢な、（味などが）濃い
marami	たくさんの	matapos	～の後、～した後
maranasan (OF)	経験する	matatag	安定している
marang	ニオイパンノキの木と実	matatakutin	こわがりな
marinig (OF)	聞く（耳にする）	matibay	丈夫な
Marso	3月	matigas	固い
Martes	火曜日	matiisin	忍耐強い
marumi	汚い	matindi	著しい
marunong	できる	matinik	（魚の）骨が多い、トゲが多い
mas	もっと、よい	matiyaga	忍耐強い
masakit	痛い	matrikula	授業料
masaktan (AF, OF)	傷つく、傷つける	matulog (AF)	寝る
masarap	美味しい	matulungan (OF)	助けることができる
masarapan (AF)	美味しいと感じる	matulungin	助けになる、役立つ
masaya	楽しい	matupad (AF, OF)	実現する、実現できる
masdan (OF)	観察する、見る	matuwa (AF)	喜ぶ
masikip	きつい	matuyo (AF)	乾く
masipag	勤勉な、真面目な	mauhaw (AF)	喉がかわく
masira (AF, OF)	壊れる、壊す	maulan	雨降りの
masiraan (AF)	壊される	maulanan (AF)	雨に降られる
masugatan (AF)	怪我をする	mauna (AF)	先に行く
masungit	気難しい、意地悪い	maupo (AF)	座る

324

mausok	煙がたちこめている	mura	安い
mawala (AF)	無くなる、いなくなる	*Muslim*	イスラム教徒
mawalan (AF)	失う		
mawasak (AF)	壊れる	**N**	
may	〜がある／いる	na	すでに
mayabang	傲慢な	nakaamerikana	スーツを着ている
mayaman	裕福な	nakaasul	青を着ている
Mayo	5月	nakabarong	バロンを着ている
mayroon	(〜が) ある／いる	nakabibigo	がっかりする
maysakit	病人	nakadilaw	黄色を着ている
media noche	大晦日のごちそう	nakahihiya	恥ずかしい
medyas	靴下	nakaitim	黒を着ている
medyo	少し、ある程度	nakakaawa	かわいそうな
mekaniko	機械工	nakakabigo	がっかりする
melon	メロン	nakakahiya	恥ずかしい
menos	マイナス	nakakalito	混乱させる
mensahe	メッセージ	nakakalungkot	悲しい
mesa	テーブル、机	nakakapagod	疲れる
mestisa	メスティーサ (女性)	nakakasawa	飽き飽きする
mga	複数を表す標識辞	nakakatakot	怖い
minsan	一回、かつて	nakakatuwa	楽しい、喜ばしい
minu-minuto	1分ごとに	nakanino	誰の所にある／いる
miryenda	おやつ	nakapalda	スカートをはいている
misa	ミサ	nakapapagod	疲れる
miting *de avance*	選挙運動中最後の決起集会	nakapula	赤を着ている
miyembro	メンバー	nakaputi	白を着ている
Miyerkoles	水曜日	nakasabit	ぶらさがっている
mo	あなたの、君の	nakasalamin	メガネをかけている
modista	裁縫師	nakasapatos	靴をはいている
motorsiklo	オートバイ	nakasulat	書かれている
mukha	顔	nakatatakot	怖い
mukha (ng)	〜のようである	nakatira	住んでいる
mula	〜から	naka*T-shirt*	Tシャツを着ている
mula nang/noong	〜して以来	nakatsinelas	サンダル／スリッパをはいている
muli	再び	nakatutuwa	喜ばしい
multo	幽霊	nakauniporme	制服を着ている
muna	まずは、とりあえず	nakawan (LF)	盗む
mundo	世界	nakawin (OF)	盗む
munisipyo	町役場	naku	驚きや落胆を表わす
muntik	もう少しで〜する	naman	語調を和らげたり、話題を変える

325

namin	私たちの（排）
nanay	母
nandito	ここにある/いる
nang	〜したとき
nang	副詞句を表わす標識辞
napakadaldal	とてもおしゃべりな
napakaganda	とても美しい
napakainit	とても暑い/熱い
napakalakas	とても強い
napakalinaw	非常に透明な
napakamahal	とても高価な
napakarami	とても多い
napakasaya	とても楽しい
napakatangkad	とても背が高い
napakayaman	とても豊かな
nars	看護師
nasa	〜にある/いる
nasaan	どこにある/いる
nasalanta	被災者（本来は動詞）
nasyonalidad	国籍
namin	私たち（の）（排）
natin	私たち（の）（含）
negosyante	商売人
ni	標識辞
nila	彼ら（の）、彼女ら（の）
nilugaw	粥
nina	標識辞
ninang	教母
ninyo	あなたたち（の）
nito	これ（の）
niya	彼（の）、彼女（の）
niyan	それ（の）
niyog	ココヤシの木と実
niyon/noon	あれ（の）
nobenta	90
nobya	女性の恋人
Nobyembre	11月
nobyo	男性の恋人
noo	額
noon	以前

noong	〜した時
NPA	新人民軍
nuno sa punso	蟻塚の霊
nuwebe	9

NG

ng	標識辞
-ng	リンカー（繋辞）
nga	語調を和らげたり、強調する
ngayon	今日、今
ngipin	歯
ngitian (DF)	微笑む
ngumiti (AF)	微笑む

O

obserbahin (OF)	実践する、行う
oho	はい
okasyon	機会
Oktubre	10月
onse	11
oo	はい
opisina	オフィス
opisyal	公認の、公式の
opo	はい
oras	時間
oras-oras	1時間ごとに
orkid	ラン
ospital	病院
otsenta	80
otso	8
Oy	やー（注意を引くかけ声）

P

pa	まだ、ほかに
paa	足
paabutan (C-DF)	手渡してもらう
paalam	別れのあいさつ
paano	どうやって、いかに
paaralan	学校
paarawan (C-OF)	陽にあてる

paatras	後ろに向かっている	pagkakahanda	準備されること
pabasa	イエス受難叙事詩の詠唱	pagkakain	食べた後
pabayaan (OF)	放っておく	pagkakasara	閉鎖されること
pabigyan (C-DF)	与えてもらう	pagkakataon	機会
pabil(i)han (C-DF)	買ってきてもらう	pagkakatimpla	混ぜ合わされること
pabili	ください（買い物のとき）	pagkalubog	沈んだ後
pabilihin (C-A2F)	買ってきてもらう	pagkapresidente	大統領であること
paborito	お気に入りの	pagkasunduan (RfF)	合意する
pabrika	工場	pagkatapos	〜の後
padala	送って寄こしたもの	pagkatiwalaan (DF)	委ねる
padalhan (C-DF)	持って行かせる/来させる	pagkuwentuhan (RfF)	語り合う
pag	kapag の省略形	paglabahin (C-A2F)	洗濯してもらう
pag-aaral	勉強すること	paglabanan (LF)	戦う
pag-aayos	整理整頓すること、修理すること	paglaruan (LF)	遊ぶ
pag-aayuno	断食	paglingkuran (DF)	奉仕する
pag-alis	去ること、出発	paglinisin (C-A2F)	掃除させる
pag-aralan (OF)	勉強する	pagluluto	料理、料理すること
pag-aralin (C-A2F)	勉強させる	paglutuin (C-A2F)	料理させる
pag-asa	希望	pagmalakihan (DF)	自慢する
pagawain (C-A2F)	やってもらう、作ってもらう	pagmulan (LF)	源になる
pag-awayan (RfF)	喧嘩する	pagod	疲れている
pagbabakuna	予防接種	pagpapakasal	結婚すること
pagbabantay-salakay	立場を悪用すること	pagpunta	行くこと、行き方
pagbagsak	落ちること	pagsasara	閉めること
pagbalik	戻ること	pagselosan (DF)	嫉妬する
pagbatayan (LF)	基盤（根拠）とする	pagsilbihan (DF)	サービスする、奉仕する
pagbawalan (DF)	禁止する	pagsimulan (LF)	始める
pagbilhan (DF)	売る	pagsindihin (C-A2F)	火をつけてもらう
pagboto	投票	pagsulatan (LF)	書く
pagbukasin (C-A2F)	開けさせる	pagsuutin (C-A2F)	着させる
pagdating	到着すること、到着	pagtaas	上がること
paghintayin (C-A2F)	待たせる	pagtaguan (LF)	隠れる
pag-ibig	愛、愛すること	pagtalunan (RfF)	議論する
pag-ingatan (OF)	注意する、気をつける	pagtapatan (DF)	告白する
pagitan	間	pagtapunin (C-A2F)	捨ててもらう
pagkaalis	去った後	pagtatapos	終了、終えること
pagkain	食べ物、食べること	pagtayo	立つこと
pagkakaalaga	世話をされること	pagtigil	中止、やめること
pagkakaayos	整理整頓されること	pagtitimpla	味付けすること
pagkakagawa	作られること	pagtrabahuhan (LF)	働く

pagturuan (LF)	教える	palengke	市場
pag-usapan (RfF)	話し合う	paliparan	空港
pag-uusap	会話、話し合うこと	palitan (OF)	交換する
paharap	面している	paliwanag	説明
pahiraman (C-LF)	借りてもらう	paluin(OF)	叩く
pahugasan (C-OF)	洗ってもらう	pam(p)unas	拭く (ための) 物
pahugutan (C-LF)	取り出させる	pamahalaan	政府
painitin (C-A2F)	熱くする、温める	pamahalaan (OF)	管理する
pakainin (C-A2F)	食べさせる	pamahiin	迷信
pakialam	干渉	pamangkin	甥、姪
pakialaman (DF)	干渉する	pamantasan	大学
pakikinig	聞くこと	pamasahe	運賃
pakikipagkapitbahay	隣人になること	pamasyalin (C-A2F)	散策させる
pakinabangan (LF)	利益を得る	pambabae	女性用
pakinggan (OF)	聞く	pambalot	包むための物
pakiramdam	気分	pambansa	国の
pakiramdaman (OF)	感じとる	pambansang awit	国歌
pakisamahan (DF)	同行する、付き添う	pambayad	支払うための物
pakiusap	お願い	pambihira	まれな
pakiusapan (DF)	お願いする	pambura	消しゴムなど消す物
paksiw	酢で煮た料理	pamilya	家族
paksiw na isda	魚のパクシウ	pamimili	買い物をすること
pakuhanin (C-A2F)	取って来てもらう	paminsan-minsan	ときどき
pakuluan (C-A2F)	ゆでる、ゆがく	paminta	胡椒
pakunan (C-LF)	取って来てもらう	pampaasim	酸っぱくするための物
pakwan	スイカ	pampaganda	美しくするための物
pala	驚きを表わす	pampalasa	味付けする物
pala	スコップ、シャベル	pampaligo	水浴びをするための物
palab(a)han (C-OF)	洗濯してもらう	pampataba	太らせるための物
palabas	催し物、イベント、ショー	pampatamis	甘くするための物
palabas	外に向かっている	pan(s)ulat	書く (ための) 物
palagay	考え	panahon	時代、天気
palagi	いつも	panalo	勝利
palagyan (C-DF)	置いてもらう	panalunan (DF)	勝つ
palakpakan (DF)	拍手する	pandak	背が低い
palaman	中に詰める物	pandesal	塩パン
palapitan (C-DF)	近づかせる	pandikit	のりなどくっつける物
palay	稲、もみ	paninibago	戸惑うこと
palayan	田	paninigarilyo	喫煙、タバコを吸うこと
palda	スカート	paniniwala	信仰、信じること

paniwalaan (OF)	信じる	paraan	方法
panlalaki	男性用	parada	パレード
panlinis	掃除するための物	parang	平原
panonood	見ること、鑑賞すること	pari	神父
panoorin (OF)	見る、鑑賞する	parol	クリスマスランタン
pansit	焼きそば	partido	党
pansit bihon	焼きビーフン	paruparo	蝶
pantalon	ズボン	parusahan (OF)	罰する
pantulog	寝るための物	pasahero	乗客
pangako	約束	pasalubong	お土産
pangakuan (DF)	約束する	pasayawin (C-A2F)	踊らせる
pangalan	名前、名	pasensya	ごめんなさい
pangamba	恐怖	Pasko	クリスマス
pangambahan (OF)	恐れる	pasok	授業、学校、仕事
panganay	長子	pasukan (DF)	(職場や学校に) 通う
pangarap	夢	pasyente	患者
pangarapin (OF)	夢見る	pasyon	イエス受難の叙事詩
panghiwa	切る物	patalim	刃物
pang-ilan	何番目	patanggalan (C-LF)	取り外させる
pangingisda	漁業、漁をすること	patayin (OF)	殺す、(電源等を) 切る
pangit	醜い、悪い	pati	～も、～を含めて
pang-opisina	オフィス用	patingnan (C-OF)	診てもらう
pang-snorkeling	スノーケリング用	patis	魚醬
pangulo	大統領	pato	アヒル
pangunahin	主要な	patulugin (C-A2F)	寝かせる
pangungurakot	汚職、不正	patuyuin (C-A2F)	乾かす
pangyayari	出来事	pauwiin (C-A2F)	家に帰らせる
papakialaman (C-DF)	干渉させる	pawis	汗
papangakuan (C-DF)	約束させる	pawisan (LF)	汗をかく
papaniwalaan (C-OF)	信じてもらう	payat	痩せている
papanoorin (C-OF)	鑑賞してもらう	payong	傘
papel	紙	Pebrero	2月
papunta	～に向かっている	pelikula	映画
papuntahan (C-DF)	行かせる	penitensya	ペニテンシャ(悔い改め)
papuntahin (C-A2F)	行かせる	pera	お金
paputok	爆竹、爆弾などの爆発物	perlas	真珠
para	～するために (接続詞)	pero	しかし
para kanino	誰のため	peso	ペソ
para (sa)	～のため (に)	petsa	日付
para saan	何のため	pila	列

piliin (OF)	選ぶ	plataporma	政策要綱
piling	房	plato	皿
Pilipinas	フィリピン	po	敬意を表す
Pilipino	フィリピン人（男女）	politika	政治
Pilipina	フィリピン人（女）	politiko	政治家
piloto	パイロット	*polka dot*	水玉模様
pinakaayaw	最も嫌いな	polo	ポロシャツ
pinakagusto	最も好きな	popular	人気がある
pinakakailangan	最も必要な	posporo	マッチ
pinakamaganda	最も良い	poste	柱
pinakamainit	最も暑い／熱い	presidente	大統領
pinakamatamis	最も甘い	presko	涼しい
pinakamayaman	最も裕福な	presko	図々しい
pinakapopular	最も人気のある	presyo	値段、価格
pinakasariwa	最も新鮮な	prituhin (OF)	揚げる
pinakatamad	最も怠惰な	probinsya	州、田舎
pinakauso	最も流行している	problema	問題
pinakbet	バゴオン(塩辛)を使った野菜料理	programa	プログラム、番組
pinapasukan	通っている場所（本来は動詞）	prusisyon	巡行
pino	なめらかな、細かい	pula	赤い
pinsan	いとこ	pulis	警察官
pinta	ペンキ	pulo	島
pinto	ドア、扉	pulutan	(酒の)つまみ
pinya	パイナップル	pulutin (OF)	拾う
pipito	7つだけ	pumalakpak (AF)	拍手する
pisngi	頬	pumalit (AF)	とって代わる
piso	ペソ	pumasa (AF)	合格する
pista	祭り	pumasok (AF)	中に入る、学校等に行く
pitaka	財布	pumasyal (AF)	訪問する
pito	口笛	pumatak (AF)	ポタポタ落ちる
pito	7	pumayag (AF)	同意する
pitumpu	70	pumayat (AF)	痩せる
pitundaan	700	pumitas (AF)	摘む
piyano	ピアノ	pumula (AF)	赤くなる
piyer	桟橋	pumunta (AF)	行く、来る
piyesta	祭り	pumusta (AF)	賭ける
piyesta opisyal	祝日	pumuti (AF)	白くなる
plantsa	アイロン	pumutok (AF)	噴火する、爆発する
plantsahin (OF)	アイロンをかける	pumutol (AF)	切る、折る
plasa	広場	punasan (OF)	拭く

punitin (OF)	破る、裂く
puno	木
puno	いっぱいである
punong-kahoy	木
puntahan (DF)	行く
punuin (OF)	いっぱいにする
pusa	猫
puso	心臓
pustahan (DF)	賭ける
putahe	（料理の）品
puti	白い
putik	泥
puto	プト（菓子）
puto-bumbong	プトブンボン（菓子）
putok	爆発、噴火
putukan	銃撃戦、爆竹等の爆発
putulan (LF)	切る、折る
putulin (OF)	切る、折る
puwede	～できる、～してよろしい
puwit	尻

R

raan	→ daan
radyo	ラジオ
raw	→ daw
rebolusyonaryo	革命家
regalo	贈り物
regulasyon	規制
rekord	記録
relihiyon	宗教
relo	時計
relyenong bangus	バゴス（魚）の詰め物
restawran	レストラン
resulta	結果
retrato	写真
rin	→ din
rito	→ dito
riyan	→ diyan
roon	→ doon
rosas	バラ

S

sa	標識辞
sa akin	私（に）
sa amin	私たち（に）（排）
sa atin	私たち（に）（含）
sa inyo	あなたたち（に）
sa iyo	君（に）、あなた（に）
sa kanila	彼ら（に）/彼女ら（に）
sa kanya	彼（に）/彼女（に）
sa pamamagitan ng	～を使って
saan	どこ
Sabado	土曜日
sabaw	スープ
sabihan (DF)	言う
sabihin (OF)	言う
sabon	石鹸
sabong	闘鶏
sabungan	闘鶏場
saging	バナナ
sagutin (DF)	答える
sahig	床
sais	6
sakayan	乗り場
sakitin	病気がちな
sako	大袋
saksihan (OF)	目撃する
saktan (OF)	傷つける
sakupin (OF)	占領する
sakyan (DF)	乗る
sala	居間
salain (OF)	濾す
salamat	ありがとう
salamin	メガネ、鏡、ガラス
salbahe	性格が悪い
salubungin (OF)	迎える
samahan (DF)	同行する
samakalawa	明後日
samantalang	～している間
sambayanan	国民
sampagita	サンパギータの木と花

sampalok	タマリンドの木と実		sikat	有名な
sampu	10		sikreto	秘密
sana	願望を表わす		sila	彼ら/彼女ら
sanay	慣れている		silangan	東、東洋
sanayin (OF)	練習する		sili	唐辛子
sandaan	100		silong	床下
sandali	一瞬		silya	椅子
sanlibo	1000		simbahan	教会
sanga	枝		simbang-gabi	暁のミサ
sangagin (OF)	（ご飯を）炒める		simula	始まり
sanggumay	サングーマイ（ランの一種）		simulan (OF)	始める
sapa	小川		sina	標識辞
sapatos	靴		sinangag	炒めご飯
sarado	閉まっている		sine	映画
saranggola	凧		sinehan	映画館
sarili	自身		singko	5
sari-sari	多様な		singkuwenta	50
sariwa	新鮮な		singsing	指輪
sasakyan	乗り物		sinigang	酸味の効いたスープ
sasampu	10だけ		sinigang na baboy	豚肉のシニガンスープ
sawa	飽きた		sino	誰
sawsawan	つけソース		sinturon	ベルト
sayang	残念		siopao	肉まん
sayaw	踊り		sipain (OF)	蹴る
seis	6		sipilyo	歯ブラシ
selebrasyon	お祝い		sipon	風邪
senakulo	イエス・キリストの受難劇		sipunin (OF)	風邪をひく
señor	男性に対する敬称		sira	壊れている
sentimos	センタボ		sirain (OF)	壊す
serbesa	ビール		sisihin (OF)	責める
sesenta	60		sisiyam	9つだけ
setenta	70		siya	彼/彼女
Setyembre	9月		siyam	9
si	標識辞		siyamnapu	90
sibuyas	玉ねぎ		siyempre	もちろん
sigarilyo	タバコ		siyento	100
sigawan (DF)	叫ぶ		siyete	7
sigurado	確かである		SM	ショッピングモールの名前
siguraduhin (OF)	確認する		solusyon	解決策
siguro	たぶん		sombrero	帽子

sorbetes	アイスクリーム
sosyal	社交的な
subukan (OF)	試す
sugal	ギャンブル
sugat	怪我、傷
sugatan	傷だらけの
sugatan (OF)	傷つける
suka	酢
suklay	くし
sukli	お釣り
sulat	手紙、筆跡
sulatan (DF)	書く
sulatin (OF)	書く
sulyapan (OF)	ちらりと見る
sumabog (AF)	爆発する
sumagot (AF)	答える
sumakay (AF)	乗る
sumakit (AF)	痛む
sumali (AF)	参加する
sumalubong (AF)	迎える
sumama (AF)	同行する
suman	スーマン（菓子）
sumayaw (AF)	踊る
sumigaw (AF)	叫ぶ
sumipa (AF)	蹴る
sumipot (AF)	現れる
sumpungin	癇癪を起こしやすい
sumubok (AF)	試す
sumulat (AF)	書く
sumunod (AF)	従う、後に続く
sumuntok (AF)	（拳骨で）殴る
sundalo	兵士
sundan (DF)	後に続く
sundin (DF)	従う
sunduin (OF)	迎えに行く／来る
suot	衣服
suplado	プライドが高い、高慢な（男女）
suplada	プライドが高い、高慢な（女）
suporta	支持
supot	袋

susi	鍵
suwapang	自分勝手な
suwerte	幸運な
suwertehin (OF)	運が良い

T

tabi	横
tabing-dagat	海岸
tadhana	運命
tadtarin (OF)	細かく切る
tagalan (OF)	長引かせる
tagapag-alaga	世話をする人
tagapinta	ペンキ屋
tagarito	この土地出身
tagaroon	その土地出身
tagasaan	どこ出身
tag-init	夏
tagiyawat	ニキビ
tagiyawatin (OF)	ニキビが出る
taglamig	冬、涼しい季節
tag-ulan	雨期
tahiin (OF)	縫う
tahimik	静かな
takasan (LF)	逃げる
takbo	走ること、時間などの流れ
takbuhan (LF)	走る
takipsilim	たそがれ
takot	怖がっている
taksi	タクシー
talaga	本当に
talo	負けている
talon	滝
talunin (OF)	負かす
tamad	怠惰な
tamang-tama	ちょうど良い
tamarin (OF)	だるいと感じる
tamisan (OF)	甘くする
tamnan (DF)	植える
tanawin	景色
tandaan (OF)	覚えておく

333

tanim	作物	tinik	トゲ、魚の骨
tanong	質問	tinikling	バンブーダンス
tanungin (DF)	質問する	tinola	鶏肉のスープ
tanggalan (LF)	取り去る、取り外す	tingin	見解
tanggalin (OF)	取り去る、取り外す	tingnan (OF)	見る
tanggapin (OF)	受け取る、受け入れる	tingting	ココヤシの葉の芯
tanghali	昼	tirahan	住む所
tanghalian	昼食	tita	おば、おばさん
tanghaliin (OF)	朝遅くなる	titigan (OF)	じっと見る、見つめる
tangha-tanghali	昼ごとに	titser	先生
tao	人	tiya	おば
taon	年、年齢	tiyan	腹
tapat	真前、正面	tiyo	おじ
tapat	誠実な	tortang talong	焼きナスのオムレツ風
tapos	終了している	totoo	本当の、真実の
tapos	そして	toyo	醤油
tapusin (OF)	終わらせる	trabahador	労働者
tatatlo	3つだけ	trabaho	仕事
tatay	父、お父さん	trangkaso	インフルエンザ
tatlo	3	trangkasuhin (OF)	インフルエンザにかかる
tatlumpu	30	trapik	交通渋滞
taumbayan	住民	tratuhin (OF)	（人などを）扱う
taun-taon	毎年	traysikel	トライシクル（三輪タクシー）
tawad	値引き	tren	電車
tawagan (DF)	電話をする	tres	3
tawagin (OF)	呼ぶ	trese	13
tawanan (DF)	笑う	treynta	30
tayo	私たち（含）	trianggulo	三角形をした爆竹
telepono	電話	tropikal	熱帯の
tenga	耳	tsaa	お茶
teritoryo	領土	tsinelas	サンダル、スリッパ
terno	テルノ（ドレスの一種）	tsismoso	噂好きな（男女）
tiket	チケット	tsismosa	噂好きな（女）
tiklupin (OF)	畳む	tuba	ココヤシの樹液酒
tikman (OF)	味見する	tubero	配管工
timplahan (LF)	味付けをする	tubig	水
tinapay	パン	tubo	パイプ、管
tindahan	店	tubo	さとうきび
tindera	女性の店員や店の人	tubo	利益
tin-edyer	10代の若者	tugtog	楽器の音

tugtugan (BF)	演奏する	tuyo	乾いている
tuhod	膝	tuyo	干魚
tuka	ついばみ		
tula	詩	**U**	
tulay	橋	ubas	ぶどう
tulog	睡眠	ube	紫芋に似ている芋
tulong	助け、手伝い	ubo	咳
tuloy	結果として	ubuhin (OF)	咳をする
tuloy	中に入る	ubusin (OF)	食べ尽くす、使い切る
tulungan (OF)	手伝う、助ける	ugali	習慣
tumaas (AF)	上がる、高くなる	uhaw	喉が渇いている
tumaba (AF)	太る	ulam	おかず
tumahi (AF)	縫う	ulan	雨
tumahol (AF)	吠える	ulap	雲
tumakas (AF)	逃げる	uli	再び
tumakbo (AF)	走る	ulila	孤児
tumalikod (AF)	背を向ける	uling	炭
tumalon (AF)	ジャンプする	ulit	再び
tumanggap (AF)	受け取る、受け入れる	ulo	頭
tumawa (AF)	笑う	umabot (AF)	達する
tumawad (AF)	値切る	umaga	朝
tumawid (AF)	渡る、横切る	umagos (AF)	流れる
tumayo (AF)	立つ	umalis (AF)	去る、出発する
tumigas (AF)	固くなる	umambon (AF)	小雨が降る
tumigil (AF)	止める、止まる	umandar (AF)	（機械などが）動く
tumikim (AF)	味見する	umapaw (AF)	氾濫する
tumingin (AF)	見る	umaraw (AF)	日が照る
tumugtog (AF)	演奏する	umarkila (AF)	賃借りする
tumukso (AF)	からかう	umasa (AF)	期待する、頼る
tumulo (AF)	したたり落ちる	umatras (AF)	（車などが）バックする
tumulong (AF)	手伝う、助ける	uma-umaga	毎朝
tungkol sa	〜に関して	uminit (AF)	暑くなる、熱くなる
tungkulin	義務	uminom (AF)	飲む
tuparin (OF)	実施する、履行する	umitim (AF)	黒くなる
turon	揚げた芋バナナ	umiyak (AF)	泣く
turuan (DF)	教える	umpisahan (OF)	始める
tustusan (OF)	（経済的に）援助する	umulan (AF)	雨が降る
tutubi	トンボ	umupo (AF)	座る
tuwalya	タオル	umusok (AF)	噴煙を上げる
tuwing	〜ごと	umutang (AF)	借金する

umuwi (AF)	家に帰る
una	第1の、最初の
unibersidad	大学
uno	1
uod	(ミミズなどの)ぜん虫
upang	〜するために
upuan	椅子
uso	流行っている
utak	脳
utang	借金
utangan (LF)	借金する
utangin (OF)	借金する
utos	命令
uwian (DF)	家に帰る

W

wakasan (OF)	終わらせる
wala	(〜が)ない/いない
walis	ほうき
walis tingting	ココヤシの葉の芯でできたほうき
walisin (OF)	(ほうきで)掃く
walo	8
walumpu	80
walundaan	800
wawalo	8つだけ
wika	言語

Y

y medya	〜時半(時刻)
yata	たぶん
yaya	子守り
yelo	氷
yero	トタン

◆ 著者紹介 ◆

山下美知子（やました　みちこ）………………………………

国立フィリピン大学大学院言語学科修士修了。1992 年より 2016 年まで東京外国語大学の専任講師・准教授・特別准教授、1990 年 1 月から 2021 年 3 月まで NHK BS1 で放映されたフィリピンニュースの放送通訳をつとめる。主要著訳書に『フィリピン短編小説珠玉編②』（勁草書房、1979 年）、『ニューエクスプレス フィリピノ語』（白水社、2020 年）、『フィリピン日常会話』（日東書院、1996 年）、『ピリピーノ語会話練習帳』（大学書林、1981 年）、『フリーウェイ タガログ語』（共著、ナツメ社、1994 年）、『フィリピノ語基本単語 2000』（共著、語研、1989 年）、『実用フィリピノ語会話』（共著、大学書林、1989 年）がある。他に『イロカノ語会話練習帳』『セブアノ語会話練習帳』『ヒリガイノン語会話練習帳』『ビコール語会話練習帳』『ワライ語会話練習帳』『パンパンゴ語会話練習帳』『タウスグ語会話練習帳』（以上共著、大学書林）などがある。

リース・カセル（Leith Casel）………………………………………

国立フィリピン大学大学院言語学科修士修了。1975 年から 1978 年まで国立フィリピン大学言語学科の講師をつとめ、1978 年から 1981 年までは日本政府国費留学生として大阪外国語大学（現大阪大学）と筑波大学で学ぶ。1992 年から 2019 年までは東京外国語大学の非常勤講師と客員講師を歴任、2005 年から 2021 年までは拓殖大学でも教える。現在は外務省研究所などで教える。著書に『外国人と日本人医師の臨床会話集 8　フィリピン語編』（共著、三修社、1992 年）、『フィリピン語　生活場面事典』（共著、三修社、1998 年）、『フィリピノ語基本単語 2000』（共著、語研、1989 年）などがある。

高野邦夫（たかの　くにお）………………………………………

国立フィリピン大学大学院フィリピノ語・フィリピン文学研究科修士修了、オーストラリアのクイーンズランド大学大学院通訳翻訳課程修了。2004 年から東京外国語大学、拓殖大学、2021 年からはフェリス女学院大学で非常勤講師をつとめる。2024 年 4 月からは立教大学でも教える。訳書に『キリスト受難詩と革命：1840-1910 のフィリピン民衆運動』（共訳、法政大学出版局、2005 年）などがある。

大学のフィリピノ語

2018 年 2 月 7 日　初版第 1 刷発行
2024 年 2 月 22 日　　　第 4 刷発行

著　者　山下美知子　リース・カセル　高野邦夫
発行者　林　佳世子
発行所　東京外国語大学出版会
　　　　〒 183-8534　東京都府中市朝日町 3-11-1
　　　　TEL. 042-330-5559　FAX. 042-330-5199
　　　　e-mail　tufspub@tufs.ac.jp

印刷所　モリモト印刷株式会社

©2018, Michiko YAMASHITA, Leith CASEL, Kunio TAKANO
Printed in Japan
ISBN978-4-904575-65-9

落丁・乱丁本はお取り替えいたします。
定価はカバーに表示してあります。